# Ісус і Ессени

Dolores Cannon
(Долорес Кеннон)

Переклад з англійської Раїси Галешко

© 1992, 2009 Долорес Кеннон
Перший друк українською мовою - 2022

Перше видання вийшло друком у 1992 році у видавництві Gateway Books, У Сполучених Штатах Америки книга вперше була опублікована у 2000 році видавництвом Ozark Mountain Publishing, Inc.,

Усі права захищені. Жодна частина цієї книги, частково або в цілому, не може бути передрукована, передана або використана в будь-якій формі або будь-якими засобами, електронними, фотографічними чи механічними, включаючи фотокопіювання, запис або будь-яку іншу систему зберігання та пошуку інформації, без письмового дозволу від Ozark Mountain Publishing, Inc., за винятком коротких цитат, вміщених у літературних статтях та оглядах.

Для отримання дозволу, серіалізації, конденсації, адаптації або для нашого каталогу, звертайтеся до: Ozark Mountain Publishing, Inc., P.O. Box 754, Huntsville, AR 72740, Attn: Permission Department (Відділ дозволів).

Бібліотека Конгресу: Дані каталогу публікацій, Cataloging-in-Publication Data
Cannon, Dolores, 1931 - 2014

*Jesus and the Essenes* by Dolores Cannon *Ісус і ессени*. Автор Долорес Кеннон
    Свідення очевидців про невідомі роки Ісуса, які були частково вилучені з Біблії, та про секту ессенів (ессенив) у Кумрані. Ці дані було отримано через реɑресивний гіпноз, проведений Долорес Кеннон. Книга включає бібліографію та індекс.
1. Ісус; 2. Ессени; 3. Сувої Мертвого моря; 4. Гіпноз; 5. Реінкарнація
I. Кеннон, Долорес, 1931 - 2014 II. Ессени III. Назва
ISBN # 978-1-956945-51-5

Переклад з англійської Раїси Галешко
Дизайн обкладинки студії Drawing Board Studio & Travis Garrison
Ілюстрації: Джо Александер
Шрифт: Times New Roman
Дизайн книги: Nancy Vernon
Опубліковано:

P. O. Box 754 Huntsville, AR 72740
WWW.OZARKMT.COM
Американське видання надруковано у Сполучених Штатах Америки

# Зміст

| | |
|---|---|
| Передмова | 5 |

**Розділ перший: Таємничі ессени**
1. Як усе почалося — 9
2. Суб'єкт — 18
3. Знайомство із Садді — 24
4. Хто такі ессени? — 35
5. Опис Кумрана — 40
6. Урядування спільноти Кумрана — 62
7. Бібліотека таємниць — 81
8. Дванадцять заповідей — 94
9. Медитація і чакри — 100
10. Перша подорож Садді до зовнішнього світу — 109
11. Сара, сестра Садді — 120
12. Похід до Бетесди — 125
13. Питання — 134
14. Сувої та біблійні оповіді — 152
15. Мойсей і Єзекіїль — 171
16. Творення, катастрофа і Калуу — 185

**Розділ другий. Життя Ісуса**
17. Пророцтва — 205
18. Вифлеємська зірка — 209
19. Волхви і Дитя — 215
20. Ісус і Іван: двоє учнів у Кумрані — 225
21. Завершення навчання Ісуса й Івана — 230
22. Мандри Ісуса. Марія — 235
23. Початок служіння Ісуса — 241
24. Готовність до розп'яття — 250
25. Розп'яття і воскресіння — 265
26. Розуміння розп'яття і воскресіння — 282

Додаток — 288
Бібліографія — 296
Сторінка автора — 299

# Передмова

Хто я така, щоб взятися за написання книги, котра може зруйнуватити чи бодай похитнути фундамент віри багатьох людей, як іудеїв, так і християн? Хочу відразу запевнити: я з повагою ставлюся до кожної віри. Людина повинна вірити у щось, навіть якщо вона вважає, що нема у що вірити.

У цій книзі я хочу розповісти про те, що мені було дано пізнати - розповісти про людей, які присвятили своє життя захисту і збереженню Знань. Я вважаю, що можу віднести себе до них. Для мене руйнування знань - страшна річ. Я вірю, що мені передано провідний факел збереження саме цих знань через вічність простору і часу. Ці знання не повинні залежуватися на полицях та припадати пилом. Вони мають бути відкритими ще раз для тих, хто їх прагне. Мені здавалося, ніби ессени нашіптують мені: "Пиши! Занадто довго приховано наші знання. Пиши, не дозволяй знанням знову загубитися". І я відчуваю, що не повинна пройти мимо того, що мені відкрилося. Якщо, читаючи цю книгу, хтось почуватиметься незручно, я хочу, щоб вони зрозуміли, що наміру засмутити чи збентежити когось я не маю. Мій намір - спонукати людей до задуми.

Я не наважуся стверджувати, що усе, що відображено у цій книзі, є абсолютною істиною і незаперечними фактами. І я серйозно сумніваюся, чи хто-небудь має на це точні відповіді. Але, можливо, це вперше допоможе комусь вирватися з полону запліснявілого мислення, в якому вони живуть з дитинства. Спонукає відкрити вікна розуму, щоб туди увійшли пошуки знань, як свіжий весняний вітер, та зрушили павутину самозаспокоєння. Не поспішайте робити висновків, що те, що тут прочитаєте. Посмійте мислити про немислиме. Посмійте задавати питання, яких раніше не сміли задавати. Посмійте задуматись, що таке життя і що таке смерть. І ваша Душа, ваше вічне "Я" лише збагатиться.

# Розділ перший

## Таємничі ессени

# Глава 1

# Як усе почалося

Чи можна подорожувати крізь час і простір і відвідувати давно втрачені цивілізації? Я вірю, що можна. Можна розмовляти з давно померлими і знову переживати з ними їхні життя і смерть. Можна повернутися навіть на тисячі років назад, щоб дізнатися про минуле. Я знаю, тому що я робила це не один раз, а сотні разів.

Я роблю це за допомогою реґресивного гіпнозу. Це метод, який дозволяє людям пригадувати і часто переживати свої минулі життя. Ідея, що ми живемо не один раз, а багато разів, називається реінкарнацією. Це не слід плутати з "перевтіленням", тобто вірою в те, що людина може відродитися як тварина. Як показують мої досліди, цього не буває. Душа людини втілюється завжди в людське тіло. Вона може, на жаль, опуститися настільки низько, що стає тваринною, але ніколи не прийме форму тварини. Це зовсім інший тип духу.

Не знаю, чому деяким людям так важко зрозуміти ідею реінкарнації, адже це завжди можна співвіднести зі своїм власним життям. Кожен з нас постійно змінюється. Не змінюватися означає припинити зростання. Тоді настає застій і людина починає вмирати. Змінюючись, ми маємо відчуття, ніби прожили багато різних життів. Ходимо в школу, одружуємося, маємо дітей, іноді знову одружуємось. Ми можемо змінювати професії, іноді йти в зовсім іншому напрямку. Ми можемо подорожувати або жити в чужій країні. Ми можемо відчувати біль і страждання, коли з близькими ним людям трапляється нещастя або вони помирають. Однак ми продовжуємо жити і мінятися, любити і досягати своїх цілей у житті. Ми робимо помилки і сподіваємося навчитися на них. Все це етапи нашого життя. Ми чуємо, як люди говорять: "Я не знаю, як я міг робити такі безглузді речі, коли був молодим. Ніби це сталося з кимось іншим".

Я знаю, що ніколи не зможу знову бути підлітком, тією наївною, сором'язливою школяркою, якою колись була. Тепер я навіть не змогла б уявити себе нею. Ми б не мали нічого спільного. І вона ніколи не змогла б зрозуміти складну людину, якою я стала. Але ми - одна й та сама особа!

Попередні життя для мене - факт, перевірений на реґресивній практиці. Ми їх пережили так, як пережили дитинство. Їх можна назвати дитинством душі. Хочеться вірити, що ми навчилися застосовувати знання, які отримали протягом сотень років, сповнених знань і помилок. Одній людині забирає більше часу навчитись і помудрішати, а іншій потрібно прожити безліч життів, перш ніж вона засвоїть хоча б один урок.

Ми можемо розглядати наше власне тіло як на форму реінкарнації. Наше тіло весь час змінюється, клітини постійно вмирають і оновлюються в нескінченному циклі, і ми, звичайно, не маємо того самого тіла, якого мали десять, двадцять, тридцять років тому, воно змінилося - на краще чи на на гірше.

Якщо реінкарнацію розглядати як школу для душі, серію уроків і рівнів, які потрібні для зростання, то може тоді ми б перестали проклинати тяжкі часи і невдачі, що часто трапляюся з усіма. Може тоді б ми навчилися сприймати це як іспити, які ми повинні пройти, а як ні, то провалити. Ми не можемо змінити те, що вже сталося з нами в цьому житті або в попередніх. Але ми можемо винести урок з пережитого і йти вперед.

Доктрина реінкарнації є філософією, і як така вона не применшує жодної із встановлених релігійних форм. Радше вона посилює їх, робить повнішими. Той, хто неупереджено вивчить цю ідею, зрозуміє, що можна, одночасно сприймати й інші форми релігії. Вони не вступають між собою в конфлікт. Теорія реінкарнації не відноситься до "окультних наук", а радше є виявом любові, і тому сумісна з будь-якою релігією, з будь-яким віруванням, головною основою якої є любов. Люди, які сліпо шукають відповіді на вічні питання, можуть у цій книзі знайти те, що шукають. Це - як яскраве світло в кінці тунелю.

Ми живемо вічно, бо душа не вмирає. Життя є одним безперервним існуванням, лише переходячи від одного тіла до іншого. Ми змінюємо форму так само, як змінюємо одяг.

Вбрання викидається, коли стає старим і зношеним або ж надто подертим і непридатним для ремонту. Щось подібне відбувається і з тілесними формами. Деякі люди неохоче вдаються до цього, бо ж ми в кінці кінців прив'язуємося до речей. Ми маємо тіло, ми не є тілом.

Є люди, які вважають ідею переродження надто складною, надто радикальною, надто важкою для розуміння. Можливо, вони ще не готові зрозуміти чи сприйняти концепцію перевтілення. Таким людям залишається намагатися жити якнайкраще з тією вірою, в якій вони почуваються добре. Нав'язувати віру не можна нікому.

Ідея повернення назад в часі захоплює багатьох. Чому? Пошук істини, привабливість незвіданого, або бажання побачити, як справді жили древні люди? А може припущення, що минуле було краще сьогодення? Чи не тому так популярні історії про машин часу? Може, людина підсвідомо хоче зняти із себе ланцюги, які зв'язують її з сьогоденням, і вільно блукати у часі без засторог і обмежень.

Я - *ре∂ресист*. Це сучасний термін для гіпнотизера, який означає повернення людей у минулі життя. Я не використовую традиційний спосіб гіпнозу, наприклад, щоб допомогти комусь схуднути, кинути курити або полегшити біль. Я глибоко зацікавлена у реінкарнації уже більше двадцяти років. А почалося все з того, коли я побачила, як мій чоловік, гіпнотизер, провадив *ре∂ресивні* експерименти (повернення у минулі життя). Він використовував традиційні методи гіпнозу і натрапив на реінкарнацію цілком "випадково" під час сеансу з жінкою, яка хотіла схуднути.

Перший крок у невідомий мені світ розпочався з трагічної події, про що розповідається в моїй книзі "Пам'ять про п'ять життів" (Five Lives Remembered). У страшній автокатастрофі майже не загинув мій чоловік. Він провів у лікарні цілий рік. Після тривалого, важкого одужання він втратив будь-який інтерес до гіпнозу - його життя пішло в зовсім іншому напрямку.

Зате у мене з'явився невгамовний інтерес до гіпнозу, який відкривав мені двері у світ нових можливостей. Я завжди любила історію, і це давало можливість вивчати її методом більш живим, цікавішим, ніж історичні книги з їх сухими, затхлими фактами і датами. Це подібно до того, ніби проходиш тунель часу і насправді зустрічаєшся з людьми, що жили у минулому. Цей метод давав можливість розмовляти з тими, хто на моїх очах переживав події того часу. Отже, двері відкрилися, я заглянула в невідоме і вже ніколи не дозволила їм закритися для мене. Оскільки мій чоловік більше не цікавився гіпнозом, то мені самій довелося вчитися і проводити власні дослідження.

Традиційні методи індукції мені не подобались. Я вважала, що вони забирають занадто багато часу і втомлюють обох, як гіпнотизованого, так і гіпнотизера. Вони потребують чимало перевірок, щоб визначити глибину трансу. Я запідозрювала, що більшість людей підсвідомо чинять опір всіляким тестам. Маючи досвід багатолітнього навчання в школі, їм не подобається, коли їх ставлять у становище, де вони повинні або пройти іспит, або провалити. Коли вони займають оборонну позицію, їм важко розслабитися. Такі традиційні перевірки на глибину трансу використовують помилково, вважаючи, що в цей спосіб легше досягати підсвідомості.

Помилковість цього методу було доведено на практиці. Люди перебувають у гіпнотичному стані багато разів протягом дня і навіть не усвідомлюють цього. Вони очікують, що транс відрізнятиметься від насправді суто природнього стану розслаблення.

Принаймні двічі на добу кожен з нас проходить через найглибший стан трансу. Це відбувається, коли людина засинає вночі і перед тим, як повністю пробуджується вранці. Відомо, що кожного разу, коли ми дивимося телевізор і заглиблюємося в події на екрані, ми вступаємо у змінений стан свідомості. Це також часто трапляється, як ми їдемо по одноманітному шосе або слухаємо нудну проповідь чи лекцію. Ми дуже легко входимо в змінений стан свідомості, і більшість людей буде шокована, якщо їм сказати, що вони не знаючи того, були у гіпнотизованому стані.

Я відчувала, що має бути швидший і простіший спосіб введення в транс, який веде до ре*д*ресії, якщо використати той природний стан, в який впадає людина протягом дня. Я стала вивчати сучасні методики і дійшла висновку, що дійсно є багато швидших і простіших методів. Ці методи використовуються деякими лікарями для боротьби з хворобами та болями. Вони переважно використовують зони візуалізації мозку, дозволяючи суб'єкту брати участь у грі за допомогою керованих зображень. У своєму ж методі я вдалася до імпровізації, і почала його експериментувати у 1979 році. Знайти людей для експерименту було не складно, бо, схоже, багатьох цікавить філософська ідея реінкарнації.

Скептики кажуть, що гіпнотизер пропонує суб'єкту піти в минуле життя, а суб'єкт притворяється, просто бажаючи зробити приємне гіпнотизерові. Я ж вдаюся до великих зусиль, щоб не вдаватись до традиційного навіювання. За нормальних обставин все відбувається спонтанно.

Спочатку я дивилася на свій метод як на науковий експеримент, щоб побачити, як він діє. Використовувала його на багатьох людях і сподівалася, якщо результати повторюватимуться, тоді знатиму, що мій метод працює, і що таким чином робить вклад до теорії реінкарнації. Я намагалася бути об'єктивною, але коли дев'яносто п'ять відсотків тих, кого я гіпнотизувала, слідували тій самій основі у відображенні минулих життів, і це підтверджувалося історіями інших - важко було залишитися повністю нейтральною. Дехто вважає, що цьому можуть бути й інші пояснення, крім реінкарнації. Це, звичайно, можливо, але мій дослід дає мені підстави вірити, що суб'єкти пригадують фактичні моменти їхнього минулого. Редресуючи все більше і більше людей, я виявила, що мій метод діє фактично на всіх, навіть на малоосвічених і скептиків. Часто дехто не вірив у повернення в минулі життя і навіть не розумів, що я роблю, проте вислід був однаковим.

Як і всі ті, хто працює у галузі реінкарнації, я хотіла додати дані своїх дослідів до зростаючої маси матеріалів на цю тему. Деякі дослідники цікавляться лише статистикою — скільки людей пригадають передні життя в певні періоди часу. Але я люблю людей, тому мене цікавлять їхні історії. Я вважаю за краще працювати з людиною індивідуально, а не займатися груповими редресіями. Бо таким чином можна отримати цілісну розповідь. Також оператор (або ведучий) має більше можливостей застерегти від моральних травм, які можуть статися внаслідок спогадів.

Завдяки цій техніці практично кожен може пригадати свої минулі життя - навіть у найлегшому гіпнотичному стані. Існує багато різних рівнів гіпнотичного трансу. Вони були перевірені в лабораторіях на наукових приладах. Чим глибший гіпнотичний стан при реґресії в минулі життя, тим більше деталей можна отримати. Я виявила, що ступінь трансу можна визначити і фізичними реакціями суб'єктів, і тим, як вони відповідають на питання. У більш легкому стані вони навіть не усвідомлюють, що відбувається щось незвичайне. Вони запевняють, що повністю прокинулися і не можуть зрозуміти, звідки з'явились усі ці історії. Оскільки свідомий розум все ще активний, вони думають, що це лише їхня уява. У неглибокому гіпнотичному стані суб'єкт часто спостерігає за подіями минулого життя так, ніби дивиться фільм. Якщо ж гіпнотичний стан поглибити, суб'єкт буде спостерігати за життям і сам брати участь у ньому. А коли вони бачать усе очима іншої людини і відчувають емоції, вони впадають у ще глибший реґресивний стан. Свідомий розум стає менш активним і особа сама бере участь у тому, що бачить і відчуває.

Найкращими суб'єктами вважаються ті, хто може досягти сомнамбулістичного стану. У цьому стані вони повністю ототожнюються з особистістю із "того" життя і переживають його, не маючи пам'яті про ніякий інший період часу. Вони стають, у всіх відношеннях, людиною, що жила сотні або тисячі років тому, і здатні викласти свою версію історії. Вони можуть лише розказати про те, що знають. Якби, наприклад, в той період вони були селянами, то не мали б уявлення про те, що відбувається в царському палаці, і навпаки. Вони часто не знають про події, які можна знайти в будь-якій книзі з історії, але які не мали особистого впливу на їхнє життя в той час.

Вони не пам'ятають майже нічого, коли прокинуться, хіба що їм підкажуть. Суб'єктам здається, що вони просто заснули, і будь-які сцени, які, можливо, залишилися в їх свідомості, схожі на зникаючі фрагменти сновидінь. У сомнамбулістичному стані людина може багато про що розповісти, оскільки вона у всіх відношеннях стає тією особою, яка фактично жила у тому періоді часу. Ті, хто ніколи не пережив цього дива, можуть навіть налякатися. Це захоплююче й іноді психічно нелегке пережиття - бачити невідомі сцени і навіть перебрати на себе манери і голос когось іншого.

Справжнього семнабуліста важко знайти. Відомий експерт з реінкарнації Дик Сатфен (Dick Sutphen) каже, що вони зустрічаються у співвідношенні один до десяти. Якщо в кімнаті, каже він, тридцять осіб, то лише три з них, ймовірно, будуть здатні впасти в сомнамбулістичний стан. Мої шанси не були настільки високими. У моїй практиці — приблизно один з двадцяти. Більшість людей, з якими проводиш сесію, надзвичайно цікавляться тим, що відбувається, і виставляють захисні механізми навіть у трансі. Це заважає їм впасти у найглибший гіпнотичний стан. Я переконалась, що елемент довіри повинен бути побудований до того, як "охорона" буде виставлена. Суб'єкт повинен вірити, що гіпноз цілком безпечний. Я знаю, що захисні елементи розуму працюють у будь-якому випадку - у мене були люди, які негайно пробуджуються з глибокого трансу, коли бачать чи переживають щось неприємне або страшне. Подібно до того, як ми прокидаємось від нічних кошмарів. Моя гіпнотична техніка — це не контроль над свідомістю іншої людини, а здатність будувати довіру і співпрацю в цьому стані розуму. Чим більша довіра, тим більше вивільнення інформації.

Я ще ніколи не зустрічала когось, хто був би Клеопатрою або Наполеоном. Дехто вигадує якусь фантасмагорію, щоб догодити гіпнотизерові (як припускали "експерти"). Такі люди бачать себе героями, які здійснюють щось надзвичайне. Так не буває. Більшість людей згадують звичайне, одноманітне і буденне життя. Таке життя також може бути цікавим і унікальним. У моїх суб'єктів під гіпнозом значно переважає буденне, просте життя. Так, як це є в реальному житті. Переважна більшість з нас — не ті, кому вдається потрапити у заголовки газет.

Редресії, які я проводила, повні таких історій. Солдати, які ніколи не ходили на війну, корінні американці, які жили мирним життям і не воювали з білою людиною. Фермери і ранні поселенці, які не знали нічого, окрім тяжкої праці, безвиході й горя. Деякі ніколи нічим іншим не займалися, окрім догляду за худобою, вирощуванням посівів, і зрештою, вмирали, передчасно зношені тяжкою працею. Найбільшими подіями у їхньому житті були весілля, народження дитини, поїздки в місто або похорони. Більшість людей, які живуть сьогодні і з якими я провадила сеанси гіпнозу, вписуються в подібну категорію. У більшості редресій переважають не надзвичайні вчинки та пригоди, а реальні, людські почуття, які вони пережили. Коли людина прокинулася від трансу зі свіжими сльозами після того, як пригадала подію, що відбулася більше двохсот років тому, ніхто не може сказати, що це вигадка. Це так як пережити травматичну подію в дитинстві, яка виникає знову і знову з усіма почуттями, що спливають на поверхню після багатьох років. Ніхто не може сказати вам, що такого у вашому дитинстві не було, тому що пам'ять знову і знову нагадуватиме вам про те, та й інші люди можуть це засвідчити. Редресія схожа на витягнення на поверхню пам'яті з дитинства. Її можна осмислити, знайти їй належне місце в теперішньому житті і спробувати винести урок з тих давніх спогадів.

Одним з пояснень цього феномена є криптоамнезія або "прихована пам'ять". Це теорія, яку ви читали, бачили або чули десь колись, і взяли собі в голову. Під гіпнозом вам вдасться витягнути її наверх і витворити з неї історію. Для мене цього пояснення не досить. Якщо ви зберігаєте приховану пам'ять, ви також зберігаєте спогади про все, що стається з вами у цьому житті. Це факт. Проте сомнамбуліст забуде все, що не стосується того періоду часу, у якому він в той час живе. У цій книзі ви знайдете численні приклади цього. Часто суб'єкти не знатимуть, про що я говорю, тому що ті поняття не існують у їхній часовій рамці. Або я вживаю слово чи фразу, яку вони не розуміють. Інколи важко пояснити їм речі, з якими ми добре знайомі. Спробуйте коли небудь. Якщо суб'єкт використовував приховану пам'ять, то чому ці сучасні поняття не спливають під гіпнозом? Вони також є частиною пам'яті людини, яка живе в теперішньому часі.

Існує інша теорія, яка полягає в тому, що загіпнотизована особа грає в "безпечну гру" і відтворює лише той період часу або ту країну, з якої вона має певні знання. Я багато разів доводила протилежне. Під гіпнозом цілком натурально для них говорити про життя в культурі, зовсім їм невідомої у теперішньому житті. Часто вони навіть не знають, де знаходяться — все для них чуже. Їхній чіткий опис країни і звичаїв або вірування можна пізніше перевірити через друковані джерела. Це траплялося неодноразово з суб'єктами, що й описано у цій книзі. Я навряд чи назвала б "безпечною грою" обговорення подій із життя людини, які відбувалися дві тисячі років тому в країні на іншому кінці світу. Але надзвичайна точність переказу може тільки дивувати.

І досліди показали, що пам'ять може бути вражаючою. Це лише на прикладі одного з життів, які суб'єкт-сомнамбул виявила під час нашої сесії.

Як письменниця з невгамовною цікавістю, я стала учасницею цього дослідницького проекту, маючи певну мету. Я мала намір ре*д*ресувати якомога більше волонтерів і зібрану від них інформацію з різних періодів історії укладати в книги. У мене було багато людей, які під гіпнозом потрапляли в однаковий період часу, і їхні розповіді про умови, що існували на той час, співпадали. Отож цей проект став для мене реальністю.

Однак, коли я зустрілася з Кетрін Гарріс (прізвище не справжнє), я зрозуміла, що моя робота з нею змінить усі попередні плани і ляже в основу самостійної книги. Інформація, що вийшла з її підсвідомості, була унікальною й інформативною, і я вважала її надзвичайно важливою.

# Розділ 2

# Суб'єкт

Хто така Кетрін Гарріс і як наші життя перетнулися? На час нашої зустрічі я й уявлення не мала, що доля для нас підготувала. Я б ніколи не подумала, що ми разом відправимося в подорож, яка триватиме рік і поведе нас назад у часи Христа. Сьогодні я вірю, що такі зустрічі ніколи не бувають випадковими.

Я була на вечірці, яку провадила група людей, зацікавлених у метафізиці та екстрасенсних явищах. Там було чимало людей, з якими я вже працювала у гіпнотичних реδресіях, але було й багато незнайомців. Кетрін, яка цікавилася надзвичайними явищами, була там зі своїм другом. Під час розмови того вечора ми, звісно, говорили про те, чим я займаюся і, як завжди, багато людей хотіли стати моїми гіпнотичними суб'єктами. (Інтерес до цієї сфери набагато більший, ніж можна подумати). У багатьох для реδресії є серйозні причини, наприклад, хтось шукає кармічних взаємин, інші хочуть позбутися фобії, але здебільшого це просто цікавість. Кетрін захотіла бути добровольцем, і ми призначили зустріч.

У той знаменний день, коли я познайомилася з Кетрін, або Кеті, як називали її друзі, їй було всього двадцять два роки. Вона була невисокою і досить повнотілою для свого віку, з підстриженим світлим волоссям і очима, які сяяли і начебто бачили наскрізь. Вона виглядала такою щасливою і жвавою, і настільки зацікавленою в людях! Пізніше, в процесі нашого спілкування, я зрозуміла, що це був лише фасад, який приховував її вроджену сором'язливість і невпевненість. За знаком Зодіака вона була Раком, а люди, народжені під цим астрологічним знаком, зазвичай не надто компанійські. Але вона була по-справжньому щира, дійсно цікавилися людьми і виходила зі шкіри, щоб бути комусь корисною. Кеті володіла вродженим почуттям мудрості, що не відповідало її молодому вікові. Коли ознаки незрілості все-таки проявлялися, вони якось не в'язалися з її характером. Мені довелося постійно собі нагадувати, що їй всього двадцять два роки, як і моєму синові. Але у них було мало спільного.

Здавалося, що дуже стара душа живе в її обманливо молодому тілі. Іноді я задавалася питанням, чи ще хтось мав таке ж враження.

Кетрін народилася в Лос-Анджелесі в 1960 році. Праця її батьків вимагала частої зміни місць. Вони були членами пастви Церкви Асамблея Бога, тому релігійне виховання Кеті не дуже сприяло розумінню і сприйняттю понять про реінкарнацію і гіпноз. Однак, вона не раз казала, що завжди почувалася не на місці під час церковних служб. Багато галасу і багато руху лякали її. Вона часто мала бажання перехреститися в церкві на манер католиків. Їй здавалося це абсолютно природнім. Та після суворої догани матері вона вирішила за краще не робити цього на людях. Батьки вважали її дивачкою. Вони не могли зрозуміти її небажання бути подібними до них. Тому прохання не називати її справжнього імені у цій книзі вона обумовила, керуючись турботою про почуття батьків. Вона знала, що її батьки ніколи не зрозуміють ідеї багатьох життів, хоча для неї це далося легко. Вона також боялася, щоб це не вплинуло негативно на її особисте життя. Я погодилася з її волею і ми зійшлися на тому, що її ім'я залишиться анонімним.

Часті переїзди її родини зі штату в штат привели їх до Техасу, коли Кеті було шістнадцять років. Вона вже двічі міняла школу, і тепер знову - зміни. Кеті стомилася від постійного пристосування до нових шкіл, різних методів навчання і тимчасових друзів. І одного разу, після суперечки з батьками, вона залишила школу. Два роки середньої школи — і на цьому її формальна освіта скінчилася.

Саме це спричинилося до успіху нашої з нею роботи. Ми могли бути впевненими, що речі, про які вона говорила під гіпнозом, не пов'язані з її освітою. Я не знаю жодної школи, в якій вчать таким речам як гіпноз і ре*д*ресія. У школах зараз навіть не приділяють особливої уваги географії, як було колись. Кетрін — дуже розумна дівчина, але свої знання вона не почерпнула з книг.

Залишивши школу і одержавши свободу, вона побачила, що не так легко знайти працю з незакінченою освітою та браком професійного досвіду. Протягом року вона змінила кілька робіт, в яких розчаровувалася. Тоді Кеті вирішила (в сімнадцять років!) вступити до Військово-Повітряних Сил США, щоб отримати якусь професію. В армії вона провела два роки, спеціалізуючись на комп'ютерах. Ще одним важливим моментом для нашої з Кеті роботи було те, що вона ніколи не виїжджала зі Сполучених Штатів під час служби у ВПС, однак, що цікаво, в глибокому трансі вона з найменшими деталями описувала багато різних місць і зарубіжних країн.

Коли Кеті залишила службу, її сім'я знову переїхала до міста на Середньому Заході Америки. Там ми з нею й познайомилися. Завдяки одержаним знанням з комп'ютера вона вже могла знайти працю в офісі. Життя Кеті, як професійне, так і особисте, виглядало добре налагодженим. У вільний час вона читала популярні романи і фантастику. Думка піти в бібліотеку, щоб вивчати і досліджувати ідею реґресій, її не цікавила.

Після першого ж сеансу я зрозуміла, що вона - не ординарний суб'єкт. Кеті швидко впала в глибокий транс і виявила такі сенсорні відчуття, як смак і запах, відчувала емоції - і нічого не пам'ятала при пробудженні! Вона ніколи не вважала, що увійти в транс для неї буде не важко, однак сама була здивована, як легко це сталося. Я зрозуміла, що знайшла ідеальний сомнамбулістичний суб'єкт. В такій ситуації це був найпростіший тип роботи, тому я хотіла мати з Кеті якомога більше сеансів, звичайно, при її бажанні. Їй це також було цікаво, і вона погодилася працювати зі мною до тих пір, поки її батьки не дізнаються. Я сподівалася, що в цій сфері не буде проблем, адже юридично вона була повнолітньою і могла сама приймати рішення. Пізніше вона зізналася, що її все життя переслідували якісь спогади, які здавалися їй не з цього світу. Вона сподівалась, що знайде відповіді в реінкарнації, і тому сесії зі мною її дуже цікавили.

Коли стало очевидно, що цікава і цінна інформація ллється із цієї дівчини потоком, ми почали регулярно зустрічатися раз на тиждень. Оскільки я живу у віддаленій сільській місцевості, ми домовилися проводити наші зустрічі в домі моєї подруги Гаррієт. Вона жила в межах міста і для усіх зацікавлених легко було туди добиратися. Гаррієт, як і я, була гіпнотизером, однак вона ніколи не працювала із сомнамбулістами і тому дуже зацікавилася моєю роботою з Кеті, щоб побачити, як все проходить. Пізніше, коли стала виявлятися важлива інформація, я була рада, що Гарріет була свідком при цьому. Я також мала й інших свідків під час сеансів. Усім було важко повірити, в те що ми бачили і чули. На випадок, коли б хтось захотів звинуватити нас у містифікації, ми мали багато свідків.

Як я вже згадувала, вводячи людину в транс, я вживала ключове слово. Після перших двох сеансів я ввела Кеті у глибокий транс лише при згадці ключового слова. Це набагато швидший метод індукції і заощаджує трудомістку і тривалу підготовчу роботу. Ми не мали поняття, куди приведе нас цей експеримент. І отак почалася наша надзвичайна подорож в минулі часи. Подорож, яка повела нас до людей і в місця, які неможливо собі уявити в найсміливіших мріях. Це була справжня подорож у часі і просторі.

Спочатку я не пропонувала Кеті іти в якесь певне місце або в певний період часу - я задавала питання спонтанно. Минув місяць і я вирішила бути більш систематичною та спробувати направляти редресії у певному хронологічному порядку. Я стала йти назад стрибками по сто років, намагаючись з'ясувати, скільки життів прожила Кеті. Можливо, що деякі з них я по дорозі пропустила. Часто зустрічалися неясні факти, які можна було перевірити лише ретельними дослідженнями. Ми навіть наштовхнулися на дивну духовну сферу, де ми отримали інформацію про те, що відбувається після того, як душа покине тіло і входить у так званий "мертвий" стан. Багато чого з цього буде висвітлено в іншій книзі, "Між смертю і життям" (Between Death and Life).

Кожного тижня я намагалася піти назад бодай ще до одного життя. Я собі міркувала, якщо якесь з них буде особливо цікавим, ми можемо повернутися до цього пізніше і задати більше питань. Це був метод, який я використовувала у своїй попередній книзі " Пам'ять п'яти життів " (Five Lives Remembered), але у тій книзі було прожито лише п'ять життів - то було набагато простіше.

Коли я поступово повертала Кеті в минуле, ми виявили двадцять шість окремих життів, аж допоки ми не прийшли до початку християнської ери. Багато з цих життів були майже рівномірно розподілені між чоловіками і жінками, багатими і бідними, освіченими і невченими. Кожне з них було наповнене великою кількістю деталей про релігійні догми і культурні звичаї того періоду часу. Я впевнена, що навіть вчений, освічений в історії та антропології, не міг би розповісти про ті неймовірні деталі, які оповіла нам Кеті. Ні, її знання безумовно йшли з іншого джерела! Я вважаю за краще вірити, що вона насправді жила всі ці життя, і пам'ять про них залишилась прихованою у величезних "банках комп'ютерної пам'яті", що називається "підсвідомим розумом". Вимагалося лише натиснути на правильну кнопку і дати розумові правильні сигнали, щоб спонукати події сплисти наверх і знову їх пережити. Ми не маємо уявлення про те, скільки ще життів чекає попереду, щоб побачити денне світло ще раз. Події тих ще не розкритих життів будуть описані в іншій книзі. Було б несправедливо намагатися втиснути їх в одну книгу - занадто багато інформації.

Коли я зрозуміла, що дані, до яких ми добралися, можуть привести нас до розповіді про життя Христа, я вирішила залишитися у тому періоді часу і побачити, що буде далі. Я не мала уявлення про те, куди веде експеримент, і чи приведе він до чогось цінного. Але за найменшої ймовірності, що може бути знайдено щось важливого, я припинила вести Кеті назад у її життя, і зосередилася лише на житті Садді, ессена, одного з учителів Ісуса. На цій темі ми залишалися протягом тринадцяти сеансів, проведених протягом трьох місяців.

Якби цей період життя був першим, з яким я зіткнулася під час роботи з Кеті, я б відразу відкинула все це як фантазію і припинила б сеанси. Люди автоматично думають, якщо суб'єкт скаже, що знав Ісуса, то він просто задовольняє свій е*го*їзм. Але ця інформація не з'являлася, поки я не пропрацювала з Кеті дев'ять місяців. До того часу я знала, звідки вона походить. Я знала, які величезні можливості ця дівчина мала, згадуючи минулі життя дуже докладно. Між нами за цей час виникло дуже міцне довір'я. Я вважаю, що це єдиний спосіб, коли оповіді можуть вільно виходити на поверхню. Знадобилося багато терпіння, щоб продовжувати працювати з одним суб'єктом і систематично рухатися назад. Але якщо б я зупинилася занадто рано, ця історія ніколи не була б описана. Навіть дізнавшись від Кеті так багато, я все ще не наважувалась розповісти кому-небудь про те, що я виявила хто був одним з учителів Ісуса. Я була впевнена, що хтось-таки іронічно посміхнеться і скаже, наприклад: "Справді? Розкажи мені ще щось подібного". Я можу це зрозуміти, бо і я могла б покепкувати, якби почула щось таке від когось іншого. Але я не могла їй не вірити. Бо не було іншого способу пояснити, що діється. Цій дівчині не було змоги говорити неправду: вона була в глибокому гіпнотичному трансі. І розповідь, що йшла від неї, вимагала серйозних перевірок і бесід з кількома експертами з цих питань. Кеті ніколи не знала, куди ми підемо далі і що я її питатиму. Її відповіді приходили спонтанно і природньо.

У перші дні нашої роботи вона хотіла чути записи після того, як сеанс закінчився. Пізніше вона проявляла менший інтерес, просто запитавши після пробудження: "Ну, куди ми ходили сьогодні?" Вона не цікавилася прослуховуванням записів сеансу, казала, що дуже мало знає про той період часу або країну, і часто сама висловлювала здивування.

Після того, як торкнулися теми Ісуса, вона почала дещо непокоїтись. Може її раніші релігійні вірування стали нагадувати про себе. Вона почала виявляти все більше неспокою, коли говорила про речі, які суперечили Біблії, казала, що це неможливо, щоб все це йшло від неї. Це було неправдоподібно. Це єдине життя, що турбувало її більше, ніж усі попередні, через які ми пройшли. Якою б причина не була, але Кеті вирішила, що не хоче мати більше сеансів. Тим більше, що вона мала переїхати в інше місто - її компанія запропонувала їй підвищення на посаді з більшою зарплатою. Вона також думала, що цілий рік трохи задовго, щоб експериментувати з *редресії*. Настав час все це припинити.

Мені нічого не лишалося як згодитися. Вона повинна іти своєю життєвою дорогою, куди б вона її не привела.

Мені б хотілося провести з нею ще кілька сеансів. В той час я проводила дослідження і хотіла отримати відповіді на питання, що були для мене найбільшою загадкою. Але я подумала: "Чи я коли-небудь одержу відповіді на всі мої питання?" І навіть якщо так, то завжди знайшовся б хтось інший, у кого б виникали свої питання. Ми, ймовірно, ніколи не зможемо відповісти на всі можливі питання і впевнено закрити книгу життя, вважаючи її повністю завершеною. Я думаю, що я охопила дуже широкий діапазон, задаючись питаннями про умови життя, звичаї та виявлення знань, якими володіли ессени.

# Глава 3

# Зустріч із Садді

Я дотримувалась досить близького відстеження періоду, коли ми з Кеті поступово йшли назад. У моєму записнику було багато різних життів. Це був єдиний спосіб, яким я могла тримати їх впорядкованими. Кеті ніколи не плуталася щодо того, хто вона і де, але багато разів я сама губилася, тому записник був дуже важливим для мене і я часто зверталася до нього.

Важко передати словами на папері появу цього феноменального явища. Люди, якими вона ставала, були дуже реальними, з емоціями, манерами, виразом обличчя і тіла. Мені ці характери з минулого стали настільки знайомими, що я вже могла розпізнавати кожного з них, перш ніж вони називали свої імена.

В останні кілька тижнів ми бачили її як лікаря в Олександрії, де обговорювали препарати та методи хірургії, які використовувалися в період 400-их років нової ери. Потім вона була монахом у жовтому одязі в горах Тибету, який розповідав про буддійську філософію в 300 році н.е. Тоді - несподіванка: близько 200 року н.е. Кеті стала глухонімою дівчинкою.

В іншому випадку я б спрямувала Кеті назад ще років на сто. Однак цього разу свої інструкції я повинна була формулювати по-іншому: оскільки вона не могла виразно висловлюватися, ми не були впевнені в якому періоді часу ми перебували.

Часто особи, які Кеті уособлює під гіпнозом, мають сильні акценти, що ускладнює транскрипцію. Я помітила дивну особливість: коли різні особи говорять по-англійськи, це звучить так, ніби вони перекладаються з однієї мови на іншу. Тоді слова зміщуються з їхнього нормального порядку. Те, що звучить як погана граматика, є іншим прикладом цього дивного явища, тобто створює враження, що сутність (особа, з якою ми вступаємо в контакт), не знає англійської мови і намагається знайти правильні слова десь у мозку Кеті або комп'ютерних банках. Це часто призводить до похибок у граматиці, структурі речення або порядку слів, які вона ніколи б не зробила в її пробудженому стані. Я вірю, що це ще одна маленька деталь, що говорить про реальність реінкарнації. Її свідомий розум не допускав би цього.

Коли прийшлося дуже добре ознайомитися із сутністю по імені Садді ("Suddi"), то я вже могла розуміти його сильний акцент. Його голос також змінювався з віком. То він був молодий і жвавий, як дитина, потім поступово дорослішав, аж поки не став говорити голосом старої і дуже втомленої людини.

Справа визначення його статі (чи ɡендеру) буде створювати проблему в описанні цієї історії. Кеті - дівчина, яка розповідає історію чоловіка. Можна заплутатися, постійно переходячи від "він" до "вона" і навпаки. Я думаю, що правильним рішенням було б назвати сутність "він", і лише вдаватися до займенника "вона", коли йдеться про фізичне тіло Кеті та її рухи. Тому я вирішила, що цій книзі у більшості випадків діалогу передує буква: "С", коли йдеться від імені Садді; "К", коли ми говоримо з "душею" Кеті після смерті Садді; я, Долорес, позначаю себе літерою"Д".

Мені хочеться, щоб читач пізнав Садді так само, як пізнали його ми.

Долорес: Давай повернемося далі в ті часи, коли ми зустрілись з глухо-німою дівчинкою. Я порахую до трьох, і ми опинимося там: один, два, три. І от ми повернулися в часі назад.

Таким чином, я не мала уявлення про період, в якому ми перебували, за винятком того, що він повинен був бути раніше 200 року н.е. З'явилася особистість людини чоловічої статі. Він ішов по дорозі до Назарету, щоб побачитись із своїми родичами. В його голосі був такий сильний акцент, що його було важко зрозуміти. Вимова слова "Назарет" була настільки іншою від звичної нам, що я не розуміла, поки не згодом програла магнітофонний запис нашої сесії і уважно прислухалася. Це звучало як швидко вимовлене слово "Натарет". Він сказав, що це знаходиться в Галілеї. Тут знов він промовляв слово інакше, ніж я звикла його чути. Він сказав: "¢алілай". І знов я не зрозуміла, поки не прослухала магнітофонний запис, тому я не була впевнена, де знаходилась Кеті.

Немає нічого особливого в тому, що мені попався суб'єкт, який описує своє минуле життя в Ізраїлі. Це траплялося не раз. Я ре*д*ресувала кількох людей, які жили там під час окупацій Римом, але жоден з них ніколи не згадував Ісуса. Згадка про місцеперебування не дає жодного уявлення про обставини життя людини. Коли я вперше зустрічаюсь з новою особистістю, я завжди задаю стандартні питання, поки не буде встановлено країну та звичаї. Раз я знаю, де ми знаходимося, то можу задавати більш специфічні питання. Я попросила його назвати себе.

Садді: Я Бензамар. (Фонетично)

Це звучало щось на кшталт "Бенджаміна", і я запитала його, це ім'я чи прізвище. Але він знову відповів "Бензамар" з акцентом на останньому складі і додав, що інше ім'я не вживається, якщо ти не є кимось важливим. Я запитал, як я повинна звертатися до нього, і він дав мені дозвіл назвати його Садді ("Suddi"), тобто скорочено (ласкаве ім'я чи назвище?) Вимова звучала як Сауді або Садді, з акцентом на останньому складі. Я в цій книзі буду вживати Садді (Suddi), оскільки це простіше, ніж Бензамар.

У стародавніх культурах люди часто не знали, скільки їм років, або мали різну термінологію. Але він сказав: "Мені тридцять років". Він не був одружений.

С: Ні, це не є ціллю мого життя. Є ті, хто не бажає більше нічого окрім сім'ї. І є ті, хто має багато чого завершити у своєму житті, окрім того, щоб мати дружину і, можливо, дітей, що могло б не принести їм щастя. Тому було б жорстоко, щоб інші розділяли з ними їхню долю.

*Д: Це тому у тебе нема бажання одружитися?*

С: Я не сказав, що у мене нема бажання. Я просто сказав, що, напевно, не буду одружуватися.

Він сказав, що жив на висотах (пагорбах). Там живе одна спільнота людей, це не близько, приблизно два дні ходу. Коли я запитала, як зветься та спільнота, що є нормальним питанням, ситуація змінилася. Зазвичай Кеті відповідає на питання без вагань. Але Садді раптово виявив підозру і коротко запитав: "Для чого тобі це знати?" Я пояснила, що мені просто цікаво. Після довгих вагань він нарешті сказав, що це називається Кумран, у нього це звучало як Кум-а-ран. У той час це ім'я нічого не означало для мене, і я продовжувала розпитувати. Я запитала його чим він займається.

С: Я вивчаю книги Тори і також Закон, єврейський Закон.

Це теж нічого не означало для мене. Будучи протестанткою, я не знала, що таке Тора, і подумала, що він має на увазі юридичні закони, якими користуються в судах. Протягом наступних кількох місяців мені довелося багато чому навчитися. Я дізналась, що Тора - це релігійна книга євреїв, а закон — це Закон Мойсея, згідно з яким єврейський народ будує своє життя. Я запитала, чи Садді є тим, кого дехто називає "рабином". Я допускала, що ми зіткнулися з освіченим єврейським чоловіком, що має відношення до їхньої релігії і напевно освіти. Ми (інші особи, які брали участь у цьому експерименті) не багато знали про єврейські звичаї, майже нічого не знали про їхню релігію і ніколи не були в синагозі. Тому я хотіла дізнатися, чи рабин те саме, що і вчитель. Він відповів, що він не вчитель, а лише учень. Принаймні я дізналась, що рабин - це вчитель.

Коли я працюю з Кеті, я часто відчуваю себе недалекою, тому що не знаю основних речей про період часу, в якому вона перебуває. Я ніколи не можу передбачити, куди вона мене вестиме, і бути підготовленою, використовуючи навіть ті обмежені знання, що маю, і ставлячи під сумнів почуте. Я знаю, що найкращий спосіб - це задавати навідні питання, бо не маю поняття, що станеться далі, і часто почуваюсь, що я є лише попутник у цій мандрівці.

Д: *Що ти збираєшся робити, коли закінчиш навчання?*
С: Піду у мандри, до людей, щоб ділитися з ними тим, що ми знаємо.
Д: *Чи багато часу потрібно, щоб стати учителем?*
С: Для деяких - усе життя. Для інших це починається рано. Я не пам'ятаю такого часу, коли я б не вчився.
Д: *Рабини - це ті, хто вас навчає?*
С: Ти говориш про рабинів. Ти маєш на увазі сільських рабинів. Я маю своїх майстрів, які навчають мене. Але моїм учителем є не сільський рабин.
Д: *Хто твої наставники?*

Я мала на увазі, з якою релігією чи типом школи це пов'язано. Але він подумав, що я маю на увазі їхні імена.

С: Є Бендавид, який вчить математики. Є Мехалава, вчитель таємниць. Мій учитель Тори Замар, він мій батько.

Він (через обличчя Кеті) посміхнувся при згадці батька, і я зробила висновок, що за цим приховано приємні почуття.

С: А мій учитель праведності є ... (довге ім'я, яке я не могла переписати). Вона вчить те, що було нам передано, всі закони істини, речі, які захищені. Юдиф Бесезігер (фонетично, важко для розуміння) навчила мене пророцтвам зірок, знанням їх шляхів. Коли вона говорить, усі слухають. Їй багато років, може, сімдесят, може, навіть більше, я не знаю. Вона має великі знання в інших галузях, а це лише одна.

Д: *Чи повинні більшість хлопців вивчати ці речі в певний час свого життя?*
С: У єврейських хлопчиків є час, коли вони повинні вивчати Закон і Тору, це зазвичай, після Барміцви. Та якщо ти хочеш стати майстром-наставником або учителем і йти цією дорогою, ти завжди повинен бути готовим до навчання.
Д: *Ви отримуєте вчення ще звідкись?*
С: Ти мабуть думаєш, якщо знання приходить здалеку, воно має більше ваги? Мої вчителі живуть з нами. Коли мій батько був молодим, він мандрував багатьма місцями, які були нам відомі, і вивчав багато речей, а тепер передає це мені.
Д: *Це так прийнято, іти в чужі землі і вчитись від інших?*
С: У нас передавати знання — обов'язок. Бо це великий гріх не поділитися з тими, хто має спрагу до знань.

Садді ще не ходив до інших країн у пошуках знань, але він вірить, що йому пощастить.

Д: *Як це рішення приймається?*
С: Для нас буде дано знак, що він прийшов і що нам пора в дорогу. Мій батько каже, що це буде сказано на небесах і що нам буде дано знак.

Я не розуміла, що він має на увазі, тому запитала, хто прийде. Він відповів, як само собою зрозуміле: "Месія. Час відомий небагатьом". Я не знала, як це сприймати.

*Д: Хіба не сказано, що Месія вже прийшов?*

Я не була впевнена, в якому періоді часу ми опинилися, але я знала, що євреї ніколи не визнавали, що Месія уже прийшов. Вони до цих пір ждуть його. Я думала, що Садді єврей, який жив колись після народження Христа. Ми завжди маємо можливість щось дізнатися про цю людину, про Ісуса. Звичайно, такий вчений чоловік як Садді, знав би про той час.

С: Ні, він не прийшов, тому що небеса не дозволили б, щоб це стало відомо. Сказано, що з чотирьох сторін зірки зійдуться разом, і коли вони зустрінуться, це буде час Його народження.
*Д: Але вже говорилося, що він прийшов. Хіба ти не чув?*
С: Ні, він не прийшов. Бо скільки на світі живуть євреї, стільки ходять чутки про лжепророків і лжемесію. Але його тут нема.
*Д: Ваші люди коли-небудь чули про чоловіка, якого називають Ісусом? Кажуть, що він і є Месія. Кажуть, що він жив у Назареті та Віфлеємі.*
С: Я навіть імені цього не чув, воно мені невідоме. У Назареті немає нікого під таким іменем, інакше я його знав би.

На цей раз, коли він згадав про Назарет, я подумала, що він може бути у Святій Землі або десь поблизу. Я запитала, чи Віфлеєм коли-небудь знаходився неподалік, і він відповів: Так.

*Д: Я також чула про країну Юдея. Чи це також неподалік?*
С: (Радше з нетерпінням) Це ж тут!

Кеті завжди знала, де вона знаходиться, навіть якщо я часто губилася. Тепер, коли я мала країну і місцевість, я стала намагатися встановити період часу.

*Д: Хто в цей час правитель на вашій землі?*

С: Цар Ірод.

Я знала, що, згідно Біблії, було кілька царів на ім'я Ірод - той, хто царював під час народження Ісуса, та інший - під час Його страти. Але їх могло бути більше.

*Д: Я чула, що було багато царів на ім'я Ірод. Це правда?*
С: (Здавалося, це його спантеличило.) Це ... перший Ірод. Інших не було. Він батько Антипи і Пилипа. А сам він - Ірод.

Я відчула тремтіння від хвилювання. Можливо, Ісус ще не народився?

*Д: Що ти думаєш про царя Ірода?*
С: Він під п'ятою римлян. Це погано (зітхає). Він кровожерлива п'явка.

Емоційність Садді мене здивувала.

*Д: Хіба? Я чула багато історій, деякі хороші, а деякі погані.*
С: О, ні! Тоді ти не знаєш нічого про Ірода, інакше не задавала б таких питань. Я ніколи не бачив ніякого добра від Ірода.
*Д: Ірод живе у Єрусалимі?*
С: Іноді. У нього багато палаців. Іноді він ходить в інші краї.
*Д: Ти його бачив?*
С: Ні! І не маю бажання його бачити.

Було ясно, що він не любив Ірода і не хотів говорити про нього. Я все ще не розуміла, в якому періоді часу ми знаходилися. Дізнатись про той рік було важко, оскільки наші роки починаються від часів Христа. Ті люди, мабуть, мали інший відлік років, якщо Ісус ще не народився.

С: Для кожного з дванадцяти племен існує дванадцять місяців. Рік .... (він, здавалося, відчував труднощі з пошуком відповіді). Роки нумеровані роками царя. Я не впевнений. Я думаю, що це ... двадцятий Рік його правління.

Навіть Гаррієт не могла дати якогось пояснення, хоч вона була одержима ідеєю відшукати хоч щось про братство (секту), відоме як єссени. Вона нераз говорила: "Я так хочу, щоб ти якомога швидше щось дізналася про той час!" Вона також відчувала, що там криється щось надзвичайне. Що я могла відповісти? Я навіть не знала, коли ті люди жили. Вона ж вважала, що це було в часи Христа. Тоді я б сказала: "Що ж, ми йдемо в тому напрямку", і продовжувала б свою методичну подорож у минуле, перестрибуючи по п'ятдесят і по сто років назад.

Кожне окреме життя приховувало свою частку несподіванок та історичних фактів, тому я не поспішала прискорювати хід подій, радіючи, що вони виявилися такими плідними. Тепер, коли стало очевидним, що ми визначилися з періодом часу, Гаррієт скористалася цією можливістю і запитала Садді: "Ти коли-небудь чув про спільноту, відому як єссени?"

Він здивував нас відповіддю: "Так. Чому ти питаєш про це?" "Мені цікаво, чи знаєш ти що-небудь про них. Чи вони слідували вашому вченню". Садді відповів: "Вони мої вчителі".

Це було несподіванкою і давало надію на прорив, на те, що ми можемо розкрити таємницю про невідому групу. "О! - зраділа Гаррієт, - а ми шукали які-небудь відомості про них".

С: Вони не хочуть, щоб їх знайшли. Якщо вони цього не бажають, ви не знайдете нас ніколи.

Таким чином він виказав, що також є членом секти. І мені подумалось, чи не станеться так, що ця утаємниченість перешкодить нам дізнатися більше про них.

Д: Я чула, що єссени нагадують таємну організацію. Чи було б правильно так вважати?
С: Вони дуже бояться тих, хто при владі, тому що ми вивчали тайни, на які інші лише натякали. І вони бояться, що якщо ми матимемо занадто багато влади і знань, то вони втратять свої позиції.
Г: Чим вони відрізняються від звичайної єврейської громади?
С: Суворішим дотримання законів. Середній єврей в суботу виходить із синагоги і не згадує про неї до наступної суботи.

Для нас закон і Тора - це все! Ми не повинні забувати, що саме тому ми і живемо. Багато часу віддаємо на визначення даних пророцтв, знаючи, що вони повинні бути завершені вчасно. Це наш обов'язок підготувати інших до цього часу і підготувати шлях.

Ми знову були здивовані, коли він сказав, що жінки, як і чоловіки, є рівноправними членами їхньої секти. Вони були і серед наставниць, і серед учениць. Це було дивно, оскільки жінкам ординарної єврейської громади на той час не дозволялося визнавати рівність з чоловіками. Садді підтвердив це: "У більшості синагог жінкам навіть не дозволяється зайти всередину. Там є лише жіноча тераса".

Я запитала, чому в ессенів жінкам надано таку честь.

С: Сказано, що відокремлення одиного від другого не вважається цілим. Отже, всі знання повинні бути спільними, щоб їх ніколи не було втрачено. Я знаю жінок, у яких більше мізків, ніж у звичайного рабина.

Це забавляло і радувало нас. Але Садді знову насторожився, коли я спитала, яка завелика громада. Він обережно запитав: "Для чого тобі це знати?" Я мала б подумати про питання, яке б він не вважав загрозливим. "Мене просто цікавить кількість членів громади, щоб уявити умови життя. Думаю, якщо б це була дуже велика громада, то було б важко мати усім житло і прогодуватися". Садді розслабився і сказав, що точна кількість йому не відома.

Д: *Чи існують розбіжності між вчителями ессенів і єврейськими вчителями у вашій місцевості?*

С: Так, вони називають нас божевільними, тому що ми вважаємо, що час у нас в руках. Вони втратили надію на прихід Месії. (Він нахмурився і занепокоївся). Мені цікаво, чому ти хочеш все це знати? Я б не хотів більше відповідати. Є багато таких, хто хотів би дізнатися про нашу громаду, щоб знищити її.

Я не знала, що в той час у ессенів були вороги.

Д: *Ти сказав, що йдеш відвідати своїх родичів (кузинів). Якщо у ваших людей є вороги, то чи не боїшся ти, що хтось тебе впізнає?*

С: Вони не знають, хто я. Для них я просто мандрівник. У мене ж не синя шкіра. (Ми розміялися.) Ми можемо говорити один з одним так, що інші нічого не запідозрять.

Оскільки я чула, що ессени були таємним релігійним орденом, що живе усамітнено, як ченці в монастирі, я запитала, чи в їхньої релігії є назва.

С: Нема, ми відомі як ессени. Але це, як говорить мій батько, школа думки, а не релігія. (Він мав труднощі з цим словом.) Ми віримо в Бога, Отця.

Д: *Як ви називаєте Бога на вашій мові?*

С: Яхве. Це означає ... "без імені", тому що Бог є безіменним. Він не має наймення, про яке було б дано знати людині. Також відомі такі наймення як Елорім і Елорі. Вони в основному однакові. Вони відносяться до Бога. Є багато імен, якими ви можете кликати Його, і Він знатиме, що ви говорите про Нього. Це лише деякі з них. Коли я звертаюсь до Нього, я не називаю Його Господом. Я називаю Його Абба, що означає Отець.

Ми зробили прорив у часи Христа і познайомилися з одним із секти ессенів, найзагадковішою і найбільш утаємниченою спільнотою в історії. Коли я зрозуміла який потенціал перед нами, то вирішила залишатися з цим життям і вивчити його сповна. Хтозна, це може навіть виявити щось про життя Христа. І ми, може, дізнаємося ще більше про цю мало відому громаду. Звичайно, Садді виявляв ознаки підозри і небажання відповідати на певні питання, але я відчувала, що ми можемо досягти нашої мети. Є багато способів обійти тему, щоб отримати бажані відповіді. Тим не менше, я ніколи не очікувала, що станеться протягом наступних трьох місяців. Неймовірна кількість знань і інформації лилися потоком. Це як вихор, що налетів настільки швидко і шалено, що іноді перехоплювало дихання. Ми не сподівалися такого. Ми отримали більше, ніж сподівалися.

У наступних розділах я спробувала збирати інформацію відповідно до теми. Нічого не вийшло. Це так, ніби ти хочеш поєднати неймовірно складну головоломку, взявши частину з одного сеансу і частину з іншого. Я думаю, що оцей спосіб представлення інформації робить читання легшим.

Ця книга має два призначення. Перше - передати накопичені знання про звичаї та умови життя невизначеної, тіньової групи людей, відомої як ессени. Інше - пов'язати життя Христа з цією групою і як його зображено очима люблячого вчителя.

# Розділ 4

# Ким були ессени?

Якби перед початком сеансів хтось запитав мене, що я знаю про ессенів і Кумран, я б сказала, що не знаю майже нічого, навіть не знаю, як вимовляти ці назви. Ессени для мене були загадковою, утаємниченою спільнотою. Як і інші, я вважала, що це була релігійна секта, подібна до ченців, які жили усамітнено в монастирях.

Існують також припущення чи легенди, що Ісус навчався з ними або принаймні відвідував їх. Але це звучало, як і всі інші легенди про нього, наприклад, про те, що він мандрував по світу під час "втрачених років". Коли я розмовляла з людьми, зацікавленими в метафізиці, я чула подібне. Назви неясно знайомі, але мало хто міг щось розповісти про них. Я навіть не могла б сказати, де знаходиться Кумран. Гаррієт також знала не більше, ніж я.

Я пам'ятаю сенсацію на початку 1950-х років, коли світ сколихнула знахідка Сувоїв Мертвого моря. Вони були якимось чином пов'язані з ессенами і Кумраном. Мене часто навідували думки, що трапилося з виявленими рукописами? Після сенсаційного повідомлення вони, здавалося, зникли, як ніби були закинуті назад у печери, з яких вони виринули на світ. Було шкода, тому що вони вважалися ранньою версією сучасної Біблії.

Бред Стідер (Brad Steiger), відомий письменник і експерт з досліджень феномена реінкарнації, рекомендує редресіоністам, таким як я, наприклад, відкладати всякі інші дослідження, поки вони не закінчать роботу з досліджуваним предметом або періодом часу, в якому працюють. Він каже, що під гіпнозом свідомість суб'єкта значно підвищується. Завжди є можливість, нехай навіть і незначна, що можна отримати інформацію з умів будь-якого учасника сеансів, через телепатію або екстрасенсорне сприйняття. Я вірила, що це розумна порада і дасть можливість краще забезпечити достовірність матеріалу. Виходить, що я випередила час ще до того, як дізналась про Кумран. Після трьох місяців роботи над цим предметом, я вже знала, що маю достатньо даних, щоб нарешті впевнено розпочати історичні дослідження.

Я повинна була пам'ятати, що й сьогодні, через більш ніж тридцять років після розкопок руїн Кумрана, ессени залишаються таємничою спільнотою. Мене розчаровувало, що друкована на цю тему література була переважно повтореннями один одного. Майже усе було написане на початку п'ятдесятих років. Кожен з них описував відкриття сувоїв та пізніші розкопки Кумрана. У кожному з них обговорювалися переклади деяких сувоїв, які були неушкодженими. Всі дослідники прийшли до тих самих висновків про цю спільноту. Всі автори посилалися на один одного як на експертів з даного питання. Я це могла б читати ніби одну й ту ж книгу. Дивувало, чому всі описи кричали: "Найбільше відкриття в історії людства!", а після сенсаційних повідомлень - нічого! Інформації про подальші переклади сувоїв не було. Так ніби двері відкрилися, а потім раптово щільно закрились.

Єдиним винятком була публікація Мартіна Ларсона "Спадщина ессенів" (The Essene Heritage by Martin A. Larson), видана у 1967 році. Це був, нарешті, новий підхід. Автор наважився висунути припущення про можливе приховування фактів, які містяться в сувоях. Можливо те, що вийшло на поверхню, було занадто радикальним і неприйнятним для офіційної церкви. Мабуть існували розбіжності між сучасною Біблією і тими, набагато старшими її версіями. Були підстави вважати, що християнство не виникло повною мірою з Ісусом, але започаткувалося в звичаях і віруваннях ессенів. Ларсон припускав, що церква не могла б такого толерувати. Сучасне духовенство вважало б, що ідея виникнення християнства до Христа була б занадто різкою зміною для сприйняття мирянами.

Подібних поглядів дотримується також і Джон Марко Алледро. Спочатку він був членом міжнародної групи з восьми науковців, які розпочали редагування Сувоїв Мертвого моря. Чотири з них були римо-католиками, він же був єдиним членом, який не належав до жодної релігії. За іронією долі, професорові Алледро тепер навіть не дозволено бачити сувої! До кінця 1960-

х років було зібрано принаймні чотириста документів, які були підготовлені до публікації, але лише чотири чи п'ять були оприлюднені. Джон Алледро піднімає гострі питання: чому ця інформація приховується?

Сувої тихо поверталися назад у невідомість, багато з них зникли... Один богослов навіть зауважив: "Хотілося б, щоб вони просто зникли і повернулися після ще двох поколінь". Він мав на увазі, що йому не доведеться пояснювати їх своїй пастві. Дуже ймовірно, що так воно й було. Я також думаю, що було виявлено ті ж самі речі, які я витягнула на світло завдяки моїм експериментам, і діячі церкви просто не могли сприйняти того, що їм відкрилося.

Вважається, що ці документи зараз знаходяться в Храмі Книги в Ізраїлі. Ця споруда була спеціально побудована для вивчення та перекладу сувоїв, а також виступала в ролі депозиторію, щоб полегшити поєднання безлічі фрагментів.

Дані, які містяться у даній книзі, не могли б народитися в голові будь-кого з учасників експерименту, тому що інформація була дуже неясною. Вони також не могли народитися в умах тих, хто живе сьогодні. Я вважаю, що ми розкрили найповнішу картину про цю надзвичайну спільноту людей, ніж хто-небудь коли-небудь до нас.

Якщо коли-небудь були спроби стерти цілу спільноту людей з лиця карти, то це сталося з ессенами. У Біблії про них не згадується. Можна зробити висновок, що всі посилання на ессенів були навмисно видалені через подібність їх доктрини з християнством.

Якби на початку християнської ери не було кількох самовідданих письменників і істориків, ми б взагалі нічого не знали про ессенів. Цими древніми авторами були: Філон Александрійський, єврейський філософ; Пліній, римський письменник; і Йосип, єврейський воїн і історик. Я звернулась до джерела, прочитала переклади їхніх творів і посилаюся на них часом упродовж цієї книги.

Нагадаємо, Філон жив між 20 р. до н.е. і 60 р. н.е., отже, він жив у той час, який охоплює наша розповідь. Але його звіти, вважається, були написані з чуток та переказів. Він не був особисто знайомий з ессенами або їх сектою. Цим можна пояснити розбіжності між його описами та описами Йосипа.

Пліній жив приблизно від 23 р. до 79 р. н.е. і написав про ессенів небагато. Йосип вважається найнадійнішим джерелом і його цитують найбільше. Він народився в Єрусалимі близько 37 року н.е., і фактично жив у тій спільноті та мав знання про них, як кажуть, з перших рук до їхніх останіх днів. Але, припускається, що він прикрашав свої описи, щоб вони гармоніювали з популярною в його часи системою грецької філософії. Він жив і творив у пізніший період, ніж жив Садді. Як би там не було, а ці історії підтверджують ту неймовірну точність, яку ми виявили в нашому експерименті. Описання способу життя та вірувань дуже збігаються.

Це єдині відомі письмові джерела про таємничих ессенів. Ті письменники лише згадали про загадкову громаду, розташовану в районі Мертвого моря. Археологи ніколи точно не знали, де та місцевість і ніколи не намагалися знайти Кумран. Жорстокий клімат регіону - кошмар для вченого, і ніхто не мав бажання робити пошуки навмання без особливої причини.

Після руйнування Кумрану під час походів римської армії в 68 році н.е., руїни стояли незайманими на вершинах соляних скель біля Мертвого моря майже дві тисячі років. Розвалюючись в пустельній безлюді, вони були практично непомітними. Люди, які присвятили своє життя накопиченню і збереженню знань, здавалося, повністю зникли під немилосердним сонцем і сипучими пісками пустелі, ніби вони ніколи й не існували. Руїни стояли, як німе нагадування про великі уми, які колись там процвітали, і які так і не були визнані тими, ким вони були. Протягом століть люди думали, що це були лише залишки одного з багатьох римських легіонів, що колись туди вторгалися. Мовляв, нічого важливого не могло б процвітати в такому занедбаному Богом місці.

Отож, руїни були повністю ігноровані аж до відкриття перших сувоїв Мертвого моря в 1947 році. Печери в соляних скелях міцно тримали свої таємниці протягом двох тисячоліть. Тоді доля взяла за руку бедуїнського пастушка, який шукав свого загубленого козла, і повела його до печер із прихованими сувоями. Історія цієї захоплюючої знахідки переходить з уст в уста. Багато чого, ймовірно, було втрачено або ненавмисно зруйновано до того, як знахідка стала відома зовнішньому світу, і вчені та різні дослідники ринули в пустелю. З допомогою місцевих арабів все більше і більше згортків і десятки тисяч фрагментів було вилучено також і з сусідніх печер. Те, що спочатку вважалося окремою "вдалою" знахідкою, незабаром було оголошено як "найбільше відкриття в історії людства".

У міру того як все більше і більше печер відкривали свій прихований скарб знань, археологи стали дивуватися, звідки і яким чином така маса матеріалу знайшла свій сховок у пустелі? Тільки тоді вони стали придивлятися до руїн на соляних скелях - може, між сувоями і руїнами є якийсь зв'язок? Перші розкопки взимку 1951 року нічого не підтвердили. Але протягом 1952 року було доведено остаточно, що сувої належали тим, хто жив у руїнах.

Завдяки творам Філона, Плінія і Йосипа почало проливатися світло на те, хто б це міг бути. Нарешті все стало на свої місця, і Кумран був оголошений домівкою таємної комуністичної спільноти ессенів. Слово "комуністичний" набуло зовсім іншого значення в нашому сьогоднішньому світі, і навіть виникли деякі питання з приводу мого вживання цього слова в описах цієї давньої секти. Ессени вважалися комуністичними в пуританському розумінні цього слова. Вони жили разом у комуні, ділилися усім і не мали потреби в грошах.

Все, що сьогодні відомо про цих людей, походить від стародавніх творів і тих артифактів, що археологи знайшли за три роки розкопок. Так, є багато прогалин і питань, але може наш експеримент допоможе знайти відповіді.

# Розділ 5

# Опис Кумрана

Археологи вважали, що громада, яка жила в Кумрані, була релігійним орденом чоловіків, подібних до ченців, відокремлених від світу, з яким вони не могли ототожнитися. Вони вважали, що ессени жили за суворим кодексом дисципліни і жорсткими правилами. Я спробую показати, з допомогою інформації, отриманої через Кеті, коли вона перебувала в глибокому трансі, що багато ідей вчених про цих дивних людей помилкові.

У цьому розділі я вмістила всю інформацію, зібрану про людей Кумрана, хоча насправді вона була розкидана по багатьох сеансах. Кеті часто повторювала ті самі описи, але вона ніколи не суперечила сама собі. Я вірю, що картина, зображена очима Садді, набагато більш людська, ніж та, яка з'явилися з-під лопати вчених під час розкопок.

Якщо я хочу зрозуміти Садді, вірила я, то повинна більше знати про його спосіб життя і про місце, де він жив. Це було необхідно особливо тому, що давало б уявлення про ті умови, в яких Ісус прожив ту частину свого життя, яка донині викликає найбільше запитань. Коли я розмовляла з Садді-дитиною, він назвав це місце "громада". Він ніколи не називав його інакше. Він не розумів слів "місто" або "село" і не знав ніякого іншого місця, крім Кумрана. Так само це місце назвали і археологи, і, за їхніми словами, це не було місто у сенсі цього слова.

У своєму описі Садді сказав: "Це поселення не дуже велике, але таке, де може жити багато людей. Там є бібліотеки, оселі і храм. Ми знаходимося на узгір'ях і бачимо море. Будинки з глиняної цегли, і мають пласкі дахи, і все це об'єднано", тобто більшість стін з'єднані між собою.

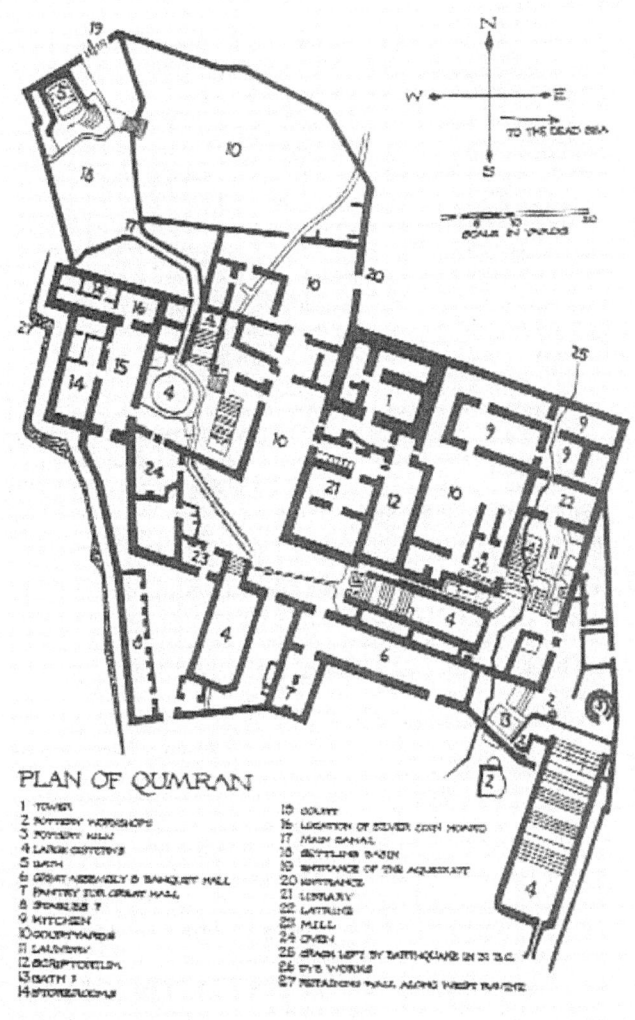

## PLAN OF QUMRAN

1 TOWER
2 POTTERY WORKSHOPS
3 POTTERY KILN
4 LARGE CISTERNS
5 BATH
6 GREAT ASSEMBLY & BANQUET HALL
7 PANTRY FOR GREAT HALL
8 STABLES ?
9 KITCHEN
10 COURTYARDS
11 LAUNDRY
12 SCRIPTORIUM
13 BATH ?
14 STOREROOMS
15 COURT
16 LOCATION OF SILVER COIN HOARD
17 MAIN CANAL
18 SETTLING BASIN
19 ENTRANCE OF THE AQUEDUCT
20 ENTRANCE
21 LIBRARY
22 LATRINE
23 MILL
24 OVEN
25 CRACK LEFT BY EARTHQUAKE IN 31 B.C.
26 DYE WORKS
27 RETAINING WALL ALONG WEST RAVINE

1. Вежа
2. Гончарні майстерні
3. Гончарна піч
4. Резервуари для води
5. Купальня
6. Зала зборів і банкетів
7. Комора зали зборів
8. Стайня?
9. Кухня
10. Двір
11. Пральня
12. Кімната для писарів
13. Купальня
14. Комори
15. Двір
16. Сховище для срібних скарбів
17. Головний канал
18. Відстійник (резервуар для очищення відходів)
19. Вхід акведука
20. Вхід в поселення
21. Бібліотека
22. Туалет
23. Млин
24. Піч
25. Тріщина після землетрусу в 31 р. до н.е.
26. Фарбувальня
27. Підтримуюча стіна вздовж західної ущелини

    Я була збита з пантелику, коли він сказав, що поселення було обнесене стіною, яка мала шість боків. Це звучало дивно, але коли ви подивитесь на креслення розкопок археологів, то побачите, що поселення точно не квадратне. Можна сперечатися, чи це дійсно шестигранна форма, тому що вона не є чіткою геометричною шестигранною фігурою. Також згідно номерів на кресленні видно, що стіни в основному з'єднуються. Більшість споруд мають спільні стіни.
    Коли Садді був ще дитям, я часто розмовляла з ним, коли він грався у дворі. Коли ж він постаршав, то любив сидіти у роздумах

в одному з таких внутрішніх дворів. Він сказав, що в межах поселення було кілька дворів. Я звикла, що внутрішні двори знаходиться в центрі чогось, але в Кумрані вони були розкидані повсюди. Він казав, що місце для навчання та бібліотека знаходяться в самому центрі поселення, де всі збираються на заняття. Там також зберігалися папіруси (сувої). У одному з дворів були фонтани. В інших були сади, та не такі сади, що можуть бути у пустелі, як я собі уявляла, а чудові квітники. "Вони були усіх кольорів веселки. Ніби коштовності, що виблискують під сонцем".

Як їм вдавалося вирощувати квіти в такому спекотному кліматі, дивувалася я. Важко уявити, що в пустелі може щось рости. Він заперечив: "О, так! Квіти ростуть в пустелі, поки є дощ. Допоки є вода, спека не має значення. Коли навесні йдуть дощі, то пустеля вкривається пишним цвітінням. Насіння, що впало раніше, раптово проривається на поверхню і вибухає буйним квітом. Пустеля може бути дуже красивою!"

На подвір'ї поблизу їдалень росли фруктові дерева. "Дерева, які тут вирощують - це інжир, фініки, гранат, апельсини і лимон. Вони виглядають, ніби торкнулися неба. Серед дерев є доріжки, по яких ви можете пройтися, або можете посидіти серед квітів."

Знову таки, посилаючись на креслення-діаграми археологів, можна побачити, що там дійсно є кілька дворів. Однак на всіх діаграмах археологи зобразили двори як безплідні. Вони, певно, думали, що в районі Кумрана мало що зросте через брак води. Їм, однак, було відомо, що зерно там вирощувалося, тому що вони знайшли його, коли робили розкопки навколо джерела, відомого як "Айн Фешка" ('Ain Feshka'), яке знаходилося у двох милях (приблизно три кілометри. - Прим перекладача) на південь. Вони думали, що там були поля ессенів і що ця ізольована спільнота їла те, що вирощувала на цих полях, а також тримала бджіл і ще щось, харчуючись бідною, одноманітною їжею. Але це не узгоджувалося з описами античних письменників. Пліній згадував, що ессени жили серед пальм. Солінус писав: "Плоди пальм - це їхня їжа", очевидячки відносно того періоду. Ці свідчення вважалися помилкою доти, доки археологи не розкопали залишки фінікових пальм і плодів. Схоже, Садді мав рацію, коли говорив, що в Кумрані ростуть дерева.

Він казав, що більшість ессенів не жили у межах стін громади. На півночі, за межами головного комплексу, були житла для сімей. Ці оселі мали, мабуть, таку саму структуру, як і в самій громаді, з'єднуючись спільними стінами. Археологи вважають, що люди жили в печерах і наметах, що мені здається малоймовірним. Навіщо ж їм було будувати таку ефективну громаду, а самим жити в примітивних умовах?

Наскільки мені вдалося з'ясувати, виглядає, що не багато розкопок було зроблено поза стінами поселення. У їхніх описах згадується лише про розкопки в головному комплексі та ексгумації деяких могил на сусідньому кладовищі. До речі, вчені вважали, що в Кумрані існувало лише братство ченців, аж поки на кладовищі не було знайдено скелети жінок і дітей. Їм довелося швидко переглядати свої погляди, бо стало очевидно, що там таки жили сім'ї.

Сім'я Садді, на відміну від інших, жила подалі на пагорбі. Він з дому міг бачити вдалині Мертве море. Єдиними людьми, які жили в самій громаді, були служителі бога Яхве, які опікувалися храмом, сувоями та підтримуванням вогню.

Садді жив з матір'ю, батьком і сестрою Сарою. Я попросила його описати їхнє житло. Коли було дуже гаряче, вони могли спати надворі на плоскому даху. А як ставало прохолодніше, він спав в одній кімнаті з сестрою. Там було також приміщення, яке вважалося сімейною кімнатою, де готували їжу. Його батьки мали свою власну спальню. Була ще одна кімната, де навчався батько, там було дуже багато папірусів. Помешкання, де жив Садді, мало спільні стіни з сусідами.

На підставі розкопок археологи приходили до висновку, що всі завжди їли разом у великій їдальні в громадському комплексі. Але Садді казав, що сім'ї зазвичай їли у своїх власних домівках. Коли ж траплялися важливі події, як хтось, наприклад, виступав з промовою, то всі йшли до головної їдальні. Ессени вважали, що конфліктів буде менше, якщо кожний матиме свою власну територію.

Бібліотека та їдальня були великими прямокутними кімнатами. Покриті отвори в дахах впускали світло. Там були також прикриті отвори у стінах, щоб затримувати пісок. Він не був упевнений, яка будівля була найбільшою, бо він "не міряв їх кроками".

Найбільш поширений спосіб в'їзду в громаду ззовні був через ворота біля високої скелі. В'їзд був досить великим, щоб пропустити караван, якщо треба було. Коли я запитала, чи був ще інший вхід, він обережно визнав, що так, але сказав, що нічого більше про це не скаже. Це, мабуть, було однією з багатьох тем, які я хотіла розкрити, і про які йому не дозволялося говорити. Ессени були вкрай таємними в багатьох відношеннях, і мені було важко прорватися через цей оборонний бар'єр.

Він сказав, що було декілька будівель, які мали більш ніж один поверх. Другий поверх займала бібліотека. Трапезна мала висоту у два поверхи - за рахунок високої стелі. Він повідомив також, що вежа біля воріт була триповерховою. Археологи кажуть, що, згідно з деякими даними, частина приміщень мала два поверхи. І що вежа теж була двоповерховою, однак там був підвал для комор, що може бути прирівняне до третього поверху. Мета вежі в основному служила як спостережливий пункт. Із цієї вигідної точки ессени могли бачити, як хтось до них наближається. Садді обмовився, що вежа також була оборонною спорудою, але коли я попросила його розказати більше, він відмовився. Це була ще одна заборонена тема.

Коли він підріс, то вже не жив з батьками, а перебрався до будівлі, яка призначалася для неповнолітніх молодих людей. Тут хлопці і дівчата жили, як він називав, у "квартирах", хоча не був упевнений, як це назвати. Перевагою там було те, що вони мали своє місце для прийняття їжі. Під час обіду він міг спілкуватися з іншими. В їдальні, чи в "залі харчування", було багато столів, але страви готувалися поза межами залу або навіть надворі в глиняних печах.

Вчені вважали, що ессени харчувалися разом в їдальні, урочисто дотримуючись церемоній і ритуалів. Садді не погодився: він казав, що є тільки благословення на споживання їжі, ніякого научання або що-небудь такого не було. Вважалося також, що ессени дотримувалися суворих релігійних ритуалів протягом дня. Знову Садді не погодився: нічого примусового не було, все було залишено на розсуд кожного. Здебільшого релігійні обряди були в суботу.

Якщо люди хотіли їсти у власних квартирах, вони ходили до одного із "доглядачів комор" і могли взяли те, що їм знадобиться. Голодних не було, але "ненажерливість" не схвалювалася.

Що ж вони їли? - поцікавилась я. Пшоно було головним продуктом. Просо вирощувалося ззовні - можливо, в Айн-Фешка. Після того, як просо зібрали, його провіювали і зберігали у великих мішках. Він описав, як готували страву із пшона. "Берете жменьку пшона й кидаєте його в горщик з киплячою водою і додаєте трішки солі". Іноді додавали трави. Це виглядало як суп, але, казав він, ви можете зібрати його в пучку і їсти руками. Це щось таке, як хліб.

Їли також м'ясо ягнят, кози, іноді бика або теляти, а також різних птахів. Я згадала про закони споживання їжі у Старому Завіті і запитала, чи мали ессени будь-які обмеження щодо цього. Він сказав: "Ви не можете їсти м'ясо свині або інших тварин, якщо їх копита нероздвоєні. Свиня їсть що завгодно. Вона їстиме і гній, якщо її цим годують. Тому свинина вважається нечистою для споживання. Можна їсти тільки тих тварин, у яких роздвоєне копито і які жують жуйку. Верблюд жує жуйку, але ми не їмо верблюда".

Він особисто не любив їсти м'ясо, хоча суворого правила, що забороняло б це, не було. Це був його особистий вибір. "Недобре вбивати щось для себе особисто ... просто для власного задоволення. Ти вбиваєш Божу істоту. Їсти м'ясо - це прив'язувати себе тут, прив'язувати душу до землі."

Він не розумів слова "напої", але сказав, що вони пили вино, воду, іноді молоко різних тварин. Як жарт, я запитала про каву, але він сказав: "Я не знаю що це таке. Це мені не знайоме. Я пив чаї з ментолового зілля та різних видів листя". "Овочі" було ще одним словом, якого він не зрозумів навіть після детального пояснення. Поруч із зерновими і плодами, їли й інші речі, але їх купували у мандруючих караванів.

Ось як він описав меблі в житлових приміщеннях. "Є ліжко - це рама, обвита перехрещеними мотузками, з яких можна зробити обрамлення. Потім на нього кладуть настил - ось так і спимо. Є стільці і столи. Якщо ти хочеш посидіти або розслабитися, візьми підстилку і сідай на підлогу. Знову таки, якщо тобі це подобається". Висота ліжка була близько 30 сантиметрів. Він не розумів, що я мала на увазі, коли запитувала про ковдри або покривала. Коли ж я пояснила, він відповів: "Нема потреби мати якісь ковдри. Було б зайве. Якщо б ви жили в горах, можливо, вам це знадобилося б".

Він також не знав, що таке подушка, але після того, як він вжив слово "підстилка", я змогла йому пояснити призначення подушки. Він не міг зрозуміти, чому комусь треба підкладати під голову подушку під час сну. "Чому голова має бути на підвищенні? Найкраще спати коли ноги вище голови, щоб був добрий кровообіг. Якщо ж підвищити голову, тоді виникають проблеми з набряками ніг. Хіба не так? Підвищена голова викликає головний біль і багато інших проблем. А піднімати ноги - значить покращувати кровообіг в тілі і не давати крові застоюватися". В Кумрані спали, виявилося, підкладаючи під ноги подушку, або нахиляли ліжко. Іншою обстановкою в домі були полиці, на які можна було покласти речі, наприклад, одяг і тому подібне.

Я запитала про прикрашання помешкань, і Садді знову зніяковів і навіть спохмурнів. Я мала на увазі картини або статуї, пояснила я. Слово "статуї", яке він витлумачив як ідоли, стурбувало його. "Ми не маємо статуй! В нас їх не роблять. Іноді ми малюємо. У громаді не дозволено мати статуї. Це що, копіювати те, що зробив Бог? У Заповідях не дозволяється творити образ ідола". "Навіть якщо це не означає бог? Наприклад, статуя тварини?" "Багато поклоняються ідолам у образі тварин як фальшивим богам".

Я намагалася пояснити, що деякі люди люблять мати скульптури і картини в своїх домівках хоча б тому, що на них приємно дивитися. Вони не вважають їх предметами поклоніння. Але Садді не міг зрозуміти цю концепцію. "Я б дивився на природу і знаходив у цьому красу. Навіщо дивитися на грубу імітацію, коли справжня річ є перед тобою? Я можу зрозуміти красу і потребу творити, але хіба ти не можеш створити щось красивого і величного? Мальовані картини дуже красиві".

Коли я попросила розказати про картини, я не очікувала почути, що він щось про них знає. Їхні картини малювалися на папірусах чи дереві і вивішувалися в домі, але вони не були зображеннями предметів або живих речей, як це робиться у нас. Вони виглядали радше як абстрактний живопис.

С: Кольори, і як світло падає, і форми, і ... Я не малюю. Я не дуже добре пояснюю. Це речі, які говорять до душі. Це виходить із середини, не те, що бачать очі. Це те, що бачить душа. Вони мали б значення лише для того, хто їх малює.

*Д: А як щодо римлян? У них багато статуй, чи не так?*

С: Так, але вони язичники. Вони поклоняються їм. Вони надають їм чесноти, яких у них нема. Це просто камінь.

*Д: Вони насправді поклоняються самій статуї, чи ідеї, що стоїть за нею?*

С: По-різному. Деякі поклоняються статуї як чомусь реальному, інші кажуть, що це те саме, що вона символізує. Небезпечні думки, що одна, що друга.

Він був просто шокований, коли я запитала, чи був він коли-небудь у римському храмі. "Я говорив з римлянами про їхні вірування. Але в їхніх храмах вони забивають тварин і оскверняють поклоніння. Це щось жахливе і нечисте. Є один у Бетезді, лише один, наскільки мені відомо. Я чув про одного в Єрусалимі і ще десь. Капернаум, як кажуть, має такий храм. Звичайно, у Тіверії є храм, побудований їхнім імператором. (Тіверія було вимовлено швидко, і звуки зливалися).

Я запитала, чому храм не в Назареті, і він сказав, що це село було занадто мале, вони б не вважали за доцільне будувати його там. Я думала, може він хотів би побачити якийсь храм ради цікавості, але сама ідея була для нього гидкою. "Наш храм є всередині нас. Якщо душа сповнена віри, вона сама виявляє себе. Вам не потрібно ні дому, ні палати, щоб поселяти там віру". Я завжди думала, що храм і синагога - це одне і те ж місце під різними назвами. Згадала історію Ісуса в Біблії, коли він був у храмі, навчаючи книжників.

С: Храм тільки для поклоніння Єлохиму, синагога є також місцем навчання. Храм - це свята святих, коли синагога, мабуть, є тільки святилищем для Тори. Храм є для Бога; синагога призначена для поклоніння відповідно до єврейської віри.

*Д: То ж будь-хто, хто практикує іншу релігію, може прийти в храм, але не в синагогу?*

С: Так. У синагозі є місце для язичників, є і відділення для жінок. А в храм дозволяється увійти тим, хто поклоняється Богу.

Хоча в Біблії згадується, що Ісус визнавав премудрість книжників, Садді ж не знав слова "книжник". Тих, кого він вважав цілителями, називалися лікарями, і такі люди навчали тільки їхній спеціальності. Вони не навчали б у храмі. Напевно, якщо в Біблії говориться про когось, типу вчителя, дуже високо освіченого, то, можливо, це майстер-наставник.

С: Ті, хто навчає у храмі, є вчителями Закону. Є священики, кожен з яких має свою спеціальність. Один обізнаний в Законі, другий — у тайнах, інші ж говорять про різні знання, які були колись їм передані. А рабин викладає єврейський закон і єврейську релігію.

Я попросила описати храм у Кумрані і отримала більше, ніж сподівалась.

С: Є таке місце, де люди збираються, стають на коліна або сидять на землі. Є вівтар. За вівтарем завіса - внутрішня святиня, покрита вельоном. Там зберігаються Тора і сувої кабали. Під час навчань або в святкові дні, що б там не було, ці святі речі виносять, читають і діляться. Діляться душами, тоді говорять про діяння Бога і про життя і про багато інших речей. У синагогу жінкам не дозволяється входити, тільки в жіночу частину. Туди усім дозволено.

Д: *Чи є в храмі релігійні предмети, наприклад, на вівтарі?*
С: Є чаша і, як правило, ладан - це фактично усе.
Д: *Для чого чаша? Яке її призначення?*
С: Чаша передається від однієї людини до іншої, з'єднує нас і робить нас єдиними у вірі.

Щось в цьому було несподівано знайомим і Гаррієт схвильовано запитала: "І кожен п'є з тієї ж самої чаші? Що вони п'ють, воду?" "Зазвичай, вино". Це було надзвичайним відкриттям! Те, що описував Садді, звучало як Святе Причастя або Тайна Вечеря. Але це має бути пов'язане з Христом, а він ще не народився. Садді казав нічого їстивного у той час не передавалося (я подумала про хліб чи коржики, як при причасті), але тільки чаша проходила по колу людей.

С: Це - чаша життєдайної крові. Це єднання життям між усіма. Вино являє собою кров усіх і спільне життя усіх.

Д: *І в цьому значимість ритуалу? Це означає, що всі ми поєнані кров'ю? Лише членам ессенської громади дозволено випити з чаші?*

С: Щоб долучитися до єдності, людина повинна прийняти наші заповіді. Частково через те, що хтось, може, не зрозуміє, в чому суть цього ритуалу. Це не значить, що ми чинимо так, бо не віримо, що вони одні з нас. Це просто означає, що кожного долучають, коли його час прийшов, коли ця людина готова. Якщо хтось не готовий, навіщо його приспішувати?

Отже, комусь сторонньому, що проходив би мимо, не дозволили б брати участь у ритуалі. Він проводився на церемоніях, де всі могли б бути присутніми і були б разом. Це дійство проводлося в суботу, але не обмежувалося цим днем. Садді сказав, що, наскільки йому було відомо, таку церемонію євреї не практикують.

Для мене це було важливим відкриттям. Очевидно, коли Ісус мав Тайну Вечерю зі своїми учнями у Верхній Кімнаті, він нового ритуалу не впроваджував. Він використовував той, в якому багато разів брав участь з ессенами. Символіка хліба вважається єврейським звичаєм. Я думаю, він поєднав це із звичаєм передачі чаші і надав йому нового значення. Для ессенів ця церемонія символізувала спільність крові і спільність життя. Що може бути більш природним, коли Ісус бажає виконати цей ритуал напередодні суду, який завершиться його смертю? Це повинно було стати останнім виявом братства між ним і ного послідовниками.

Сандалове дерево спалювали в курильниці, тому що "кажуть, що це допомає відкрити в нас деякі центри (чакри?). Знову ж таки, я не знайомий з ученнями усіх таїн і церемоній". В той час як передача чаші була суто обрядом ессенів, інші релігії також використовували ладан, навіть римляни.

Мені спало на думку, що коли вони мають один тип ритуалу, який був знайомий християнській церкві, вони могли б мати ще один. Я ризикнула і запитала про хрещення. Садді здавався збентеженим, здивованим, ясно що він не був знайомий з цим словом.

*Д: Це обмивання, ритуальне очищення водою.*

С: Церемонія очищення існує. Після того, як хлопчики перейшли барміцву, їх виводять надвір для омивання, і це повинно розглядатися для досягнення віку узгодження. І вони вибирають шлях слідування Яхве або можуть і відступити. Якщо вони вирішують іти цим шляхом, їх омивають у водах. Вважається, що вони змивають своє минуле, і з цього моменту для них все повинно починатися заново. Існують різні способи цього дійства. Деяких поливають водою, інші лягають на воду.

*Д: Ти б спустився до Мертвого моря, щоб це здійснити?*

С: Ні, ніхто не увійшов би в Море смерті. Зазвичай це робиться тут, в одному з фонтанів.

*Д: Чи для цього потрібен якийсь спеціальний одяг?*

С: Сорочка з льону, або взагалі нічого. Це є частиною очищення, оголення душі.

*Д: Хто здійснює церемонію, священик?*

С: Так, або старійший. Зазвичай це робиться тільки один раз у житті людини.

Цим можна було б пояснити, звідки Іван Хреститель запозичив обряд хрещення. Коли він хрестив людей на річці Йордан, то в цьому не було нічого нового. Він просто слідував існуючим звичаям ессенів.

Перекладачі сувоїв Мертвого моря знають про це збіг. Я дізналась, що в сувоях є численні посилання на ці дві церемонії. Багато експертів прийшли до висновку, що це безпосередньо пов'язує Івана Хрестителя з ессенами і вказує на те, що він у якийсь час свого життя перебував під їхнім впливом.

Ессени одягалися досить просто. Як чоловіки, так і жінки носили просту сорочку, виготовлену або зі "спряденої овечої шерсті (вовни), або з льняної тканини". Одяг довгий до землі і підперезувався по талії. Вважалося, це давало прохолоду. Під одягом чоловіки мали на стегнах пов'язку. Чоловіки і жінки носили сандалі. Сорочки завжди були білими, хоча іноді були "кольору жирних вершків коров'ячого молока. Це не зовсім біле". Прохолода була рідкісним явищем, тому цього було досить, але, якщо треба було, то вдягалися у плащі різних кольорів. Дорослі чоловіки носили бороди. "Це знак приналежності до чоловічого братства". За межами Кумрана були люди, які брилися. "Є громади, де ніколи не стригли волосся. Римляни стриглись накоротко. Для нас дозволена будь-яка довжина волосся, доки воно доглянуте і чисте. Більшість віддає перевагу довжині до плечей."

Якщо хтось ходив поза межі поселення, до зовнішнього світу, то треба було вдягатися так, щоб не виділятися з-поміж інших. Люди, що не належали до ессенів, не носили білих халатів (сорочок); вони носили кольоровий одяг з різними головними уборами. Таким чином, ессени були б єдиними в своєму роді і їх би швидко розпізнали. Древні писання підтвердили факти про розбіжності в одязі.

Слід пам'ятати, що ессенам було небезпечно знаходитися поза стінами свого поселення. Але їм нічого не загрожувало поки їх ніхто не впізнав. Як сказав Садді, "ми не маємо синьої шкіри". Безсумнівно, їх нелегко було розпізнати, коли вони вдягалися, як всі інші. Але у себе в Кумрані кожен носив таку ж, так би мовити, "уніформу". Це виглядало так, ніби всі були абсолютно ідентичними, однак вони мали свої методи ідентифікації "рангу". На чолі вони носили пов'язки з тканини різного кольору, залежно від того, хто їх носить. Це було схоже на пізнавальний знак, щоб можна було швидко визначити статус кожного.

С: Пов'язки сірого кольору призначалися для молодих учнів. Колір зелений - для тих, що шукають знань. Вони вище рівня учня. Вони вже навчилися того, що кожен повинен навчитися, але вони ще прагнуть більше. Їх прийняли недавно і їхні душі ще прагнуть знань. Вони ще учні, але ще не майстри. А сині пов'язки - це вже для майстрів. Білі - для старійшин. Є червоні, їх носять ті, що не належать до жодних. Вони знаходиться поза межами названого учнівства. Вони навчаються, але, можливо, для різних цілей. Це для студентів ззовні, лише для відвідувачів. Червоний колір виказує тих, хто може й має подібне мислення, але вони не одні з нас. Тільки зелений, синій і білий є нашими, а перед цим – сірий, для молодших учнів.

Д: Якщо хтось носить червону пов'язку, вони не живуть з вами весь час?

С: Ну, це не означає, що вони не живуть тут весь час. Може, вони приходять звідкілясь, щоб навчатися, шукати, пізнавати.

*Д: Тоді, коли вони закінчать навчання, вони залишать вас? Чи вибрали вони ці кольори з певних міркувань?*

С: Синій говорить здебільшого про стан внутрішнього світу, це майже прирівнюється до рівня білого. Білий - це найвища ступінь, яку можна отримати. Ти повністю добився всього, що потрібно осягти. Синій – це лише один крок нижче - якщо це тобі зрозуміло.

Кольорові пов'язки носили також і жінки, оскільки вони вважалися рівними чоловікам і також навчалися. Він не міг зрозуміти мого здивування, коли я сказала: "У деяких громадах дівчат не навчають взагалі нічому." "Як же так? Якби дівчину не навчали, як вона може стати пруч зі своїм чоловіком або ... Я не розумію".

Нам дуже подобався спосіб його мислення, який, мабуть, був протилежним популярним єврейським звичаям того часу. Це пояснює певні ставлення Ісуса до жінок. До них у Кумрані не ставилися як до "інакших". Якщо жінка не була ученицею, вона могла носити що хоче - шарф або вуаль. Але в основному вони нічим не покривали голову.

У той час, коли я розмовляла з ним, він носив зелений колір. "Це означає, що я студент на один крок нижче майстра. Я не є початківцем, я шукач знань. Молодші за мене рівнем носять сірий колір".

Одного разу, коли Садді описував умови життя Кумрану і Кеті була в глибокому трансі, вона раптово несподівано ударила себе по правій щоці, що дуже нас здивувало. Зазвичай, таких швидких рухів не буває, окрім рухів руками та жестів для вираження чогось. І вона стала чухати місце, яке вдарила. Садді це пояснив просто, "Гмм, мухи надокучають". Це виглядало так кумедно, бо було цілковитою несподіванкою. Він сказав, що здебільшого це комарі, "маленькі літаючі створіння", але в Кумрані було багато різного роду комах, з яких сарана та мурахи були справжньою проблемою. Я запитала про небезпечних комах та жуків укус яких може бути отруйним. Садді відповів, що не знає нічого такого, хоча він сам "не вивчав нижчих форм життя".

Була там і худоба, яку тримали для споживання: вівці, кози, воли. Але у мене склалося враження, що їх не тримали в Кумрані. Вони, ймовірно, знаходилися поза стінами або біля Айн-Фешки, де знаходилось сільське господарство. Ми потрапили в цікаву і безплідну дискусію, коли я запитала, чи є у них домашні тварини. Він не знав цього слова. Це часто трапляється, коли я маю справу з людьми з іншої культури; вони не розуміють про що йдеться або мають рівнозначне слово. Я завжди готова до цього непорозуміння, тому що досить часто (як у випадку з Садді) це слово є звичним для нас. Мені доводиться швидко придумати відповідне пояснення, а це не так легко. Спробуйте колись. І тут знов мені доводилось думати швидко, щоб знайти визначення слова "домашня тварина".

*Д: Ну, це була б тварина чи звірятко, яких тримають не для їжі, а для власного задоволення, як домашню тварину.*
С: Це звучить егоїстично. Як ми можемо знати, що тварина не має від цього такого самого задоволеня, як людина?
*Д: Ну ... вона була б як друг.*
С: Як тварина може бути другом, як з нею не можна розумно спілкуватися?

Він, здавалося, був зовсім збентежений. Я сказала: "Деякі люди люблять мати тварин при собі. Вони живуть у домах разом з людьми. "Це не дуже гігієнічно". Ми лише сміялися, і я не знала, як це пояснити. Незалежно від того, як я пояснювала, це залишалось незрозумілим. Я запитала, чи він знає, що таке кішка або собака. Він знав слово кіт, але не собака. Нахмурившись, він сказав: "Я бачив шакалів" (вимовляв "якалс"). Думаю, це була найкраща уява, яку він міг придумати для слова "собака". Я пояснила, що вони схожі, але не зовсім однакові. "Я не думаю, що хтось міг би тримати у себе кішку. Забавно… Чому хтось хотів би мати якусь тварину у ролі домашнього друга, якщо вона їсть мертвечину? Я б не хотів, щоб щось таке жило зі мною. Всі вони мають паразитів. Це погано, паразити переносять хвороби. Ми користуємось сіркою, щоб позбавлятися їх".

Було очевидно, що я не зможу пояснити, що таке домашні тварини, і я пішла далі. Я хотіла знати, як щодо змій. Він сказав, що було багато гадюк, різних за розмірами, від маленьких до досить великих, довжиною у декілька рук. Час від часу вони заповзали всередину поселення, але їх убивали, бо більшість з них були отруйними. Я була здивована, що його люди іноді вбивали. Виглядало, що він проти того, щоб вбивати будь які Божі створіння і не вчиняти ніякого насильства. Але він слазав, що коли є загроза, вони вбивають.

Я все ще намагалася дізнатись, чи стануть вони як-небудь захищатися, якщо з'явиться загроза. Садді раніше натякнув, що щось таке є, але це була одна із заборонених тем. На цей раз, коли я запитала, чи є ще щось таке, що вони вважають небезпекою для себе, він знову ухилився від відповіді. Кожен раз, як таке трапляється, то краще змінити тему.

Під час моїх розпитувань я часто стикалася з тим, що життя Кумрана було далеким від примітивного поселення. Раз це відкрилось мені, коли Садді розповідав про особисту гігієну і купання. Він сказав, що купалися щодня, як правило, вранці. "Купальнею" була велика кімната, де басейн займав майже усе приміщення. Були сходи, які вели вниз у басейн, а при стінах були лави "для сорочок". Перед тим, як увійти у воду, вони знімали увесь одяг. Чоловіки і жінки купалися разом, замість мила користувались пемзою. Вода потрапляла в басейн звідкись з-під землі. Це був постійний потік, який завжди оновлювався і освіжався. Садді не знав, куди вода витікала, бо, сказав, що він не проектував і не будував систему, але вважав, що місця, через які проходила вода, були накритими. Думаю, що коли б хтось запитав пересічного сучасного мешканця міста про систему водопостачання, він також не зміг би дати виразного пояснення, хіба що працював би у тій галузі.

У поселенні були місця, де вода виходила на поверхню. Питну воду брали із двох фонтанів. Я подумала, може, він мав на увазі колодязь (джерело), але в своїх пояснення він був дуже визначеним. Він знав, що таке колодязь, і сказав, що фонтани - не колодязь. "Тут вода піднімається знизу і виштовхується на поверхню. Вода йде з гір і виходить на поверхню. Є місце для зберігання цієї води, досить містке, квадратної форми і десь по пояс заглибоке, довжиною в півтори витягнутих в сторону рук. Під час спекотних місяців водойми накривають, щоб вода не втрачалася даремно, і щоб пил не потрапляв".

Воду вичерпували ковшами, треба було лише дістати до дна і зачерпнути. Я знала, що Кумран знаходився у посушливій місцевості. Тому мені не дуже вірилось, що там міг бути постійний потік води. "Чому ні? При такій близькості до Мертвого моря вода є. Море поповнюється з багатьох джерел. Поки джерельна вода не потрапляє в море, вона добра для пиття і всього іншого".

Яка у них санітарна (каналізаційна) система? - хотілось дізнатися мені, - що вони роблять з відходами людського організму, такими, як сеча й екскременти? Згідно Біблії (Второзаконня 23: 12-14) людям за часів Мойсея не дозволялося опорожнятися в місті, бо це - нечистоти. Потрібно було вийти за межі стін, викопати ямку, а після зарити. Садді був знавцем єврейських правил, і мені було цікаво, що він скаже на це. Я не була впевнена, як це сказати, не знала, що інші культури вважатимуть образливим. "Ти знаєш, коли людні потрібно мочитися, чи треба для цього виходити за стіни?" "Ні, є місце, яке використовується для цієї потреби. Це кімната, яка має кілька розділів ... (шукає правильне слово) ... кабінки, в яких ви можете мочитися або спорожнити шлунок. Я думаю, що спочатку викопують яму, а після її освіжають. Я не дуже обізнаний з тим, як вичищалися ями". Це було в межах стін, і всі йшли до того ж самого місця. У цих кабінках була вода, але він не знав, чи вода проточна, як у ванні.

С: Є щось, що добавляють у ту воду, яка вже є там, щоб зберегти її свіжою.

Д: *А хіба єврейський закон не каже, що всі повинні виходити за межі міста?*

С: Я не знаю. А що, коли комусь припече посеред ночі? (Він засміявся) Чи вийде він за місто?

Очевидним, що не всі єврейські закони поширювалися серед усіх людей. Мало вірогідно, що інші міста Ізраїлю мали такі чудові системи водопостачання та каналізації, які були в Кумрані. Але ессени мали доступ до великої кількості інформації, можливо, навіть до цього типу інженерних знань.

Коли археологи розкопали руїни Кумрану, вони були вражені надзвичайно складною системою водопостачання (див.

малюнок). До неї входили дві купальниці (басейни) зі сходами, кілька цистерн (як назвали їх вчені) і резервуари для води. Було також багато невеликих каналів, що з'єднували всю систему, яка мабуть була закритою, коли там жили ессени. Цікаво, що вчені припускають, що купальниці (басейни) були під відкритим небом, а Садді каже, що вони знаходились в приміщеннях, а водойми для зберігання води і фонтани були відкриті.

Вчені також припускають, що єссени "ловили" воду, що стікала з пагорбів під час рідкісних дощів, і зберігали її в цій системі. Але Пере де Во (Pere de Vaux) сказав, що протягом трьох років, коли він і його група знаходилися на місці розкопок, вода тільки двічі текла з горбів. Важко повірити, що ессени змогли зберігати достатню кількість води для тривалого часу, якщо вони залежали лише від непередбачуваних опадів. Садді сказав, що вода "текла". Я припускаю, що вони виявили джерело і зробили канали, щоб вода текла через їхнє поселення. Ймовірно, за два тисячоліття щось могло статися з джерелом - або через землетруси, або через природні зрушення землі. Відомо, що у цьому районі були джерела, найвідоміше в Айн-Фешка, кілька кілометрів на південь. Для чого ж тоді ессени робили свої сільськогосподарські поля коло джерела, а потім побудували своє село у безплідному районі?

Також, коли римляни зруйнували поселення, вони зруйнували й водну систему. Можливо, вони через незнання закрили й джерело?

Археологи знайшли залишки того, що вони називали санітарною системою, щось на зразок вигрібної ями. Вони також відкопали руїни будівлі з кабінками, які вони вважали стайнями. Чи правда це?

Щодо розпорядку дня, то ось що Садді розповів: "Як правило, я прокидаюся разом із сонцем, йду купатися, потім снідаю. Якийсь час вчуся, потім знов заняття або йду на денні навчання. Зову перерва на полуденну трапезу. Тоді зазвичай я вивчаю певний предмет. Я багато чого не знаю. Потім вечеря, а вечори я проводжу в призадумі і спогляданні". "Чи ви повинні вставати разом із сонцем?" Це одне з припущень учених. "Це лише справа звички. Це залежить від того, що ти робиш. Є ті, хто вивчає зірки. Вони, звичайно, не сплять усю ніч, а сплять протягом дня. Коли ти вивчаєш зорі, то не встаєш на світанку, щоб заснути увечері, коли вийдуть зірки. Є ті, хто працює до пізньої ночі, але більшість з нас піднімається з сонцем". "Чи є певний час, коли треба йти спати?"

"Зазвичай ні, хіба що виникне щось таке, що ти можеш займатись лише пізно увечері. Це може бути просто навчання. Може бути розмова з тим, хто був відсутній довший час. Може бути багато чого".

Якщо не всі кумрани лягали спати після заходу сонця, значить вони мали б користувались якимось освітленням. Я знала, що в тій частині світу люди використовували лампи з оливковою олією. Це я знала від інших. Але, маючи досвід заняття гіпнозом, я повинна б уже звикнути, що, коли заглиблюєшся в минуле, нічого не слід приймати, як само собою зрозуміле. Працюючи з Кеті, я ніколи не знала, куди заведе нас невинне запитання. Коли я запитала Садді, як вони освітлювали приміщення, його відповідь була для мене несподіваною і знову підтвердила, що Кумран не був звичайним поселенням. За його стінами було прихованих багато таємниць. "Ми користуємося або олійними лампами, або світлом, яке горить саме".

Працюючи з реgресією, ви повинні бути готовими почути і простежити все, що звучить щонайменше незвично. Те, що було буденним у їхньому житті, вони не описуватимуть в деталях, якщо ви не допитуватиметесь. Ви ніколи не знаєте, куди це може завести. Це був один з цих випадків. Чому він згадав два типи ламп?

С: Зазвичай я користуюся тією лампою, що заправляється олією, яка горить і дає світло. Але є також світильники, які дають світло без вогню.

Д: *А чим же світло живиться?*

С: (Йому було важко це пояснити). Я сам не робив його, я не знаю. Світло виходить з глека (вази), на якому воно міститься. Глек щось таке має (шукає відповідне слово), воно виглядає як куля .., звідти виходить світло. Глек приблизно ... такий ... (він показав руками - це виглядало приблизно сантиметрів дванадцять в висоту).

Д: *Коли ти говориш "куля", ти маєш на увазі куля зі скла?*

С: (Невпевнено) Що таке ... скло?

*Д: (Як би це пояснити?) Може ви його не мали. Скло - це матерія, але через неї можна бачити. Як глечик з глини, тільки прозорий. (Складно...)*
С: Звучить цікаво. Так, це щось таке. Я не знаю, як це зроблено.

Гарріет подала ідею чогось схожого на гірський кришталь, і Садді радісно відповів: "Так!". Отже, це було б схоже на скло. Принаймні, це був матеріал, через який можна було бачити, тому Садді мав щось для порівняння. Я запитала, чи та кругла куля була сферичної форми, і тут він зрадів, що, нарешті, допоміг мені зрозуміти. Але коли я запитала, чи та сфера була всередині порожньою, він знову зніяковів.

С: Я не знаю про ці речі. Я не розробляю їх.
*Д: Але та річ сидить на верхній частині глека і глек глиняний, так?*
С: Я не знаю. На вигляд він як з каменю.
*Д: Чи є ще щось всередині глека?*
С: Я не розбирав його, щоб побачити.

Він навіть спохмурнів від моїх настійних питань, але я хотіла будь-що зрозуміти, як діяв той дивний пристрій, а може взагалі такої речі не існувало. Мене цікавило, чи це світилося весь час, чи його можна було вимкнути. "Ні. Це вимикається і вмикається, якщо його вставити всередину... іншого глека, і від цього він запалиться, або ви покрутите щось там і воно засвітиться. Але світло не горить постійно, хіба що ви цього хочете".
Я запитала, чи ті світильники подобаються йому більше, ніж олійні лампи. Він сказав, що дивне світло набагато яскравіше і не спричиняє пожежі.

*Д: Ці світильники роблять у вас в громаді?*
С: Ні, вони дуже старі.
*Д: Вони повинні б мати потужне джерело енергії, щоб горіти так довго. Багато їх у громаді?*
С: Досить багато. Я їх не рахував. Вони повсюди. Вони знаходяться там, де потрібні.

У своїх дослідженнях я знайшла опис предметів, які Пере де Во, археолог, розкопав у руїнах Кумрану. Серед безлічі глиняних черепків він виявив кілька уламків глечиків з каменю і кілька фрагментів скла. Чи не могли вони бути залишками тих загадкових ламп?

Думки про глеків, що працюють таким чином, змусили мене дещо пригадати. Я згадала, що читала щось подібне у Еріха фон Денікена. Я пригадала, що читала щось подібне в одній з книг Еріха фон Данікена. Його праці містять багато невиясненних загадок.

Поселення Кумрана

На сторінці 174-ій є малюнок 252, "У пошуках древніх богів". Це був малюнок маленького глечика, розміром подібний до того, що показав Садді, і хтось вставляє у нього довгий чорний металевий предмет. Підпис говорив, що це акумулятор, який працює за гальванічним принципом. Цей пристрій, очевидно, був дуже старим, але навіть сьогодні з нього можна було видобути 1,5 вольта. Зараз ця річ знаходиться в Музеї Іраку в Багдаді.

Більше інформації про цей пристрій дано в книзі Чарльза Берліца "Атлантида, восьмий континент" (стор. l39). Підпис під малюнком: "Др. Вільгельм Конід, австрійський археолог, який працює у Музеї Іраку, відкопав у 1936 році вазу, якій 2000 років, висотою 15 сантиметрів, всередині якої був мідний циліндр, вставлений в бітум, а всередині циліндра - залізний стрижень, ізольований бітумним корком. Цей об'єкт нагадував подібні експонати в Берлінському музеї, деякі більшого розміру, і з декількома циліндрами. Ніде нема ніякого натяку про їхню функцію, крім того, що вони були "релігійними або культовими об'єктами".

Деякі дослідники, у тому числі доктор Конід, думають, що це можуть бути сухі батареї, які, зрозуміло, вже не були діючими після декількох тисяч років. Однак, коли вони були точно реконструйовані і забезпечені новим електролітом, вони запрацювали! Про древнє використання електроенергії може довести лише те, що електроенергія використовувалася для гальванізації металів золотом і сріблом, як це й досі робиться на базарах Близького Сходу. Ймовірно, це використовувалось для освітлення храмів і палаців, хоча і вийшло з ужитку ще до античного періоду, тобто до часу греків і римлян, які використовували для освітлення рослинну олію. (Довідка: Музеї Берліна й Іраку)".

Людство стало дуже самопевненим, вважаючи, що ми перші винайшли наші сучасні вигоди. Схоже, що стародавня людина не була такою примітивною, як ми думаємо. Вони насправді знали багато з того, що ми знаємо сьогодні, і відкриваємо заново після Темного Середньовіччя. Інтригуюча ідея. Я дивувалася, які ще несподіванки чекають на нас у таємничих стінах Кумрана.

# Розділ 6

# Урядування у спільноті Кумрана

На думку археологів, громада керувалася правилами і розпорядком, встановленими групою священиків. На підставі перекладів сувоїв Мертвого моря, вважається, що ессени мали дуже суворі і, на сторонній погляд, жорстокі правила. Це суперечило тому, що відкрила я. Ні, це не звучить так, ніби ессени —добродушні та справедливі люди, і показання Садді підтвердили, що я мала рацію. Звичайно, багато що залежить від того, як це перекладено.

За словами Садді, існувала рада старійшин, яка встановлювала правила для управління громадою, провадила суди, виносила покарання тощо. Вважалось, що там був свого роду очільник ради, але потім цієї позиції не стало, бо було вирішено, що це дає одній особі занадто багато влади. Старійшини обиралися за місцевістю або за галуззю їхньої освіти. Рівень знань визначався тим, як довго вони вчилися в тій чи іншій галузі і який ступінь знань отримали. Кількість старійшин у раді періодично змінювалася, але в цілому вона становила дев'ять або десять членів, в залежності від того, у якій ділянці старійшина був знавцем.

Мене цікавило, чи всі громадяни мали право голосу, як у наших демократичних країнах. Він сказав, що це обговорювалося в родинах, але тільки майстри та учні в тій чи іншій галузі освіти могли про це щось сказати. Виявилося, що вибір старійшин лежав на інтелектуальній частині громади, на тих, хто навчався в різних галузях. Пересічний працівник не мав права голосу, але жінка мала, якщо вона була вчена. Коли до ради обирали когось, це було на все життя, і треба було, щоб більшість сходилася на думці щодо будь-якого рішення, яке приймається. Я спитала, чи було коли-небудь таке, що когось видалили із ради. Він сказав, що таке було, але не за його пам'яті.

Садді згадував про покарання, і я була здивована, що такі гуманні люди вдавалися до покарань. Що собою являють ці покарання?

С: Є кілька незначних. Якщо ж проступок значний, то людина виключається з громади. Але до цього вдаються рідко, наприклад, у випадках насильства, коли інший отримує тілесні ушкодження. Будь-якого роду насильство суперечить тому, у що ми віримо. Єдине найбільше покарання - це бути вигнаним із громади. Для тих людей - це жахлива кара. Останній раз це сталося, коли один учень убив іншого.

Отож злочинність була навіть у такому ідеальному середовищі. Я запитала Садді, чи він знає, що сталося в тому останньому інциденті.

С: Ні, нам не розповідали. Судити не наше діло. Це його хрест, йому його нести, а не мені.
Д: *Ніколи б не подумала, що ваш народ може впасти так низько.*
С: Він був просто учнем, він не був одним з нас.

Він мав на увазі, що злочинець не був уродженцем Кумрана. Він мав би бути тим, хто носив червону пов'язку.

Д: *Яке покарання було б типовим для меншого злочину?*
С: Це покарання, яке призначається одним з наших наставників. Але це між ними обома - людиною, яка вчинила погано, і господарем, якому вона служить. Майстер буде мати з порушником справу один-на-один і зробить те, що він вважає за потрібне. Іноді вимагається голодування, або покаяння шляхом вивчення певних речей або позбавленням привілеїв.

Перекладачі стародавніх текстів вважають, що ессени були релігійним орденом, а священики були провідниками вищими за всіх, кінцевим голосом влади. Садді казав, що священики мають владу над студентами, яких вони навчають. Вони не вище ради.

Д: *Хтось коли-небудь покидає громаду через незадоволення?*

С: Є кілька, які залишили громаду для навчальних цілей. Але чому хтось захотів би піти?

*Д: Я згідна з тобою, але цікаво, чи були у вас незадоволені люди.*

С: Таке можна припустити, але я не чув, про таке. Але навіщо це комусь?

*Д: Якщо, скажемо, хтось почувався нещасним і думав, що деінде йому буде краще. Чи дозволяється в таких випадках піти з громади?*

С: Я думаю... (З обуренням) Ми не раби! Ми не заковані в кайдани!

*Д: Отож люди лишаються в комуні, бо самі цього хочуть. А було таке, що відмовляли комусь, хто хотів тут вчитися?*

С: Так. Їхні цілі переглядають майстри, і вони б знали, з якою метою людина цього хоче. І якщо б хтось мав якісь зловмисні наміри, їм би відмовили.

*Д: Чи траплялося, що хтось з тих, кому відмовили, створив якусь проблему?*

С: Наскільки я знаю, ні. Це не означає, що такого не було.

*Д: А якби щось таке сталось, чи знаєш ти яка була б реакція?*

С: Я не знаю. Я не наставник, це не моє рішення.

*Д: (Я все ще намагалася дізнатися про засоби оборони в Кумрані). Чи є у вас якісь способи захисту вашої громади? Я маю на увазі, якась зброя або щось подібне?*

С: Так. (Він насторожився і завагався). Різні методи.

Він сказав, що вони не вдавалися до зброї в буквальному сенсі, але він не хотів би про це говорити. Тоді Гарріет скористалась нагодою і запитала: "Чи використовуєте ви звуки?" Він довго вагався, потім тихо і обережно відповів: "Так". Я відчувала, що ми ступили на небезпечний грунт. Він може сам відчув, що зрадив довір'я, навіть сказавши так мало. Він почувався незручно, і я знала, що ми не повинні більше задавати цих питань, хоча мені б дуже хотілося дізнатися більше. Я намагалася заспокоїти його, мовляв, це чудово, що вони не потребують зброї, тоді як для більшості людей це єдиний спосіб захистити себе. Садді думав, що я занадто допитлива. Я сказала йому, що ми дуже хочемо вчитися, але знайти вчителів важко. Звичайно, сказав він, у них багато вчителів. Нашою проблемою була наша нездатність поставити питання.

Д: Чи має ваша громада якісь правила, які відрізняються від єврейських?
С: Як я можу сказати, коли я не дуже добре обізнаний з не нашими законами?

Зі Старого Заповіту я знала, що євреї визнавали жертвоприношення тварин. Але коли я запитала Садді, чи в них є такий ритуал, він рішуче заперечив.

С: Я не жертвую крові! Чи Яхве хотілося б убивати те, що Він створив? Це не логічно.
Д: Я думала, що ви вірили в багато з тих єврейських вчень, в Тору і Закони.
С: Віримо в частину з них, але не в цілому.
Д: Але євреї роблять жертвоприношення, чи не так?
С: Так. Як я розумію, ці звичаї були запозичені з інших так званих "релігій". Нічого такого не було у первісному навчанні. Але ми не робимо таких жертв. Ми можемо запалити жертовний ладан на вівтарях. І це було б усе.

Він так рішуче виступав проти цього, що я вирішила змінити тему, і запитала про свята та святкування, яких його люди дотримуються. Він не розумів слова "свято". "Це мені незнайомо", сказав він.

Д: Свято - це особливий день, який відрізняється від інших днів.
С: Ти говориш про святі дні. Звичайно, є Пасха. Також День Спокутування і Рош Шофар. Це свято нового року, нової пори.

Оскільки я не сповідую юдаїзм, я не чула про будь-яке з них, окрім Пасхи, згаданої в Біблії. Я запитала про Дні Спокутування.

С: Це час кожного року, коли ми відмовляємось від деяких неправедних речей, які ми вчинили, і просимо прощення за них. І ми покутуємо свою провину перед тими, кого обидили.
Д: Це звучить як гарне діло. Так би мовити, змиваєте старе і починаєте все заново. Чи є інші свята?

С: Ще є свята врожаю та інші їм подібні. Святкуємо багато чого. Ми не є похмурими людьми, ми радіємо життю!

Це протирічить тому, що думають тлумачники текстів. Вони припускають, що ессени були надто суворими.

З Біблії я знала про звичай обмивання ніг іншим, і запитала Садді, чи чув він коли-небудь про таке.

С: Так. Це в основному робиться тоді, коли хтось приходить і сідає з нами споживати їжу, тоді господар митиме йому ноги. Це знак змирення. Це також робиться в День Спокутування, щоб показати Яхве, що людина смиренна перед Ним.

Єврейський Новий рік зараз називається "Рош Хашана". Ім'я, яке назвав Садді, було іншим, "Рош Шофар". Помилився? Я дізналась, що "Рош" означає "початок", і була дуже здивованила, коли моє дослідження виявило, що особливою традицією під час Рош Хашани є трубити у шофар, тобто трубити у ріг барана в синагозі, як заклик до суду чи покаяння. Може саме з тих часів це і стали називали Рош Шофар?

Я дізналась, що День Спокутування тепер відомий як Йом Кіпур, найсвятіший день року у єврейській релігії. Це є завершенням десяти Днів покаяння, які починаються з Рош-Хашана або Нового року. Це вважається днем суду, можливість просити прощення за гріхи, скоєні проти Бога. У випадку гріхів, вчинених проти свого ближнього, це час просити у них прощення. У кінці цього дня дують у шофар або баранячий ріг. Фактично Садді назвав цілий десятиденний період "Днями Спокутування".

Я хотіла дізнатися більше про звичаї землі Ізраїля. Мене цікавило, які в них були санітарні умови.

С: Я знаю, що там, де чистота, там менше хвороб. Це знаючі люди довели вже давно. Тому, коли приходять хвороби, то завжди вражають нижчу частину міста, найбільш занечищену. І тоді, якщо це переходить у мор, хвороба поширюється на вище місто. Це має багато спільного з чистотою. Є усякі ванни, які використовуються для різних видів купелі. Чоловік не хотів би митися у тій самій ванні, в якій милась його жінка, бо вона вважалася б нечистою. Те ж саме з одягом, є різні речі, які використовуються для прання.

Він вже розповідав мені про систему купалень у Кумрані, і при тому дивувався, як пересічна людина в Ізраїлі дотримується чистоти.

С: Якщо води достатньо, ви можете купатися. Як ті, скажімо, хто живе біля моря, їм не треба турбуватися про воду. Але ті, хто живе в пустелі, часто вживають пісок. Якщо ти посеред пустелі, то не будеш використовувати для миття останню краплю води.
Д: *Коли-небудь вживається очищення шкіри олією?*
С: Ні, тому що пустеля суха, гаряча і пильна, і якщо ви мастили шкіру олією, то пил прилипне.

Коли я попросила розповісти більше про порядок дотримання чистоти, я не сподівалась, що це таке складне питання.

С: (зітхнув) Ти говориш про чистоту тварин, або чистоту людського тіла, або душі? Треба митися, щоб тримати тіло очищеним від усіх бід, які можуть увійти в нього. Піст допомагає підтримувати гармонію в тілі.
Д: *А піст не шкідливий для здоров'я?*
С: Якщо це не переходить у крайнощі, або не має якихось недобрих цілей, то ні. Навпаки, це може бути дуже корисним.
Д: *А як щодо очищення душі?*
С: Існує багато законів щодо цього. Багато з них - це закони карми. (Зітхнув). Я не вчитель релігії. Ти плутаєш Закон з поклонінням, яке мають інші. Це не те, що має бути згідно Закону. Тут багато неясного, чого не повинно там бути.

Цього разу він не став говорити про карму, ми до цього повернулись при іншій нагоді, і це описано в іншій главі. Я повернулась до питання про їхні звичаї в Кумрані.

Д: *Чи дозволяється у вашій громаді одружуватись і мати сім'ї?*

С: Так. Але здебільшого чоловіки і жінки підбираються один для одного старійшими. Кажуть, що це вже визначено під час народження людини, і згідно цього вони підбираються. Я про це мало знаю.

Це звучало як за гороскопом. Я думала, що ессени були більш демократичні. Згодом я дізналася, що в Азії цей звичай практикується здавна, і навіть до цих пір підтримується в деяких місцях. Деякі народи дуже сильно покладаються на гороскопи і досьогодні.

*Д: А люди мають право голосу щодо цього, чи ж одружуються з тим, кого вибирають старійшини?*
С: Вони можуть відмовитися від такого одруження, але тоді вони ніколи не матимуть пари. Їм також дозволено залишатися самітніми.

В Кумрані жінки мали набагато більше свободи, ніж в інших місцях в Ізраїлі. Вони могли вирішити не виходити заміж, могли також стати вчителями в громаді. Це здивувало мене, бо закони Мойсея у Старому Завіті та єврейські звичаї суворо обмежували права жінок.

С: Звичайно, жінка може бути вчителем, а чому ні?
*Д: У деяких суспільствах жінкам не дозволяється займатися будь-чим, за винятком виходити заміж і народжувати дітей.*
С: Якщо це так, то багато великих розумів було втрачено. Дуже сумно, бо перші роки дитина формується матір'ю. Якщо жінка не навчилася розуму, то як вона може виховати дитину високо розумово розвиненою?
*Д: Це має сенс для мене, але є багато людей, які так не думають.*
С: Це ганебне явище. Бог створив дві статі, чоловічу і жіночу, щоб доповнювати один одного, не бути вище або нижче один одного.
*Д: Чи існують якісь правила, де хтось, як священики або релігійні діячі, не мають права вступати у шлюб?*

Я думала про священиків і їм подібних, які, можливо, хотіли б залишатися безшлюбними. Він нахмурився, ніби не зрозумів про що йдеться.

С: Чому? Для мене це звучить дуже нерозумно. Кожен може одружитися, якщо захоче. Сказано, що двоє народжуються в той час, коли їм призначено бути разом до кінця життя. Якщо один з пари не народиться в той час, то, може, другий не стане шукати іншого. Але це, мабуть, єдина причина.

Д: А як щодо праці в громаді? Чи є поділи на роботи, як наприклад, одні роблять лише жінки, а інші - чоловіки?

С: У жінок є діти.

Д: (Ми заміялися) Це правильно! А як щодо приготування їжі?

С: Зазвичай для приготування їжі є слуги. 58

Це мене здивувало. Я припускала, що в суспільстві, яке було настільки соціалістичним, всі були рівними і ніяких слуг не було.

Д: Хіба слуга не вважався нижче вас?

С: Вони понижують себе, так. Це ті, хто вибрав з якихось причин служити іншим протягом певного періоду часу. Іноді це учень, який робить це як покаяння. Так, є різні причини для цього. Людина бачить в собі щось те, що їй не подобається. А щоб позбутися цієї вади, вона служитиме комусь іншому, тому що мала надто велику гординю. Він понизив себе, щоб стати покірним, смиренним, щоб допомогти собі подолати гріх гордині.

Д: Чи може буде таке, що когось привели ззовні, щоб та людина була рабом?

С: Ми не маємо рабів! У нас є тільки вільні люди. Іноді є люди, яким ми дали волю. Мій батько розповідав, що на ринку він побачив і купив людину, якого потім звільнив. І ця людина вирішила залишитися з нами.

У цих випадках звільненим рабам було дозволено брати роботу, яку вони хотіли, і їм також можна було вчитися, якщо вони того бажали. Учні часто по черзі слугують і варять їжу і покірно виконують різні завдання як покуту.

Я запитала, чи в їхній комуні вживаються гроші, але він не розумів, що я маю на увазі. Мені нелегко вдавалося витлумачувати, що люди володіють речами. У комуністичному суспільстві така концепція була б чужа. Він також не міг зрозуміти, що таке купувати.

С: У нас є деякі особисті речі: ось у мене є моя флейта. Те, що мають інші, розділяється між усіма.

*Д: Чи бувають суперечка, коли людям потрібно ділитися річчю?*

С: Про це я не знаю. Я не кажу, що цього ніколи не було. Але кожен має те ж саме. Крім ... Ви можете володіти певними речами, працюючи на різні речі. Кожного судять за його заслугами. Якщо він робить все можливе найкращим чином, то його судять на тій же основі, що й когось, хто, гмм ... якщо він добре доглядає за садом і робить це якнайкраще, він прирівнюється до видатного учня, того, хто проявив себе якнайкраще у своїй галузі. Вони однакові, вони рівні, тому що обидва роблять все можливе, що в їх силах. У цьому випадку вас цінять за заслуги. Якщо ви не працюєте як слід, може ви тому й не маєте так багато.

Це виглядало як гарна система, але як ви можете дати комусь те, що вони заробили, якщо громада не користується грішми?

С: Ну, це залежить від ... як у того садівника, можливо, новий район, щоб мав більше землі. Якби ви були вченим, ви могли б заробити більше папірусів. Це буде залежати від тебе. Нікого не обійдуть. Якщо потреба є, вона є. Вартість мають лише ті речі, що заробляються. Даються речі, яких потребують.

Це мало сенс. Гроші не мали б ніякої вартості, тому що не було б чого купити.

Садді згадав про гріх гордині, хоча я вважала, що для нього гріх - це тільки заподіяння шкоди іншій людині.

С: Поводитися з іншими не так, як би вони цього хотіли, говорити про них погано - це було б гріхом. Бо не ваше право судити.

Ви не прийшли сюди, щоб судити іншого, а лише судити себе.

Д: *Деякі люди думають, що порушення будь-якої Заповіді - це вже гріх.*

С: Це найгірше зло.

Д: *Чи є у вас який-небудь спосіб спокутувати це зло, цей гріх?*

С: Цій людині треба попросити прощення в іншої, кому було заподіяно це зло, і визнати свою помилку. А після того, як її було прощено, треба просити пробачення у себе. Це найважче прийняти. Також, якщо щось було вкрадено, то повернути або замінити відповідним.

Д: *Як би ви це зробили, якщо у вас немає грошей?*

С: Так, у нас немає нічого такого, але у нас є наші особисті речі, що ми віддаємо їх взамін.

Це було б найкраще - віддати постраждалій стороні те, що ви самі собі заробили. Очевидно, погані випадки були рідкісними, але система в цілому була гарною.

С: Чому хтось хотів би взяти на себе такі великі борги, щоб заподіяти це комусь, хто не зробив їм нічого злого?

Д: *Ну, я думаю, що якщо ти виходиш за межі стін, то знайдеш там багато людей, які роблять так само.*

С: (Перебиває). Тоді я не думаю, що хочу виходити!

Якщо уявити, що Садді коли-небудь потрапить за межі своєї комуни, як же він буде розчарований тим, що побачить! Я запитувала себе, чи Ісус мав ті ж почуття, коли його час настав?

Д: *Багато людей хотіли б жити у спільноті, подібній до вашої.*

С: Але це можливо для всіх! Вона просто заснована на любові. Якщо ви любите інших, то проблем немає.

Д: *Але не кожен це розуміє.*

С: Якщо люди цього не розуміють, то це створює для них ще більше проблем. Так вони будуть жити і далі і, може, все своє життя, забувши, звідки вони прийшли сюди. Це не було б добре.

Д: *Про це вони забули. Добре, що ваших людей вчать пам'ятати і дотримуватись цих вчень. (Що насправді є тим, що Ісус намагався донести до людей). Чи дозволили б нам прийти і поселитися у вашій громаді?*

С: Я не знаю. Ми приймаємо людей з інших місць, не бачу чому ні. Ви повинні стати перед старійшими, вони приймуть рішення.

Коли я відкрила для себе Садді і почала задавати йому питання, він поставав переді мною в різному віці. Інформація, наведена вище, була отримана, коли він був зовсім молодим. Наступні питання задавалися, коли він був уже старшою людиною. Я знала дещо про закони у Старому Заповіті, але хотіла почути версію Садді. Я запитала, що стається з вдовами в Кумрані.

С: Про них піклуються. Якщо вони з-поза меж громади і хочуть повернутися до своїх сімей, їм дають достатньо майна для нормального життя у своїх сім'ях. (Очевидно, вони не можуть повернутися додому з порожніми руками). Якщо вони з наших або просто хочуть залишитися тут, їм також це дозволяється. І ми слідкуємо, щоб про них піклувалися.

Д: *Ти сказав, що коли хтось одружується, на нього складається картка народження (гороскоп). Чи може вдова повторно вийти заміж?*

С: Так. Якщо вона ще досить молода і це було узгоджено. Але тут знову таки, якщо картки співпадають.

Д: *Мені здалось, що ти казав, що ваші люди одружуються тільки один раз. А комусь буде дозволено одружитися вдруге?*

С: Якщо призначена особа померла.

Д: *Хіба в єврейському законі не говориться, що коли чоловік ... коли один з братів помирає, то брат ...*

С: (Перериває): Тоді він візьме її за жінку. І діти, якщо були від того одруження, належали б старшому братові. Так, це єврейський закон. Це не з Тори. Це в переважній більшості випадків не йде на користь обом сторонам, бо якщо жінка хоче вийти заміж і бути щасливою, то не обов'язково буде щаслива з братом її покійного чоловіка або з іншим чоловіком із тієї ж сім'ї, який вижив, чи в якомусь іншому випадку, і що для цього їй треба бути вдовою.

Д: Це правда. Вони, напевно думали, що тільки в такий спосіб про неї будуть піклуватися.
С: Але є багато кращі способи проявити турботу.
Д: Чи дозволялося коли-небудь у вашій громаді - як для дружини, так і для чоловіка - відмовитися від партнера? Ти розумієш, що я маю на увазі?

Я не думала, що він зрозуміє слово "розлучення". Його відповідь здивувала мене.

С: Іноді подружжя воліють жити окремо. Я чув про справи, вони були з якоїсь причини відомі старійшинам, і було прийнято рішення, ніби ті двоє ніколи не були одружені. Причини відомі лише старійшинам. Але таке буває не часто.

Це звучало подібно до розлучення або анулювання шлюбу. Згідно Біблії, це може бути дозволено, але разом з тим, за певних обставин це може вважатися перелюбом. А от у Кумрані їм дозволили б знову одружитися.

С: Робиться так, ніби шлюбу й не було. Ось чому причини відомі лише старійшинам, які цим займаються. Вони вирішують, що ви не можете жити в шлюбі, бо маєте якісь проблеми. Це дуже, дуже незвично.

Дуже делікатна справа. Було б добре, якби тільки старійшини знали про причини розлучення (або анулювання), тоді не було б пліток і публічного покарання, що іноді трапляється. Все було б набагато більш приватним - лише між парами та старійшинами. Але я була спантеличена, бо у мене було відчуття, що це суперечило загальноприйнятим біблійним правилами поведінки.

С: Так, єврейське право це забороняє. Чоловікові дозволяється кинути дружину, але якщо він знову одружується, то згідно з єврейським законом, він перелюбник.
Д: Я думала, що у вас одружуються на все життя.
С: Ні. Трапляються і помилки, коли сама людина або душа змінює думку і натомість з цього треба винести урок.
Д: Тоді у вас проявляють поблажливість, і це може ...

С: (Перериває). Це не поблажливість, але це можна зробити. Хоча все це непросто.

Д: *Але якщо люди можуть знову вступити у шлюб, і якщо картки співпадають, це означає, що можна мати більше одного партнера. Правильно?*

С: Не завжди. Якщо є вагома причина для того, щоб перервати або анулювати шлюб, то можна вважати, що буде й інший чоловік.

Д: *Я думала, що ті, хто складають карти, ніколи не помиляються?*

С: Ніхто із смертних не є непогрішним. Ми не боги.

Це говорить про те, що єссени були більш людяними, ніж їхні сусіди євреї, якщо могли прощати помилки, не змушуючи людей бути разом все життя і не таврувати їх як перелюбників.

С: Сказано, що на початку світу чоловік і жінка не одружувались в тому сенсі, як ми тепер розуміємо. Чоловік міг мати багато жінок, а жінка - багато чоловіків. Допускалися різні суміші з багатьма партнерами, щоб народжувалося вдале, здорове пртомство. Одним словом, у жінок було багато дітей від багатьох різних чоловіків.

Раптом мені спали на думку численні легенди про напів-людей, напів-тварин. Садді сказав "різні суміші". Чи він мав на увазі ті давні часи, на початку світу, коли люди поєднувалися також і з тваринами? Ця думка просто розлютила його: "Це було б зло!" Я, мабуть, вдарила фальшиву ноту, але принаймні знайшла щось те, що, не викликало схвалення.

Д: *Але ідея мати багато мужчин, щоб народжувати багато дітей не засуджувалася?*

С: Ні, це стало осудом тільки після того, як у світ була привнесена ідея сорому і провини.

Д : *А хіба в Заповідях не сказано "Не чини перелюбу"?*

С: Але, знову ж таки, це прийшло набагато пізніше, після Адама і Єви. Заповіді були дані Мойсеєві.

Д: *Що тоді ви вважаєте перелюбом?*

С: Перелюб - це увійти у статеві взаємини з кимось іншим таємно, а не відкрито і зі згоди. Якби це обговорювалося між обома подружжями і було погоджено, то це було б прийнятно без осуду. Саме поняття подружньої зради було дуже дивним. Хіба у Абрама не було двох дружин? А якби Сара не сприйняла того факту, що у нього є інша жона, хіба він не вважався б перелюбником?

Д: Але в яких випадках це було б неправильно?

С: Коли приховують, коли хочуть поставити іншу половину в безглузде становище. Перелюбство вважається таким, коли всі знають, окрім того, хто найбільше постраждав. Якщо це обговорено і відкрито погоджено, це не може бути перелюбством. Це просто інший вид спільного володіння. Його неправильно розуміли протягом дуже довгого часу.

Це здавалося таким радикальним відхиленням від біблійної концепції перелюбу! Очевидно, що коли всі сторони погодилися і не робили з цього таємниці, це не вважалося перелюбством. Це осуджувалося тоді, якщо комусь заподіяно страждання чи був намір заподіяти страждання.

Д: Я думаю, що багато хто з цим не згоден.

С: З цим багато людей ніколи не погодяться.

Д: (Сміючись): Я погоджуюся!

Я не хочу, щоб хтось думав, що я захищаю перелюб, і я не обов'язково думаю, що точка зору Садді єдино вірна. Але це інша точку зору на складні питання. Я бачу, чому єссени спрайняли цей концепт, нехай навіть він і суперечив єврейськими законами і доктринам. Якщо ессени дійсно були вчителями Ісуса, то його знайомство з цими ідеями могло б, наприклад, пояснити б той випадок, коли він став на захист жінки, яку хотіли забити камінням. Він, мабуть, розумів, що секс за згодою між дорослими людьми не вважався перелюбом у спільноті Кумрана. Багато їхніх вірувань і вчень можна побачити на прикладі життя Ісуса.

Мене зацікавили їхні звичаї, пов'язані зі смертю, і я запитала про найбільш сумнозвісну з усіх - розп'яття.

С: Римляни вдаються до цього. Звинуваченого прибивають до хреста. Спочатку прив'язують руки і ноги. І тоді шипи ось такої довжини (він показав пальцями п'ятнадцять - двадцять сантиметрів), заганяються ось сюди (він показав місце нижче зап'ястя, між ліктьовою кісткою і радіусом кісток передпліччя). І в ступні також.
Д: *Чому вони роблять такі жахливі речі?*
С: Якщо ти бачиш того, хто скоїв злочин і тепер висить, вмираючи протягом декількох днів, і ти бачиш його муки, ти не раз подумаєш, перш ніж зробити такий же злочин самому. Ми не маємо права засуджувати їх, але забирати життя..!

Садді весь здригнувся, ніби сама думка про це була для нього жахливою. Я вирішила змінити тему, і запитала про поховання: що в громаді робили з тілами померлих.

С: Тіло багато разів змащують маслами і обкурюють ладаном, а потім віддають землі, загорнувши в тканину. Але серед нас є й такі, хто воліє повністю знищити тіло - спалити його. Я віддаю перевагу ідеї переходу в попіл.
Д: *Як ти думаєш, чи є щось недобре у спалюванні тіла?*
С: Нічого злого я не бачу! Наскільки мені відомо, цей звичай дуже давній.

Мені було цікаво дізнатись про обряд поховання, бо в Біблії сказано, що Ісус був похований у склепі. Я запитала про поховання в печерах, а також про те, чи відомо йому слово "склеп".

С: Так, це роблять інші. Склеп чи гробниця. Це більша площа, ніж та, що викопана в землі і підготовлена. Це те, що прийшло до нас від єгиптян. Вони вірили, що нам потрібно багато чого взяти з собою в дорогу.
Д: *Але тіло руйнується. Якщо помістити його в гробницю, склеп чи печеру, воно не буде покрите землею або чим-небудь іншим.*
С: Вхід чимось закривається - каменем або ще чимось. Таким чином гробниця закрита.
Д: *Але ви не кладете тіла у печери?*

Говорячи "ви", я мала на увазі "ваш народ", але Садді зрозумів моє запитання по-своєму.

С: Ми дуже рідко ховаємо мертві тіла в гробницях. Від тіла немає ніякої користі після того, в ньому більше нема душі. Тож чому б не виходити з того, що воно вже нічого не означає, і не повернути його назад в той прах, з якого воно вийшло?

Д: *Для чого умащують олією?*

С: Значення цього обумовлено запахом. У Юдеї і Галілеї та в деяких в інших місцевостях багато людей намащують тіло олією. А якщо хтось помер від хвороби, то, кажуть, що умащення вбереже інших від хвороби. Якщо небіжчика ховають у гробниці або ще якось, і якщо палять похоронне вогнище, то робиться це до заходу сонця в той самий день, коли людина померла.

Д: *Чи відомі тобі назви бодай деяких з цих масел або трав?*

С: Є мирра, ладан і багато інших, яких я не можу назвати. Але ці використовуються найчастіше.

Це щось для мене нове. Я чула тільки про мирру і ладан, і це пов'язано з дарами трьох волхвів. Я думала, що то були лише пахощі і не знала, що вони мають відношення до похоронних обрядів.

Д: *Я завжди думала, що ладан використовують тільки для кадила, через його приємний запах.*

С: Він втирається в тіло померлого. Іншого разу його палять перед тілом. Запах ладану, його аромат дуже благотворний, він захищає ніс людей, які готують тіло.

Моє дослідження показало, що ладан і мирра використовувалися головним чином з причин, про які говорив Садді - щоб перебити неприємний дух загниваючого тіла. Ладан також використовувався як мазь або бальзам для лікування фурункулів і виразок, тому після смерті це зілля могло мати деякі бальзамуючі ефекти на шкіру померлого. Він також був чудовим засобом для відганяння мух та інших комах.

Д: *Коли ви ховаєте тіло в землю, ви його у щось вкладаєте?*
С: Іноді, дуже рідко, бо деревина дуже дорога, і зазвичай тіло просто загортають у саван і кладуть у підготовлену гробницю або склеп.

Кладовище Кумрана було знайдено поза стінами, неподалік від поселення. Було виявлено понад тисячу поховань. Коли де Во намагався встановити особистість людей, які жили в Кумрані, він розглядав багато можливостей. Спочатку поховання вважалися звичайними арабськими могилами. Але місцеві *діди* сказали, що це було неможливо, тому що тіла були поховані головою на південь, а ногами на північ - прямо протилежно їхнім звичаям. Місцеві жителі були впевнені, що це були могили невіруючих або не-арабів.

Це не було звичайне кладовище, на відміну від будь-якого коли-небудь знайденого в цій частині світу. Кілька розкопаних могил не мали всередині ніяких артефактів або предметів, похованих з мертвими, як це було прийнято у багатьох районах цієї частини світу. Пере де Во був здивований, що в могилах не було жодних прикрас або декоративних предметів. Він вважав, що це означало, що люди були бідними або мали жорстку дисципліну, яка не дозволяла їм носити прикраси. Вони також були здивовані, коли могили виявили скелети жінок і дітей. Адже довгий час вважалося, що в Кумрані жили тільки чоловіки, бо це, вважалося, була громада чернечого типу. Таким чином, розкопки, цілком ймовірно, знову до дрібниць підтвердили наші відкриття.

Д: *Що римляни роблять зі своїми мертвими? Чи ваші і їхні звичаї відрізняються?*
С: Вони мають стільки звичаїв, скільки й богів. У них більше богів, ніж людина може нарахувати. Я думаю, що нація має багато богів тому, що вони не впевнені в собі, і тому вони створюють своїх богів на свій образ і подобу. Як народ розбещений, такі ж і його боги. У римлян як тільки з'явився новий бог, то майже відразу знецінюється, як і всі інші. У кожній країні є добрі люди, але Рим прагне знищити тих, хто говорить правду. Тому це погано.
Д: *Чи ви маєте римлянина, який керує вами?*

С: Є людина, яка називає себе імператором над нами, так. Він вважає себе імператором світу.

Д: *А хто має контроль над вашою землею?*

С: Нині наш цар - Ірод Антипа. Ще є римлянин, який ... як би це сказати? Гм, губернатор області. Так, Понтій Пилат. Коли він каже Іродові скакати, Ірод скаче.

Д: *Тоді він головніший?*

С: Він - людина, що має вояків, тому він важливіший.

Д: *Ти чув, що про нього кажуть люди? Він хороша людина?*

С: Кажуть, що справедливий.

Д: *А цар Ірод?*

С: (Зітхає) Це людина дурна! Він не може вирішити, чи хоче він бути греком чи євреєм. Ні туди, ні сюди.

Д: *Чи він коли-небудь створював вам проблеми?*

С: Він знає, чим це може для нього закінчитися. Хай би лиш спробував - то тут же знайшов би свою смерть.

Це знову показало, що мешканці Кумрана мабуть-таки мали таємний спосіб захисту громади, хоча не вірили в необхідність зброї. Задаючи ці питання, я думала про біблійні оповіді про Ірода.

Д: *Чи є у нього дружина або інша жінка, яка править спільно з ним?*

С: Іродіада! (Він майже виплюнув це слово.) Його повія!

Така різка відповідь здивувала мене. Я запитала Садді, що він чув про неї.

С: (зітхає) Одружена тричі. Свого першого чоловіка вона вбила, щоб одружитися з Філіпом. А потім залишила Філіпа, щоб одружитися з Антипою.

Йому було неприємно говорити про неї. Як вона могла мати так багато чоловіків, дивувалась я. Згідно з їхнім законом, вона не мала права розлучатися з одним чоловіком, щоб вийти за іншого.

С: У законі є багато лазівок, в які їй вдалося пролізти. Кажуть, що коли вона вперше зійшлася з Філіпом, її перший чоловік ще був живий, але їй вдалося прибрати його. А тепер, коли її перший чоловік помер, вона зуміла підкупити, вбити - що завгодно, щоб мати можливість взяти Антипа в чоловіки.

Все це виглядало заплутаним. Іншими словами, це був явно незаконний шлюб.

С: Другий також. А про нинішнього - хто знає? Їй судилося погубити Антипу. Це її призначення. Я не знаю, яку доріжку вона вибере. Я тільки знаю, що вона стане причиною його погибелі.

*Д: Коли людина народжується на світ, цікаво, вона робить вибір: або чинити зло, або перешкоджати іншим здійснювати його?*

С: Це не є насправді вибором. Це… деякі люди чинять недобре через зовнішній тиск, а може, впливають люди, з якими вони живуть, або громада, або ще щось. Вони будуть примушувати людину робити те, що людина в душі знає, що це недобре. Ніхто не стає поганим за своїм вибором.

*Д: Вибір дійно залежить від особи, залежно від того, який і хто робить на неї вплив?*

С: Але вони також мають можливість вистояти.

# Розділ 7

# Бібліотека таємниць

Під час сеансу із Садді, коли він був ще молодим учнем, я отримала перші докази, що Кумран не був звичайною школою. Там вивчалися предмети набагато серйозніші, ніж хтось міг собі уявити. Я також дізналася, що в бібліотеці Кумрана було багато дивних-предивних таємниць. Коли Садді був у навчальній частині бібліотеки, я попросила його дати мені опис.

С: Будинки стоять щільно один до одного. Вони не зовсім окремі. Це як одне приміщення. Бібліотека знаходиться в центрі будівлі. Вона дуже велика. Має багато вікон і багато світла. Світло ллється з отворів в над головою. Є полиці з сувоями. Вони загорнуті в шкіру та інші матеріали. Деякі з них навіть не сувої, а лоскутки шкіри, на них щось надруковано і вони складені докупи. Є багато речей, які ми вивчаємо. Найбільшу частину займають книги, як нам кажуть, що містять усі знання. Можна провести тут все своє життя і ніколи не прочитати всі ці сувої, усі книги та інше.

Д: *Ти сказав раніше, що бібліотека має два поверхи. Що на другому поверсі?*

С: Сувої. Центр будівлі відкритий, і таким чином можна дивитися вниз з другого поверху і бачити підлогу першого.

Це звучало так, ніби верхній поверх мав балкон, що оточував кімнату. Це дозволило світлу проникати на перший поверх. Я запитала, чи була небезпека впасти з балкона.

С: Там є поручні, щоб триматися, якщо хтось виявить необережність і спробує зробити крок вниз. Центральна частина бібліотеки має багато світла, але далі, де зберігаються сувої та інші речі, темніше, щоб світло не пошкодило їх. У стелі є вікна. Вони покриті шкурами, які оброблені так, що світло проходить через них.

У місці, де вони навчалися, були спеціально виготовлені столи для роботи з сувоями. З рухів Кеті і описів Садді, можна було зробити висновок, що з боків столів були прикріплені держаки, на яких можна було покласти сувій і розгортати його на поверхні столу. Я завжди думала, що сувій розгортається з боку в бік, а не вгору і вниз. Садді показав пальцем, що він читає справа наліво. Я припускала, що це означає, що він почне читати з низу сувою. Він не погодився і сказав, що це залежить від написання. Деякі тексти читаються знизу, а деякі - зверху. Він сказав, що сувої написані всіма відомими мовами: щось грецькою, щось розмовною латиною, щось арамейською або арабською. І на мовах Вавилону, Сирії і мові (звучало як 'та') єгипетській, де писали ієрогліфами".

Д: *Звідки все це взялося? Чи все це було написано тут?*
С: Більшість текстів були, принаймні, переписані тут. Але багато що було привезено з інших місць і зібрано тут. Можна сказати, що це вічний пошук знань, і немає йому кінця. Щодня приносяться нові речі. Кімната, де їх копіюють, знаходиться не в бібліотеці. Там навіть світліше, ніж у бібліотеці. Там стоять широкі столи, і до того ж вертикальні, так що сувій знаходиться прямо перед тобою. Вони дуже схожі на столи для читання. Позаду є щось таке, щоб притискати сувій до столу, навіть якщо ти пишеш поперек згортка. Ось ця дошка знаходиться під кутом, так що коли натискаєш стилусом, то дошка залишається рівною і не трясеться. Ці столи зроблені з дерева. Частина стільців коло деяких з - каменю, в основному все зроблено з дерева. (Здається, це було дуже схоже на відомі нам креслярські столи.)
Д: *Що ви навчаєте у своїх класах?*
С: (Зітхає). Все! О, це не так вже й погано. Нам розповідають про зірки, вчать математики, Закон і Тору і багато всього такого.

Я запитала про методи, якими древні користувалися в математиці. Як завжди, отримала більше, ніж очікувала.

С: Мої вчителі казали, що осел більше знає про математику, ніж я. (Присутні, що були в кімнаті, засміялися). Жива наука для мене - це Закон. У ньому є і почуття, і емоції, і глибина. Математика холодна, це факти і цифри, і який сенс має це для мене? І тому мені це не так важливо. Математиці надається велике значення. Кажуть, математика приховує великі знання, які згодом будуть виявлені і повторно використані. Тому ми повинні вчити теореми, також як і що робити, щоб можна було навчитися різним речам в математиці і застосовувати їх все життя. Є багато різних видів математики. Одні оперують абсолютними величинами і теоремами, кажучи, що якщо ось це таке, то і це теж повинно бути правильним. Тіла і геометричні фігури - це теж з розділу математики, який розглядає форми, обсяги і тому подібне.

*Д: Давай подивимося, чи відомі тобі терміни, які ми вживаємо. Наприклад, ми маємо додавання, віднімання та множення.*

С: Поясни. Це все мені не знайоме.

*Д: Це те, як використовувати цифри. Скласти - це брати два числа і об'єднати їх в одне.*

С: Щоб вийшла сума? І ми так робимо. І ще робимо так, щоб збільшити одне число в таку кількість разів, яке дорівнювало другому числу. А ще - віднімання. Застосовуємо різні способи, щоб обчислити висоту, об'єм тіла, і таке інше. Для цього існує дуже багато формул.

*Д: У вас є якісь прилади або інструменти, з допомогою яких ви робите обчислення, якщо ти розумієш, що я маю на увазі?*

С: Як для ... термін, який ви використовували, був ... гм, додаток? Найлегше - це вузли, реміньці для вузликів. Це такий реміньець, на який нав'язуються шнури різної довжини. На них вузлики, які позначають цифри. Дехто в цьому дуже сильний - вони можуть сидіти цілий день і вправлятися на вузликах. Ось якими приладами ми користуємося. Шнурки можуть бути дуже довгими і бути десь постійно підвішеними. А можуть бути такі, що звисають з пояса - ними легко користуватися будь-де, щоб робити підрахунки. Торговці на базарі використовують їх в додаванні та підрахунках різних речей. Люди вчені або ті, що мають справу з цифрами, знають, як цим користуватися. (Він засміявся.) Вони кажуть, що це найпростіша річ.

Коли я стала шукати літературу для перевірки того, про що говорив Садді, я не знайшла жодної згадки про щось подібне, що використовувалося у тій частині світу. Але це дуже нагадує кіпу, які використовували стародавні інки в Перу. Кіпу (quipu) складався з мотузочків різної довжини, від двох з чимось до тридцяти сантиметрів і був підвішений до чогось - до товстішої мотузки або до палки. Тип вузла та його положення на шнурку представляють числа у десятковій системі, від одного до дев'яти, а пробіл на рядку - то нуль. Інки жили за півсвіту від Кумрана, але чи можливо таке, що інші люди також використовували цей обчислювальний метод, і знання про нього було втрачено? Очевидно, що Мешканці Кумрана, містили неймовірну кількість знань, зібраних з усього світу. Я вже почала думати, що для них усе можливо.

С: Дехто користувався паличками різних кольорів для позначення різних кількостей. Є багато різних способів, як цим користуватися. Вони ось такі задовгі (він показав на пальцях приблизно десять сантиметрів). Один колір мав би означати одну річ, і інший колір ... і ви додаєте їх і вони збігаються. Я не дуже сильний в цьому. Я не знаю значень кольорів, але є палички сині і червоні, жовті та оранжеві, чорні і білі. Різні кольори. Я ще чув про таке пристосування, як рама. Там намистини на дротиках. Я щось таке бачив, але не знаю, як його вживати. Рахують за допомогою цих намистин.

Це звучало як древня китайська рахівниця абакус, і цілком можливо, що кумрани знали про неї. І якщо знали, то чому б їм не знати про кіпу, тим більше, що Китай знаходився не так далеко від них, і торгові каравани сприяли контактам.

С: Існує також математика для вивчення зірок. Ви користуєтесь математикою для визначення напрямку, щоб потрапити, звідси сюди. (Він показує жестом.) І з допомогою карт ти зможеш це зробити. У нас є таблиці, які допомагають нам пам'ятати, де знаходяться зірки. Є трубка, щоб спостерігати за зорями. У нас є декілька таких трубок, дуже сильних. (Я попросила пояснити.) Ти дивишся через вузький кінець - дивишся на небеса і здається, ніби вони у тебе прямо перед очима. Ці трубки дуже, дуже старі. Кажуть, що їх створили наші люди, але це мистецтво було втрачено. Це було зроблено не тут. Багато поколінь тому.

Телескоп! Але, вважалося, вони не були винайдені в той час, а лише багато сотень років пізніше. Не розумію, чому телескоп в кумранській громаді повинен викликати таке здивування. Мистецтво скляного виробництва походить з часів Стародавнього Єгипту. Напевно, протягом усього цього часу повинен був бути хтось досить цікавим, щоб подивитися через шматок скла і помітити спотворення розміру. Еріх фон Денікен наводить у своїх книгах два випадки, коли були виявлені лінзи з гірського кришталю. Одну знайшли в гробниці в Гельвані (Єгипет), і зараз вона знаходиться в Британському музеї. Інша - з Ассирії, і датується VII століттям до н. е. Лінзи були механічно відшліфовані і для цього вимагали знань складної математичної формули. Для чого використовувалися ці лінзи? Можливо, для астрології, споглядання за зорями?

Кумрани мали три трубки споглядання за зорями. Вони були різних розмірів і знаходилися не в бібліотеці, а в обсерваторії, далі на узгір'ї над громадою. Дві з них були постійно встановлені там, а третя - менша, була переносною. Деякі майстри-наставники жили в обсерваторії і постійно вивчали і спостерігали зірки. Учням дозволялося подивитися в підзорну трубу, коли вони брали участь в цих дослідженнях.

Я все ще намагалася перетравити це нове для себе відкриття, коли Садді обрушив на мене ще одне. Цей сеанс був повний несподіванок.

С: Вони мають моделі небес, які рухаються постійно, як і наша система. Вони мають модель зоряної системи, в якій ми живемо.

Я подумала: «Стривай, від цього місця, будь ласка, детальніше». Я не була впевнена, що правильно почула. Модель?

Концепція моделі була для мене такою дивною, що я вирішила її зрозуміти будь-що. Тому я задала багато питань, намагаючись отримати чітку картину того, як це виглядало. Вміст цієї бібліотеки зняв з мене усі застороги, хоча незабаром я навчилася не дивуватися нічому, що могло виявитися в Кумрані.

Садді навіть розчаровувався, що ми не могли втямити того, що йому було так знайомо. Мої наполегливі допити вже стали його дратувати. Він не міг зрозуміти, чому я не можу бачити це так само, як він.

Модель, чи планетарій, знаходилась в бібліотеці, як і багато інших дивин. Вона стояла в центрі кімнати. Величиною вона була "як розмах рук двох чоловіків. Це в ширину, а у висоту, напевно, в два людські зрости". Весь апарат був виготовлений з бронзи. У центрі була велика кругла сфера (куля), що представляла собою Сонце. Крізь цю сферу проходив стержень, закріплений в підлозі. З нижньої частини моделі, від рівня підлоги, виступало назовні багато інших стержнів. До кінця кожного стержня була прикріплена бронзова куля. Це зображало різні планети нашої Сонячної системи. Кожна планета знаходилася на тому місці, яке вона займала по відношенню до Сонця. Не було ніяких супутніх місяців, тільки сфери однакового розміру для кожної планети.

Вся модель перебувала в постійному русі: Сонце оберталося, стержні рухали свої планети навколо Сонця в точному положенні і відстані від їх орбіти, а менші сфери оберталися на кінцях стержнів. Сфери рухалися овально, в еліптичному колі навколо Сонця. Садді пояснював усе, щедро жестикулюючи. Він описав орбіту так: "Це еліпт. Трохи вищий тут і звужений на кінцях. Це схоже на коло, розтягнуте ... вглиб". Мене просто вражало, що цілу Сонячну систему можна відтворити так точно. А ще, я не могла зрозуміти, яке джерело енергії підтримувало безперервне обертання моделі.

С: Коли земля обертається, вона підтримує і рух моделі. Земля, вона все крутиться і крутиться - і це схоже на те, як ніби береш щось і починаєш крутити по великому колу. Спочатку обертання починається знизу, а якщо ти рухаєшся все швидше, предмет плавно піднімається вище і вище, і злітає до неба, бачиш? Ось і тут схоже. Рух підтримується тією ж силою, що підтримує річ, яку ти обертаєш. Цей рух підтримує рух моделі.

Я б зобразила це так: уявіть, що у вас щось прив'язане до кінця мотузки, і ви починаєте обертати цей предмет по колу, тримаючи мотузку за інший кінець. Предмет відірветься від підлоги і стане підніматися вгору по мірі того, як ви обертатимете його швидше. Схоже, що описана Садді модель Сонячної системи була чимось на зразок вічного двигуна, який приводився в дію відцентровою силою. Може, хтось знайдеться краще пояснення.

Модель була з усіх боків захищена огорожею, щоб ніхто не підходив до неї надто близько. Безсумнівно, це був найтонший механізм, хід якого було дуже легко порушити.

С: Учнів попереджають, щоб вони ніколи не підходили близько до моделі. Кажуть, що коли навіть просто подути на неї, вона може зупинитися, і тоді буде потрібно багато часу, щоб вона знову почала рухатися. Тому нас до неї близько не підпускають.

Незалежно від того, чи дійсно вона була так делікатно збалансована чи ні, але загроза, очевидно, діяла і всі тримали поважну відстань від неї. Оскільки підлога була кам'яною, рух людей у кімнаті не заважав роботі механізму. Садді не міг дати мені ніякої інформації про те, як модель була побудована або як кріпилася до підлоги, тому що вона була дуже давньою і стояла в бібліотеці вже довгий час.

Мене чекав ще один сюрприз, коли я запитала, скільки планет представляли сфери. Він відповів як про щось само собою зрозуміле, що їх було десять. Це насправді просто шокувало, адже навіть в наші дні ми знаємо тільки про дев'ять планет. Дев'ята планета, Плутон, була відкрита тільки в 1930 році. Астрономи й досі сперечаються про те, що там може бути десята планета, оскільки, схоже, якесь невідоме небесне тіло впливає на орбіти інших планет. Я намагалася залишатися незворушною, ніби не відкрила для себе нічого важливого, і запитала Садді, чи може він назвати мені ці планети.

С: Я назву їх римськими іменами, які тобі, ймовірно, дуже добре знайомі. Їх знають під багатьма іменами, але ці, напевно, найвідоміші. (Він говорив повільно, ніби думаючи.) Ось тут, у внутрішній частині - Меркурій і Венера, або Мафусіас (так я почула), а потім Терра, і Марс, і Юпітер, і Сатурн ... Так, а після Сатурна йдуть Уран, і Нептун, і Плутон. А після Плутона йде планета під назвою ... Стривай, здається, їй дали ім'я Юнона. Кому прийшло в голову назвати так планети - не маю поняття. Думаю, це все. Я знаю, що планет десять. Кажуть, що у Юнони, яка найдалі, дуже непостійна орбіта. Вона у неї не еліптична, а відхиляється туди-сюди і описує петлю навколо Плутона. Потрібно дуже багато часу, щоб зробити повний оборот по цій орбіті.

Він жестикулював руками, щоб показати, як вона рухається

Д: *Чи якась із планет виглядає інакше?*
С: На моделі вони всі однакові, але насправді вони більші або менші. Кожна з них особлива по відношенню до інших. Немає нічого однакового у Всесвіті. (Він просто світився дитячим захопленням, прагнучи поділитися своїми знаннями.) Навіть дві мурашки, на яких дивишся і думаєш, що вони однакові. У однієї з них є щось таке, чого немає в іншої. Нічого тотожного у Всесвіті немає.
Д: *Ти можеш приблизно вказати розміри планет відносно один одного в порядку віддалення їх від Сонця?*
С. (В цьому місці він ніби звірявся з картою або таблицею): Ось тут Сонце, і тут у нас маленька планета, і тут як би ще дві досить маленькі, а ось тут - одна побільше. І кожна наступна трохи більша за попередню. І потім вони як би доходять до центральної частини, а після неї знову починають зменшуватися в розмірах. Найбільший - Юпітер, найменша - Юнона. І у кожної планети є супутники, у деяких навіть багато. Але на моделі вони не показані. Нам просто сказали, що вони є. Чим більша планета, тим більше у неї супутників. У Сатурна є кільця, які складаються з ... Кажуть, що там була ще одна планета, і вона була поглинута Сатурном і тепер ось називається ... кільцями. Якщо подивишся на Сатурна, можна їх побачити. Їх там багато сотень навколо. На моделі їх теж

немає. Нам про ці речі розповідають, і ми все це бачили крізь підзорну трубу. Наша планета - Терра. У неї один супутник, який не має повітря.

Я запитала, чи чув він коли-небудь про іншу планету, яка вибухнула багато, дуже багато років тому. Я мала на увазі теорію утворення пояса астероїдів. Припускають, що між Юпітером і Марсом мало б існувати ще щось.

С: Напевно її вдарив Юпітер. Я не знаю цього. Кажуть, що наш Всесвіт молодий і все ще змінюється, так що це дуже можливо. Д: Як ти дізнався про всі ці планети? Ти ж ніяк не міг бачити їх усіх, навіть за допомогою ваших підзорних трубок! С: Я їх не бачив. Кажуть, що багато знань про нашу систему, як ми її знаємо, передаються з покоління в покоління протягом дуже довгого часу.
*Д: Ти знаєш, хто зробив цю модель?*
С: Кажуть, це зробили Калуу.
*Д: Хто такі Калуу?*
С: Ну як це сказати? Це люди, які покинули свою країну, щоб поділитися з іншими людьми знаннями. І кажуть, що ми з їх числа. Кажуть, що ми представники їх вимираючої раси. Нас вчать поширювати знання серед непосвячених в надії на те, що епоха освіти настане знову. Я мало що знаю про цих людей. Ким вони були і чому вчили - про це дуже добре знають деякі наставники. Це знання, які доступні лише обраним. І про це не дозволяється говорити серед чужих.

Я хотіла дізнатися, чи не мають вони якийсь зв'язок із загиблим континентом Атлантида, і запитала, чи не знає Саддам назви тієї країни, звідки прийшли Калуу.

С: Не знаю. Кажуть, це було втрачено. Ніби вони прийшли з того боку, де сідає сонце, із заходу. Що вони осіли в Єгипті, а потім вирушили сюди. Я не знаю, куди вони рушили потім. Це було давним-давно, при праотцях.
*Д: Ти сказав, що ви повинні повернути епоху просвітлення. А був такий час, коли освіти було більше, ніж зараз?*

С: Я погано про це знаю. Кажуть, що таке було, коли творилися великі справи, коли всі люди були як одне ціле. А у нас залишилися лише деякі речі на зразок цієї моделі. У нас залишилися речі, які були захищені і збережені, щоб показати, що таке можливо, що це не легенди. Розповідають, що Калуу поневіряються. Це частина їх долі. Деякі з них, кажуть, мандрували, сподіваючись знайти когось зі своїх, і так блукають до сих пір. І ще кажуть, що інші навіть забули, звідки вони родом. Інші - такі, як ми тут, нащадки деяких Калуу і інших, хто жив у цій місцевості; вони намагаються врятувати частину того знання, яке було раніше. Це пояснює їх дбайливе ставлення до моделі. Якби щось з нею сталося, вони б не зуміли зробити іншу.

*Д: Чи не тому ви живете в ізоляції, далеко від міст, від інших людей?*

С: Сказано, що, якщо ми підемо жити серед інших людей, багато знань будуть втрачені, бо тоді наш народ піддасться гонінням. Ми не йдемо туди через спокуси і тому, що тоді ніхто не буде піклуватися про збереження древнього знання.

*Д: Що ще принесли Калуу для вашого народу?*

С: Знання про те, що одного разу, в недалекому майбутньому, з'явиться Месія. Кажуть, що в багатьох місцях, куди пішли Калуу, вони розкажуть про Його пришестя. І що вони будуть знати і вкажуть час, коли це трапиться. Є й інші знання, але вони зберігаються для тих, хто глибоко вивчає якийсь предмет. У моєму випадку було вирішено, що я буду вивчати Закон, і це стане тим, у чому я буду розбиратися найкраще. І тому мені не потрібно знати все на світі, інакше мій розум буде захаращений різними сторонніми речами. Я чув, як розповідають про Месію, але це зовсім не те, що бажано знати підлітку. Я ще не досяг віку Барміцви, після якого я буду вважатися мужчиною. Тоді мене приймуть в товариство дорослих. Мені поки що не потрібно знати все це для мого призначення. Так навіщо ж заважати призначенню подібним чином?

*Д: Якщо тобі призначено вивчати Закон, навіщо тобі знати про зірки?*

С: Це необхідно для деяких потреб повсякденного життя, або, може, щоб трохи знати про свою долю - але зовсім небагато.

Є й інші причини, щоб вивчати зірки в небесах і в нашій системі. Ну, хоч тому, що вони займають різні положення. Кажуть, що коли планети розташовуються певним чином ... Коли людина народжується, вони утворюють певну комбінацію, і це дуже багато значить для того, як та людина влаштує своє життя. Я не вмію тлумачити ці комбінації. А наставники цього навчають. Кажуть, зірки розповідають людям правду про все, але ми тільки вчимо, де вони знаходяться і дещо про них, на зразок того, що я сказав. Ми вивчаємо астрон.

Садді не вимовив слово «астрономія» повністю. У словнику дається значення кореня айстри - «зірка». Він сказав, що найяскравіша зірка в їх частині світу називається ¢арата (фонетично) і знаходиться вона в північній частині неба. Він повідомив, що деякі люди вважають, ніби скупчення зірок в небесах схожі на людей або тварин. Для Садді це виглядало так, «ніби хтось просто зачерпнув ковшем піску і висипав його».

Я поцікавилася, що ще могло бути в цій фантастичній бібліотеці. Саддам відповів, що в ній є ще і скелети різних тварин, які зберігаються для занять. Я мала би вже бути готовою до сюрпризів, але наступна відповідь знову застала мене зненацька.

С: Там багато чого є. Є такий кристал, у якого така форма ... Як це сказати? .. Чотири грані сходяться в одній точці, а п'ята грань - внизу (піраміда). Це ... Це підсилювач енергії, якщо я правильно це називаю. Коли в нього потрапляє енергія, її виходить звідти набагато більше, ніж було спочатку. Цей кристал використовують для різних цілей. Я точно не знаю, для яких. Він теж обгороджений. Його оточує стіна. Стіна заввишки приблизно до сюди (десь до пояса). Кристал можна бачити, але не можна підійти до нього. Кристал встановлений на постаменті за стіною. Він обгороджений, навколо нього можна затулити напівкруглі штори. (Судячи по рухах рук Садді, це був великий кристал, підставки якого була приблизно шістдесят квадратних сантиметрів. Однак кольору він був невизначеного). Колір змінюється. Він завжди різний. Буває, подивишся - він здається блакитним. Подивишся знову - і він уже пурпуровий, а може, зелений, або ж ... Завжди різний.

Саддам не знав, звідки взявся кристал, він знаходився в бібліотеці «скільки я себе пам'ятаю». Стіна призначалася для захисту. У кристалі була така сила, що він спалахнув би, якби до нього доторкнулися. Тільки одна людина може наблизитися до кристалу.

С: Мехалава, учитель містерій. Він вміє направляти енергію в кристал, і учні, яких він цього навчає, теж вміють. Вони зосереджують свою енергію на ньому, а він переправляє її в цей кристал, і потім вона по-різному використовується - як саме, ми не знаємо, та нам і не дозволяється знати.

*Д: Ти хочеш сказати, що енергія учнів накопичується в учителя, а потім направляється в кристал, а не кудись інде?*

С: Потім вона виходить з кристала і її можна використовувати як завгодно. Вони вміють спрямовувати енергію в певне русло або концентрувати її там, де побажають. Кажуть, що у Мехалави воля найсильніша. Він дуже старий і жде, коли народиться такий же, як він, щоб передати йому свої обов'язки. Це почнеться, коли народжений буде ще зовсім маленьким. Частина знань була передана, але не всі. Мехалава повинен навчити таким речам, які невідомі більшості з нас. Кажуть, що колись у всіх були такі знання, і через це відбулося багато зла. Тому тепер до них допущені лише обрані - ті, кого вважали досить відповідальними для володіння цими знаннями. Їм це дозволяється, щоб знання могли передаватися далі до тих часів, коли всі зможуть ними володіти і ставати від цього кращими. Тому він (Мехалава) - ланка ланцюга, яка робить знання безперервним.

В одній з будівель археологи виявили дві підстави для колон, розташованих незвичайним чином. Вони були вкопані в землю поруч одна з одною, як ніби служили підставкою для чогось. Вчені не змогли пояснити знахідку. Чи можна припустити, що це і був згаданий Садді п'єдестал, на якому був встановлений кристал?

Я спробувала дізнатися що-небудь про містерії, яким, можливо, навчався Садді.

С: Мені заборонено про це говорити, це частина зобов'язань. Поки учень не пройшов підтверджень, йому забороняється говорити.

Я спробувала обійти цей бар'єр, і запитала, яких предметів торкалися містерії, скажімо, Закону або історії. Я думала, що ми зможемо легко отримати інформацію від Садді в юному віці, проте його і тоді пов'язувало зобов'язання зберігати таємниці.

С: Ні, вони стосуються ... Інших речей. Частково вони мають відношення до використання духу. Це джерело великої сили.

Він категорично відмовлявся повідомити ще щось про містерії, тому я вирішила змінити тему. Може, пізніше я зможу з'ясувати більше обхідним шляхом.

Д: *Ти говорив, що кристал був основним сховищем енергії? Скажи, а чи знаєш ти про якісь метали, які теж накопичують енергію?*
С: Є кілька. Золото ... Мідь, до певної міри. Це залежить від того, які вібрації ти хочеш отримати. Вони виконують різні завдання. Скажімо, більш високий рівень - у срібла або золота, нижчий - у міді і бронзи. Камені тримають найбільший запас.
Д: *Здається, у вас є багато таких знань, яких немає у інших людей.*
С: Ми повинні постаратися зберегти їх живими і дієвими - так, щоб вони не були забутими.

# Розділ 8

# Дванадцять заповідей

Під час цього сеансу я розмовляла з Садді, якому було дванадцять років. Я припустила, що він недовго пробув в учнях, але він заперечив, сказавши, що йому здається, ніби це було завжди.

С: Про інших не знаю, а тут, де ми живемо, починають вчитися у шість-сім років. Є у нас діти євреїв. Є сирійці. Є і єгиптяни. Багато хто. Ми всі різної крові, але ми однієї віри, і у нас у всіх одна мета. Ми ті, хто вірує в Бога-Аббу і збираємося тут, щоб нести світло до світу, туди, де немає нічого, крім темряви.

Зауважте схожість між цим висловлюванням і словами, що Ісус був світло світу.

Д: А я чула, що єссени - це релігійне об'єднання.
С: Ми релігійна група в тому сенсі, що ми віримо в Бога. Але сказати, що наш шлях - це релігія, буде не зовсім так. Тому що такий шлях, напевно, обмежує. У нас не так. У нас є набагато більше, тому що ми захищаємо і зберігаємо знання, ми допомагаємо нести знання і світло у світ.

Поки я розмовляла з ним, він переписував частину з Тори. Я подумала, що єдиною причиною для копіювання тексту було б те, що сувій був у поганому стані або пошкоджений. Але він сказав, що оригінальна "шкіра" була ще міцна. Його батько вважав, що хлопчик краще запам'ятає текст, якщо запише його.

С: Він каже, що це допомагає. Моя голова настільки забита всякою всячиною, що він пробує все. У мене погана пам'ять. Що тут поробиш?

Мене цікавила їхня методика писання. Садді сказав, що коли вони практикували, то використовували глиняні таблиці, тому що їх ніхто не збирався зберігати. Тільки те, що призначалося для збереження, писалося на папірусі.

С: З цими глиняними табличками учневі простіше побачити, як складається слово. Він бачить його в табличці і на дотик пізнає, що це таке. І потім, це дешевше, легко наробити ще табличок з глини або воску, а потім розмочити або розплавити їх і зробити нові. Ну а папірус - якщо на ньому написано, то так воно і залишиться.

Він використовував стилус - це загострена паличка, щоб писати на папірусі. Стилус вмочують у чорнило або пишуть пензлем. В основному Садді писав арамейською мовою, яка була його рідною мовою. У той час я нічого не знала про мови в його частині світу, і моє запитання про арамейський алфавіті викликало замішання. Садді уявлення не мав, про що я говорю, до того ж завжди важко пояснити простими словами те, що тобі добре знайоме. Мені ніколи не спадало на думку, що люди в інших краях можуть не користуватися літерами так, як ми. Ці сеанси були дуже пізнавальним і для Кеті, і для мене. Садді спробував пояснити, що їхня мова складається не літер, а зі звуків. Я не розуміла, що він мав на увазі. Пізніше, коли я почала проводити дослідження, я виявила, що мови в частині світу, де жив Садді, значно відрізняються від наших. Вони використовують символи, подібні до стенографічних. Кожен символ означає звук, а зі звуків складаються слова. Садді був абсолютно точний, і не дивно, що я не могла йому втовкмачити, чого я від нього хочу. Я попросила його прочитати щось з того, що він копіює. Під час декламації він вимовив кілька слів, які були виразно чужою мовою, а потім повільно заговорив по-англійськи, як би переклав те, що було у нього перед очима.

С: Це частина Заповідей Мойсея. Тут говориться про ... це говорить ... Я Господь, Бог твій ... Хай не буде в тебе інших богів, крім мене. Ми не повинні сотворяти кумирів з каменю ... для поклоніння. І ми повинні ... шанувати свого батька і матір свою. І ... не убий, і не кради, і не чини перелюбу. І ще багато чого. Мойсей був великим творцем законів. Це лише деякі з перших. А у нього там є ще і ще.

Було очевидно, що він читав текст Десяти Заповідей, але я була просто вражена, коли він сказав, що є дванадцять заповідей. Однак я не могла більше нічого домагатися від нього протягом того сеансу.

Пізніше, коли я розмовляла із Садді вже як із старшим чоловіком, я подумала, що ось з'явилася чудова можливість запитати його про додаткові заповіді. Я привела його до важливого дня, коли йому було близько сорока років. Він здійснював свою щоденну медитацію. "Коли я це роблю, я почуваюсь дуже добре. Я відчуваю грунт під ногами, ніби основу, з якої можна почати роботу". У цей день він медитував, щоб заспокоїтися, тому що це був для нього дуже важливий день.

С: Сьогодні я маю пройти випробування, і буде прийнято рішення: чи достойний я носити синю пов'язку.

Коли ессен заслужив право носити синю пов'язку на чолі, це значить, що він досяг звання майстра-наставника. Іспит був останньою вимогою і вершиною усіх його років навчання.

С: Людина переходить багато уроків, тоді його перевіряють старійшини, щоб дізнатися, наскільки добре він засвоїв вивчене. Людина може мати великі знання, та не мати їх розуміння, і тому від таких знань мало толку. Щоб бути майстром, треба мати знання і розуміти їх. Що б ти не вивчав - Закон або зірки або що-небудь ще. Ти повинен розуміти речі, щоб бути майстром. Тому тебе й перевіряють старійшини. Вони всі задаватимуть мені питання, щоб виявити моє розуміння.

Д: *Іспит буде тривалим?*

С: (Цілком серйозно). Ні, якщо я провалюся відразу. Це також може тривати досить довго. Але я не провалюсь. Відповіді прийдуть.

Я подумала: це чудовий час, щоб запитати його про додаткові заповіді, бо не виключено, що це питання йому можуть задати під час іспиту. Він зітхнув і почав називати їх вголос, рахуючи на пальцях.

С: Перша: Я Господь, Бог твій, нехай не буде в тебе інших богів перед лицем Моїм. Не створи собі кумира. (Глибоко зітхнув.) Шануй свого батька та матір. Пильнуй дня суботнього і святкуй його. Не кради. Не чини перелюбу. Не жадай … чужого майна. Ох ... Я повільно пригадую. Це вже сім? Не будеш слідувати шляхами Ваала.

Садді розстроївся і забув, скільки заповідей він назвав. Але я вже почула про одну, про яку не знала досі, про Ваала. І я сказала йому, що це була добра підготовка до зустрічі зі старійшинами. Він глибоко зітхнув. "Думаю, я нервуюся більше, ніж я…" Тоді, зовсім несподівано, задав мені питання: "Хто ти?" Я насторожилась. Треба було думати швидко. Я й раніше часто запитувала себе: як суб'єкти сприймають мене або чи сприймають взагалі. Чи бачать вони мене як реальну людину, чи я просто голос, що дзижчить у їхній голові? Іноді їхні відповіді, здається, припускають, що вони бачать мене, але я їм чужа. Під час одного з сеансів суб'єкт побачив мене в одязі, який носять люди в його культурі, але попередив мене, що я ставлю занадто багато питань, і це було небезпечно. Здебільшого я вважаю себе просто голосом. Думаю, що в той момент Садді сприйняв мене інакше, оскільки знаходився в стані медитації. Це, можливо, зробило його більш чутливим до моєї присутності. У минулому, коли це траплялося і таке питання виникало, я просто казала, що я друг - і цього було достатньо. Не знаю, чому так, може, досить було запевнення, що я не бажаю їм нічого поганого. Я запитала Садді, чи не турбує його розмова зі мною.

С: Це збуджує мою цікавість. Ти тут, однак тебе тут нема. Я думаю, ти ... не з нинішнього часу. Ніби би ... ти тут в дусі, але не в тілі.

Мені стало моторошно від того, що, можливо, внаслідок якихось невідомих нам процесів я перенесена в глиб часів і явилась йому - цьому нещасному, збитому з пантелику чоловікові. Це було дивне відчуття, ніби знаєш, що існуєш в двох місцях одночасно. Але, по суті, хіба не те ж саме відбувалося з Кеті? Мені потрібно було проявити обережність, щоб не потривожити і не налякати Садді, тому я постаралася розвіяти всі побоювання, які у нього могли з'явитися, щоб можна було продовжити роботу.

*Д: Тебе це тривожить?*
С: Трохи. Ти мій наставник?
*Д: О, я не думаю, що маю таке високе положення. Ні, я більше схожа на опікуна. Мене дуже цікавить твоє життя і чим ти займаєшся. Ти не проти цього? Я не маю ніяких поганих намірів.*
С: (Підозріло) Ніяких поганих намірів? Я відчуваю ... тепло, що виходить від тебе, проте деякі дуже обізнані люди можуть виявляти багато чого.
*Д: Я бажаю тобі лише добра. Тому я і задаю стільки питань - я хочу знати про час і про місце, в яких ти живеш. Я прагну знань.*
С: Так, ти дуже допитлива. Я бачу образ, але це ... як ніби ти не тут. (Чи було це схоже на образ в сновидінні?) Я не відчуваю нічого злого в тому, щоб говорити з тим, хто не живе в тілі, але не всі вони доброзичливі.

Я старалася відвернути його думки від моєї особи, тому знов повернула мову до дванадцяти заповідей. Він зітхнув і знову почав рахувати на пальцях. Цього разу він включив іншу: "Стався до ближніх так, як хочеш, щоб ставилися до тебе". Це Золоте Правило і зазвичай не входить до Десяти Заповідей. Я запитала про це.

С: Ти повинен пам'ятати: Стався до інших так, як би ти хотів, щоб ставилися до тебе. Бо це те, що ти понесеш із собою далі. (Чи мав він на увазі карму?)

Д: *Це має сенс, але ми ніколи не ставили цю заповідь разом з іншими.*

С: Як ні? Я чув, що ті, хто поклоняється не тільки кумирам, але й одному з Ваалів, намагалися вилучити ту заповідь за часів Мойсея - через золотого тільця. Але я не чув, щоб хтось вилучив ту заповідь, "Стався до інших так ...". Про таке не чув. Це було б дуже неправильно.

Я погодилася, що це гарний закон і поєднується з іншими.

Під час іншого сеансу я нагадала Садді про іспит і запитала, чи склав він його успішно. Він навіть образився.

С: Хіба не ношу я синю пов'язку? Звичайно, я став наставником! Хіба можна стати наставником, не склавши іспиту?

Отже, на він був уже наставником, маґістром закону, Тори, але вважав, що в свої сорок шість років він уже дуже старий. Я не погоджувалася, але він наполягав: "Але це так! Це такий вік, до якого багато чоловіків не доживають! (Зітхає). Я старий чоловік.

Я почала думати, що якщо чоловік сорока років в той час вважався вже старим, то Ісус до моменту його розп'яття не був молодим чоловіком. У свої тридцять з невеликим в той час він був людиною принаймні середнього віку.

# Глава 9

# Медитація і чакри

Про вправи з медитацією Садді згадував двічі: один раз, коли він був ще дитиною, а другий - коли уже став дорослим. Думаю, не так уже й неймовірно припускати, що Ісус теж навчався цьому, якщо медитації були звичним явищем у Кумрані.

Садді-хлопчик казав, що перерви для медитації були кожного дня.

С: Ми просто сидимо, дуже тихо і повинні думати про те, як ми дихаємо, і зосереджуватися на цьому деякий час. А коли дихання уже під твоїм контролем, ти вже досить добре розумієш, що немає потреби думати про нього. Тоді треба на чомусь зосередитися. Вибираєш предмет і вибираєш точку, десь посередині, на якій треба зосередитися, і стаєш з ним одним цілим, вивчаючи і пізнаючи його. Потім треба вийти за межі предмета. Коли ти станеш єдиним з ним і зрозумієш це, тобі треба "роззосередити" точку концентрації так, щоб не залишатися більш в центрі предмета, але бути поруч, так, щоб він підпорядковував собі все навколо, все, що оточує тебе. Я не дуже добре це поясную. Дітей навчають цьому десь з трьох-чотирьох років.

Отже, тренування розуму в Кумрані починалася з дуже раннього віку. Якось під час сеансу, де Садді постав переді мною як людина старшого віку, він сказав, що цар Ірод (очевидно, Ірод Перший) скоро помре. Схоже було, що він отримав цю інформацію за допомогою медіуму, і я поцікавилася, чи мали цей дар інші люди в громаді. Садді здивувався.

С: Хто ж його не має? У кожного є те, що і я знаю. Кажуть, що в своєму повсякденному житті люди, може, і не такі ... як це? ... обдаровані? Але нас вчать з юних років тримати розум відкритим для всього. Це здатність, яку треба в собі виховувати і розвивати. У всякого є така здатність, проте якщо ти, доживши до тринадцяти років, жодного разу не пустив її в хід, закрив їй дорогу, то починаєш втрачати цю здатність, щоб закрити прогалину. Часто буває так, що ти живеш серед людей, які позбавлені психічних здібностей, і вони не чують тебе і не зрозуміють, про що ти говориш. І ось ти замикаєшся в собі, тому що твоя сила занадто велика. А якщо проводити все своє життя замкненим, то відкритися буде дуже нелегко.

Д: *Тринадцять років - це якийсь особливий вік?*

С: Просто це такий час, коли з тілом відбуваються зміни. Кажуть, що існує тісний зв'язок між цими двома речами. Я не дуже в цьому впевнений, бо не заглиблювався. Але про це я чув: коли у хлопчиків починається змужніння, а у дівчаток розквітає їх жіночність, в цей час в людині розкривається все. Набагато значніше, ніж будь-коли до того, якщо тільки ти сам не станеш на перешкоді. (Схоже на настання статевої зрілості.)

Д: *Тоді, значить, слід розвивати надзвичайну здатність до цього віку?*

С: Так, принаймні ти повинен знати про неї, щоб та сила не злякала тебе і щоб ти не перекрив їй дорогу. Є багато різних вправ для зосередження, до яких можна вдаватися. Найпростіше - це взяти який-небудь предмет, щось, на чому ти концентруєшся, і вибрати його як центр зосередження. Ставиш його перед собою, дивишся на нього і зливаєшся з ним воєдино. І в міру того, як ти концентруєшся на ньому, ти зводиш свою увагу до цієї однієї точки. А коли все повністю сконцентровано, ти просто відпускаєш його. (Він робить рух руками, наче відпускаючи, відкидаючи щось.) Коли ти це відпустиш, то починаєш відчувати і помічати усе навколо себе. І щоразу ця відчутність стає виразнішою, ніби говорить до тебе.

Д: *Чи це може нести в собі якусь небезпеку?*

С: Ніколи ні про яку небезпеку не чув. Я не став би робити його там, де тебе можуть перервати або різко розбудити. Встановленого часу для цього нема - воно може тривати скільки завгодно. Кожен раз, напевно, воно буде тривати все довше, поки ти сам не відчуєш, що тобі досить.

Я багато разів розмовляла з ним, поки він медитував. Нерідко він потирав великим пальцем правої руки точку в середині чола. Мені хотілося знати, чому саме це місце, бо я знала, що там розташована міжбрівна чакра, або Третє око. Цього разу, коли він так зробив, я зважилася задати питання. "Це звичка. Це спосіб зосередитися. Це потрібно для того, щоб сконцентрувати енергію, зібрати свої думки. Це енергетична точка".

Тим, хто вивчав метафізику, його опис здасться дуже знайомим. Вираз "енергетична точка" добре підходить для визначення чакри. Чакри - це, по суті, і є енергетичні точки, розташовані в різних місцях нашого тіла. На них можна впливати подумки або фізично, щоб управляти здоров'ям свого тіла і пробуджувати психічні здібності та усвідомлення. Відповідно до сучасних уявлень, вони розташовані в семи частинах тіла:

1. Коронна чакра: на маківці голови, куди повинна входити енергія тіла;
2. Міжбрівна або Третє око: розташована посередині чола;
3. Горлова чакра: розташована в передній частині шиї;
4. Серцева: розташована посередині грудної клітки;
5. Чакра сонячного сплетіння: розташована в центрі живота;
6. Селезінка або Сакральна чакра: розташована трохи нижче пупка;
7. Чакра Кореня: розташована поблизу статевих органів, між ногами.

Енергія повинна входити через коронну чакру і активувати кожну із чакр по черзі, коли вона проходить через тіло. А надлишок її вивільняється через ноги.

Оскільки він називав їх енергетичними точками замість чакр, я вживала його термінологію. Він сказав, що потираючи цю точку на чолі під час медитації, він таким чином допомагав стимулювати її. Мене завжди вчили, що під час медитації треба сидіти нерухомо, і я спитала Садді про це.

С: Існують різні форми медитації. Вся медитація в основному є зосередженням. Чи зосередженість на точці, що знаходиться тут (вказав на чоло), чи зосередженість на точці, що знаходиться поза тобою - ви самі. Вся медитація - це зосередження всіх ваших думок і енергій на одній точці.

Я запитала, чи є в тілі інші енергетичні точки. Він вказував по черзі на різні місця звичайних чакр, за винятком однієї, додаткової до відомої групи чакр. Він вказав дві точки на верхній частині грудної клітки, по одній з кожного боку. Також він показав по одній точці на кожному коліні. Я запитала про додаткову в області грудей.

С: Одна розташована в області серця, а є й інша енергетична точка. Вона не у всіх людей відкрита. Це та точка, яка здебільшого втрачена.
   Іноді вона зрушена в бік, це залежить від людини. Ну, ось як у мене. А ще є точка на потилиці, біля основи. (Він вказав на свою потилицю, де голова з'єднується з хребтом.) Активізувати її небезпечно. Це може викликати багато проблем. Але все одно вона там є. Важливо не стимулювати цю точку. Більшість людей не здатні дати раду з активізацією. Це дуже могутня сила. Я знаю тільки одну людину, у кого вона відкрита і активізована, і він великий будівничий свідомості. Він учитель містерій. (Чи не той це чоловік, який умів направляти енергію у величезний кристал і керувати нею?) Це занадто потужна сила для більшості людей.

Я запитала про коронну чакру, ту, що у верхній частині голови.

С: Це не обов'язково енергетична точка, але це те місце, де енергія входить в тіло. Так само і ноги - вони не є насправді енергетичними точками, через них енергія виходить із тіла.

Я поцікавилась, чи одні з енергетичних точок важливіші, ніж інші.

С: Вони всі однаково важливі. Все залежить від того, що ти хочеш стимулювати, що ти збираєшся робити зі своїм життям. Якщо ти шукаєш знань, то добре активізувати ось цю точку (на лобі). Точка на горлі для того, щоб позбутися всяких проблем зі здоров'ям, а також регулювати рівень енергій. Та точка, що в області серця, призначена для чистої енергії, яка розливається по всьому тілу. А інша (теж на грудях) відноситься до твого іншого джерела енергії та інших знань. Як би це пояснити? Вона потрібна для енергій, за допомогою яких ти отримуєш владу над істотою, яка може знати речі, невідомі іншим - вона просто знає, і все. Це потрібно для духовного контакту. У більшості людей вона закрилася назавжди.

Це звучало так, ніби це має багато спільного з психічною або інтуїтивною здатністю, оскільки більшість людей втратили здатність цим користуватися. Хіба це не та чакра, що була відкрита за часів Калуу (див. Розділ 15)?

С: (Вказує на область сонячного сплетіння.) Ця потрібна для збереження своєї цілісності. Вона знову ж важлива для рівноваги і відповідає за зв'язок між твоїм вищим "Я" і твоїм тілом. Вона відповідає за цей зв'язок і за те, щоб зберігати вище "Я" і тіло в цілісності і єдності. (Він вказує на дві точки в області живота - на сакральну і кореневу чакри.) Ці ось пов'язані з чоловічим або жіночим началом. Так, щоб у людини переважало або те, або інше. Якщо у жінки сильніший чоловічий центр, виникають емоційні проблеми. А якщо в чоловіка сильніший жіночий центр, йому буде дуже складно зрозуміти, хто він такий.

<u>Медитація і чакри</u>
Чи може це бути ознакою гомосексуальності, раз ці чакри функціонують не так, як у більшості людей? Я запитала про метод стимуляції інших чакр.

С: Існують різні методи стимулювання, які впливають на різні місця. В деяких випадках ти просто звертаєшся до внутрішнього центру, оточеного світлом, і відчуваєш, як в тебе вливається енергія ззовні. Це, напевно, найпростіший спосіб. Є й більш складні способи, але для цього потрібно вчитися довгі роки. Ти посилаєш енергію через верхню частину голови в потрібну частину тіла. Коли ти починаєш відчувати в ній поколювання, це значить, що енергія вже там і ти переправляєш її звідти якийсь час. А потім перекрий їй шлях з обох кінців і випусти через ступні ніг.

Д: *Чи це не шкодить людині якимось чином, якщо зупиняти рух енергії, не звільняючись від неї?*

С: Надмірна стимуляція - так. Може бути велика шкода, якщо людина не є емоційно чи фізично здатною обробляти енергію. Ти можеш накопичити занадто багато енергії. Її треба направити в інші місця.

Д: А ти можеш передати свою енергію іншій людині?

С: О, так! До цього часто вдаються цілителі. Ти повинен подумки направити енергію в бік тієї людини, а вже йому вирішувати, прийняти її чи ні. Ти не повинен цього нав'язувати комусь проти його волі. Ти тільки пропонуєш, і це все, що можна зробити. Якщо енергія не приймається, її треба направити на когось іншого або випустити через стопи. Вона повинна кудись піти.

Д: *Ти сказав, що небезпечно весь час накопичувати енергію. В чому небезпека?*

С: Якщо її не відпускати, то може статися ... може зупинитися серце, або перестануть функціонувати інші органи. Це не іграшки, з цим не можна легковажити.

Д: *Значить, ви вчите дітей небезпечним речам?*

С: Ні, тому що дитина більш сприйнятлива до почуттів. Якщо вона починає відчувати, що це занадто багато, то сама перестає її приймати. Діти до цього більш чутливі. В дитинстві простіше навчитися володіти енергіями.

Д: *Тепер маю краще розуміння енергетичних точок. Мій учитель не пояснив мені це так добре, як ти. У нашому суспільстві люди іноді беруть певні речі, такі, як міцні напої або щось рослинного походження, від чого поводяться інакше. Чи трапляється таке там, де ти живеш?*

С: Ти говориш, мабуть, про тих, хто п'є занадто багато вина. В нашій спільноті не вдаються до надмірностей. Не можу сказати, що у нас не п'ють, вино прийнятно пити. Але якщо забагато, то недобре. Це позбавляє волі. Ти замінюєш свою власну волю на волю когось іншого, і тоді тебе легко контролювати. Змінюється кровообіг і дихання. Це викликає багато такого, що ви називаєте "зміною характеру". Люди в подібному стані роблять багато такого, чого б вони ніколи не зробили за звичайних обставин, коли можуть контролювати себе.

Д: *Якщо ви збираєтеся групою в якомусь домі, скажімо, в храмі або синагозі, це підсилює вашу здатність чути Бога?*

С: Деяким людям потрібна сила іззовні, щоб сказати: "Так, я чув Бога". Якщо у тебе є віра, і ти щиро віриш, це дається так само легко, іноді навіть легше, ніж з групою. Хоча є й такі, кому необхідно розділяти молитви з іншими - тоді вони можуть більше довіряти собі, щоб відкритися, щоб почути.

Д: *Як ти думаєш, людям потрібен храм або синагога?*

С: Не всім. Потрібно тим, чия віра недостатньо сильна.

Д: *Правда, що будівлі мають властивість вбирати вібрацію людей?*

С: Позитивна вібрація накопичується точно так, як і негативна. Якщо в цьому місці сталося дуже багато чогось поганого, то там згущається негативізм. Якщо ж це місце, де було багато щастя і радості, це і буде збережено. Будинки можуть мати силу, яка може впливати на людину. Іноді це пов'язано з місцем, де стоїть будівля. Якщо це точка, в якій зосереджена значна енергія землі, вона може допомогти людині розкритися. Хоча це також може бути небезпечним для тих, хто занадто чутливий, занадто відкритий. Тоді ви повинні навчитись блокувати це.

Д: *Як можна знайти таке місце?*

С: Ти повинна взяти з собою когось, хто досить відкритий, щоб таке місце відчути, і та людина приведе тебе туди.

Д: *Якщо б ти хотів побудувати будинок, як би ти знав, де його поставити?*

С: Ти вирішуєш, в якому місці хочеш його збудувати, ходиш туди і знаходиш точку. Якщо вона є в тому місці, то тебе потягне до не, якщо ти відкритий. Буде відчуття всередині. Відчуєш енергію, яка тече через тебе. Ще може настати стан миру і спокою в душі.

*Д: Ти коли-небудь чув про піраміди?*

С: Вони в Єгипті. Це структура споруджена з ось такими гранями (Кеті зробила рух руками, звівши пальці як би на вершині трикутника), і кожна грань піднімається ось так, всього чотири грані, і вони сходяться в одній точці. Піраміда повинна бути певної висоти і певної ширини. Тобто висота і ширина не однакові - одна сторона є того ж розміру, що й інша, але має бути певне співвідношення в просторі - якщо ти розумієш, що я намагаюся висловити - це повинно бути однаковим для всіх чотирьох сторін. А основа повинна ... Рівняння завжди має бути рівним.

*Д: Яке призначення пірамід?*

С: Концентрація сили - це частина їхнього призначення, вони також є вмістилищем знання. Рівняння, як ми знаємо, говорить про відстані землі, планет і сонць. Там багато таких знань, які я не розумію. (Садді рішуче заперечував проти погляду на піраміди як на усипальниці царів). Хтось погрішив проти правди! Це якась велика облуда, щоб приховати знання від тих, кому не слід знати. Піраміди - це сховища знань. Запис тих знань - це самі піраміди. Є й інші склади, в інших місцях, в яких є сувої. А ці знання - в самих пірамідах. У тому, як вони побудовані, і в їхній математиці.

Оскільки він добре знав про Мойсея і його вчення, я поцікавилась, чи були піраміди за часів Мойсея.

С: Кажуть, що саме там їх початок. Цього я не знаю. Для себе я вірю, що вони були тут набагато довше, ніж будь-яке маленьке єгипетське царство. Це знання набагато більше, ніж знання будь-якого фараона, про якого я коли-небудь чув.

*Д: Ти знаєш, як вони були побудовані?*

С: Я чув багато різних міркувань. Я чув, що використовувалась рабська праця, що звучить неправдоподібно. Ніхто не міг би прогодувати людей, які знадобилися б, щоб будувати в цьому районі. Ще чув, що їх будували прямо на місці спорудження: ставили опалубку і заливали в неї будівельний розчин, він твердів, і опалубку знімали. Таке можливо, але вимагає часу.

Я ще чув, що вдавалися до музики, щоб піднімати тяжкі речі. Але це можливе на більш високих рівнях. Так що не знаю. Думаю, може, було всього потроху.

Піраміди явно були загадкою і в ті часи. Я ніколи не чула, щоб музику використовували подібним чином. Чи не мало це відношення до того, як жителі Кумрана захищались за допомогою звуку? Садді поставив ряд цікавих здогадок щодо пірамід, але не дав жодної виразної відповіді. Очевидно, що для розшифровки знань, які містяться в пірамідах, знадобляться спеціальні особи.

С: Щоб зрозуміти їх, потрібно багато років. Є ті, хто володіє такими знаннями і вони намагаються передати їх далі.

Д: *Ти знаєш, хто вперше зашифрував знання в пірамідах?*

С: Знову сказано, що ті, хто будував піраміди, були з Ур.

Гаррієт склала список різних термінів і назв, які вона почерпнула з книг. Насправді це була строката суміш фрагментів і уривків. Вона запитала Садді, чи чув він про Сфінкса, і він відповів, що Сфінкс - страж знань. Вона знов запитала: "Ти коли-небудь чув про ковчег Амона?"

Садді зробив кілька різких зауважень не по-англійськи. Потім він виправив вимову Гаррієт і відповів: "Так, це символ життя". Коли вона попросила виясніти, він огірчився: "Ти запитуєш, як ніби сама не знаєш. Твої питання самі показують, що ти обізнана. Навіщо?"

"Мені цікаво, якими символами це позначалося у твого народу. У вас є символ для цього? "Це звучало так, ніби він сказав: "Ковчег" (The ark). Я попросила його повторити, і це знов прозвучало так само, хоча я і не знаю, що це таке. Гаррієт: Чи у ваших писаннях є що-небудь про Гора (Horus)?

С: Так. Він перший з єгипетських богів ходив по землі, коли вона була ще новою. Кажуть, він ... як же це сказати… поєднувався із земними жінками, і так започаткувався Єгипет.

Д: *Це було до часів блукання Калуу?*

С: Це щось таке, що йде з глибини вічності. Немає можливості дізнатися, коли це було. "Це було до виміру часу".

# Розділ 10

# Перша подорож Садді в чужі краї

Садді народився і виріс у стінах Кумрану, ізольованої громади на вершині соляних скель, що оточують Мертве море. Я знала, що він не провів там все своє життя, бо в момент нашої першої зустрічі він був на шляху в Назарет, щоб побачитися з двоюрідним братом і його сім'єю. Мені було цікаво, що він пережив, коли вийшов за межі громади. Яким було його перше враження про зовнішній світ і що він думав про те, як жили інші люди. Тому я спрямувала його в той період часу. Садді було сімнадцять років і він готувався піти з караваном до Назарету. Він ніколи раніше ніде не був: Кумран - все, що він знав. Я сподівалася, що він може піти до великого міста, такого як Єрусалим, який був насправді ближче до Кумрана. Але оскільки я не знала нічого і про Назарет, я подумала, що було б цікаво розпитати про місце, де, згідно з Біблією, Ісус провів більшу частину своїх років. Караван часто зупинявся поруч з морем, щоб набрати солі.

С: Це так не схоже на те, до чого я звик! Караван такий великий, мабуть верблюдів двадцять, і від них усіх страшний шум-гам і вереск. І все відбувається одночасно. Я і нервуюсь, і захоплююсь.
Д: *Ти що-небудь береш із собою?*
С: Кілька речей - мішок з деяким одягом, трохи їжі та ще дещо.

Раніше Садді говорив, що коли б хтось виходив за межі громади, треба було одягатися інакше, щоб їх не впізнали. В інших землях люди не носили білі халати.

С: На мені ... (слово на чужій мові, яке звучало як "шардом") і арабський бурнус. (Бурнус - довгий плащ з капюшоном.) Він захищає від спеки і від сонця, так що можна терпіти. Бурнус схожий на халат, тільки так незвично, коли щось звисає з голови. Але все це радше цікаво. Це для мене як велика пригода, щось нове і захоплююче.

The Camel Caravan to Jerusalem

Караван верблюдів до Єрусалиму

Садді пішов один. Він збирався зустріти "людей з моєї родини", його двоюрідних братів, яких він ще не бачив. Вони жили в Назареті багато років. Він планував залишитися там на кілька тижнів, "щоб дізнатися, яке життя поза стінами". Вони мали зустрітися на площі, де караван зупинявся, щоб продати сіль. Я пересувала Садді вперед за часом до того моменту, коли похід завершився і він опинився в Назареті. Мені хотілося почути про його перші враження від міста. Здавалося, він був злегка розчарований: "Назарет такий маленький!" - "Тобі сподобалася сама подорож?" - "Так, окрім тряскої їзди. Було цікаво. Верблюди відомі своїм поганим характером, але було весело".

Караван ішов пару днів, зупиняючись тільки біля кількох колодязів на шляху та оминаючи всякі поселення. Я пам'ятала з Біблії деякі назви місцевостей, і мені подумалось, якщо я вставлю їх в розмову, то побачу, чи знає Садді, де знаходяться ті чи інші місця. "Ти знаєш, де Капернаум"? "Дай-но подумаю ... На північному березі Галілейського моря. Але точно не знаю, де саме". Коли пізніше я подивилася на карту в моїй Біблії, я особливо не здивувалася, знову переконавшись в тому, що Кеті була гранично точна. Ми вже звикли до цього. Іноді я задавалася питанням, навіщо я взагалі завдаю собі труду щось перевіряти - хіба що з любові до досліджень.

*Д: Галілейське море знаходиться поблизу Назарета?*
С: На відстані одного переходу.
*Д: Ти знаєш, де знаходиться місто Єрихон?*
С: На північ від нашої громади.
*Д: Ти коли-небудь чув про річку Йордан?*
С: Так, це річка, яка впадає в Мертве море.
*Д: Коли ви подорожували, ви йшли в тому напрямі?*
С: Ні. Ми йшли через узгір'я та гори.
*Д: А як щодо Масада? Ти коли-небудь чув про таке місто?*
С: Це на південь. І це не місто, це фортеця. Одного разу, коли Ізраїль був сильнішим, фортеця була оплотом оборони. Як я розумію, зараз все це занедбано.
*Д: Чи схожа місцевість навколо Назарета на землі біля Кумрана?*
С: Ні, біля Назарета більше зелені. Якщо вийти за місто, можна побачити дерева на висотах і оброблені поля. Навколо Кумрана, може, більше пагорбів і гір. Уздовж узбережжя Мертвого моря не дуже-то зелено. Там мало що росте, крім верблюжої колючки. А тут на пагорбах фруктові сади. Але Назарет - всього лише маленьке містечко. (Знову в його голосі зазвучало розчарування).

Д: *Назарет більший, ніж ваша громада?*
С: Здається, ні. Важко судити. Дай мені подумати. Територія, на якій розташоване місто, мабуть, однакова, але кількість людей та будівель - не до порівняння.

Це є ще одним свідченням того, що Кумран був більшим, ніж ділянка, розкопана археологами, бо Садді, даючи свою оцінку, можливо, мав на увазі площу житлової зони і обсерваторії.

Д : *Я думала, що Назарет - велике місто.*
С: Хто тобі це сказав? Назарет - це просто ... діра. Це ніщо.
Д: *Як виглядає Назарет очима приїжджої людини?*
С: Запилений. Дуже запилений.
Д: *Я маю на увазі, чи є навколо міста якісь стіни чи щось подібне?*
С: Ні, це відкрите з усіх боків село. Це не ... Це не можна назвати містом. Жалюгідне містечко.

Розчарування Садді було надто очевидним. Він думав, що матиме захоплюючу пригоду, а Назарет, схоже, не виправдав його сподівань. Він очікував чогось більшого. Садді сказав, що будівлі в Кумрані були зроблені з певного типу цегли. А будинки у Назареті ні.

С: Вони квадратні, в основному в один-два поверхи, з отвором на даху, щоб спати під зірками, якщо забажаєш. Вони відрізняються від кумранських виглядом: один такий, інший такий собі. Кожен виглядає по-своєму, один на інший не схожий. Тут все виглядає так, ніби їх будувала дитина і понаставляла їх, як попало. Ось на що це схоже. Ось в чому різниця. Будинки квадратні, але не поєднуються один з одним. Вони ніби не пасують один одному.

У Кумрані будівлі були з'єднані і мали набагато більш впорядкований вигляд. Я запитала, чи є у них якісь індивідуальні дворики зі стінами, що відокремлюють їх один від одного.

С: Це, як відомо, залежить від достатку людини. Якщо грошей побільше, буде і двір. Якщо сім'я бідна, то і двору нема. Бідні не можуть дозволити собі окрему землю під двір. Вона потрібна їм під оселю, або щоб прилаштувати ще кімнату, або під що-небудь іще.

Д: *Чи є у Назареті великі будівлі?*
С: Нічого такого в Назареті нема.
Д: *Ти бачиш воду? Звідки вона тече?*
С: З фонтана. Насправді це круглий отвір у стіні. Не знаю, це джерело абощо. Вода, здається, тече постійно. Тут спереду щось таке ... (насилу підшукує слово) як корито, куди можна поставити глек, щоб набрати води. Я не знаю точно, куди витікає вода. Повинен бути якийсь стік. Вода не перетікає через край того, що я бачу. Або вона десь виходить, або її вичерпують повністю. Але вона тече так швидко, що повинна кудись стікати.

Згодом я з'ясувала, що Назарет і сьогодні маленьке містечко. Руїни стародавнього Назарета знаходяться на пагорбі, далі від сучасного міста. Вернер Келлер у своїй книзі "Біблія як історія" дає порівняння місцевостей, на яких розташовані Кумран і Назарет. "Назарет, як і Єрусалим, оточений висотами. Але яка різниця між двома місцями, як вони не схожі зовні і атмосферою! В юдейських горах є щось похмуре і загрозливе (райони Кумрана). А м'які обриси пагорбів навколо Назарета, навпаки, виглядають приємними для ока. Сади і поля оточують маленьке село з його фермерами і майстрами. Гаї фінікових пальм, фіg і гранатів обрамляють навколишні пагорби своєю приємною зеленню. Поля засіяні пшеницею і ячменем, виноградники дарують свої чудові плоди, а узбіччя великих і малих доріг рясніють яскравими фарбами безлічі квітів". Келлер також пише, що з півночі сюди пролягала військова дорога римлян, а трохи південніше лежав караванний шлях. Старі караванні стежки є і біля Кумрана.

Келлер далі пише про Аїн-Маріам, Криницю Марії в Назареті. Це криниця біля підніжжя пагорба і наповняється вона з невеликого джерела. Жінки досі набирають там воду в глеки - так само, як і за часів Ісуса. Келлер каже, що це джерело називається Криницею Марії з незапам'ятних часів і забезпечує водою всю округу. Зараз криниця знаходиться вже не під відкритим небом, а всередині храму 18-го століття - церкви Архангела Гавриїла.

Зверніть увагу на надзвичайну схожість цих описів і тих, які дав Садді.

*Д: Ти бачиш який-небудь базар?*

С: (Нетерпляче): Ми ж знаходимося на базарі. Це така собі квадратна місцина, фонтан - і все. Хіба ти не бачиш? Оце і все!

*Д: (Я засміялась): Ну, я думала, що це більше місто і що базар є ще десь.*

С: Я не знаю, хто тобі розповідав про Назарет, але я думаю, що ти мене розігруєш.

*Д: Гаразд, будь терпеливим зі мною, будь ласка. А як на базарі, дуже жваво?*

С: Якщо ти називаєш кілька кіз і хлопчаків, що там бігають, та жінок, які базікають собі в стороні, то жвавий, так. Але я так не думаю. Хоча зараз полудень, майже всі пішли додому подрімати або поїсти. Занадто спекотно, щоб стояти тут і вести якусь торгівлю.

Я поцікавилась, як люди на базарі захищаються від сонця.

С: Якщо вони не бідні, то можуть поставити якийсь переносний намет, щоб можна було прикривати голови. Але дуже бідні не можуть собі цього дозволити.

*Д: Твій двоюрідний брат вже прийшов?*

С: Ні, він скоро з'явиться. Сподіваюся, що скоро, я дуже голодний. Я ще маю трохи їжі з того, що взяв у дорогу, але все ж я волів би добре попоїсти.

*Д: Ти маєш гроші?*

С: У мене є кілька шекелів, які батько поклав мені в торбинку навколо пояса.

*Д: Ти казав, що в Кумрані ви не вживаєте грошей.*

С: Нема потреби. Що ти там купиш? Ніхто нічого не продає.

*Д: Як виглядають гроші?*

С: Ті, що я маю, круглі і із срібла. Ці монети мають дірочку у верхній частині, так що їх можна нанизати на шкіряний шнурочок в гаманці і зав'язати, щоб не загубилися.

Не всі монети мали такі дірочки. Садді думав, що монети спочатку були зроблені без дірок, це пізніше їх хтось пробив. Я запитала, чи є на монетах якісь зображення (щоб пізніше, думала я, їх можна було перевірити).

С: На деяких є. Інколи важко сказати, що там зображено і якими вони колись були. Є монета, у якій на одній стороні летить птах, а на іншій - обличчя чоловіка…, як мені здається. Насправді я не зовсім впевнений, монета дуже стерта. А про інші нічого сказати не можу. Сторони монет на дотик шорсткі, як ніби на них щось було, а потім стерлося.

Д: *Ти знаєш, де твій батько дістав ці монети?*

С: Звідки мені знати? Я не питав, він не говорив. Він сказав, щоб я витрачав їх розумно. І щоб добре ховав, бо можуть вбити навіть за малу монету.

Д: *Якщо б люди побачили, що ти маєш гроші, вони б подумали, що ти багатий, чи не так?*

С: Мене не переплутали б з багатим.

Д: *Яке в тебе перше враження від зовнішнього світу?*

С: Думаю, вдома я почувався б набагато краще.

Д: *Чи здається тобі, що люди тут інші?*

С: Люди однакові. Можливо, трохи обмежені. Вони не цікавляться нічим, дбають лише про своє щоденне виживання.

Д: *Чи ти бачив там солдатів?*

С: Чому б там мали бути солдати? Гарнізону нема, якби був гарнізон, то були б і солдати. А так їм нема де жити. Ми не воюємо з римлянами. Вони знають, що вони завоювали наш народ, тепер їм нічого хвилюватися. У них є гарнізони в інших місцях, то для чого їм тримати війська тут? Тут нічого не діється. Вони стоять у великих містах, а також там, де можуть статися заворушення. Хто б колись сюди міг прийти і робити проблеми?

Д: *Ти коли-небудь бачив римських солдат?*

С: Ми бачили їх кілька днів тому, вони проскакали мимо на конях.

Д: *Що ти про них подумав?*

С: У мене не було нагоди зустрітися з ними, тому не можу щось такого сказати. У них були шоломи і блискучі мечі. Вони були одягнені в якусь шкіру, по виду здавалося, що в ній мало б бути нестерпно гаряче.

Очікуючи своїх родичів, Садді вже починав проявляти нетерпіння. Він сказав, що у них є син його віку.

*Д: Може, ви ще подружитеся, поки ти будеш жити у них.*
С: Може. Побачимо.
*Д: Чи доведеться тобі працювати, поки ти будеш тут?*
С: Аякже! Хто не працює, той не їсть. Так прийнято. Як же інакше.

Я вирішила не чекати більше, і направила його вперед, до пори, коли він прибув до дому свого двоюрідного брата. Побачивши дім родичів, його загальне розчарування від Назарета трохи згладилося. Дім був невеликий, стояв на узгір'ї в кількох кілометрах від Назарета і сподобався Садді.

С: Середнього розміру, кілька кімнат, але це давало відчуття простору, відкритості. Дуже гарний дім на узгір'ї і дає відчуття свободи. Тут немає людей, які постійно говоритимуть вам робити те або інше. Тут є можливість заглиблюватись у себе, вивчати себе і полягати на себе більше, ніж на інших. Це це дуже добре. У Кумрані завжди був хтось поруч.

Від моменту, як Садді побачився зі своїми родичами, він став почуватися як вдома. Вони відразу впізнали один одного, ніби були старими друзями. Сім'я складалася із Сахада, його дружини Тресмант і їхнього сина Сіва. У них був виноградник і вони продавали виноград і оливки або обмінювали їх на інші продукти та всякі різні речі. Собі залишали стільки, скільки було потрібно, і також робили достатньо вина для сім'ї. Тримали кількох овець - для вовни. Для допомоги на винограднику був працівник.

Здебільшого Садді спав на даху, там було набагато тихіше і прохолодніше. Він любив засинати, дивлячись на зірки. Постіллю йому служила підстилка з очерету покрита кількома ковдрами. Їжі було вдосталь, він навіть познайомився з новими видами харчування, яких раніше не знав. Зокрема, незвичним для нього виявився такий овоч, як капуста.

С: У них є інжир, є рис. Це щось інше, ніж те, до чого я звик. Я не впевнений, що мені це подобається більше, ніж і пшоно або ячмінь.

Д: *Вони знайшли тобі якусь роботу?*

С: Я просто допомагаю в усьому, що робиться протягом дня в домі чи в полі. Ми разом доглядаємо за господарством.

Д: *Значить, ти не дуже сумуєш за Кумраном?*

С: Мені подобається гостювати. Я вчуся тут, тільки по-різному, не із сувоїв.

Садді мав бути у брата цілих два місяці. Може, це був правильний вибір для першої поїздки молодої людини за межі рідних стін. Назарет був маленьким і тихим селищем. Якби Садді відправився в таке місто, як Єрусалим, це могло б стати для нього великим потрясінням. Для того, хто виріс в настільки замкненому оточенні, як він, пробудження було б занадто різким.

Д: *Як ви вираховуєте місяці?*

С: Дні позначаються на календарях. На них є точки, які показують, в якій фазі знаходиться місяць, і як день пройде, позначки знімаються. Так ми дізнаємося, коли проходить один місяць і починається інший - за фазами місяця.

Календарі представляли собою глиняні таблички. Місяців було дванадцять, за числом дванадцяти колін Ізраїлевих, і в кожному місяці було двадцять дев'ять днів, це відповідало місячним циклам. Я спробувала дізнатися від Садді якісь назви місяців. Він заплутався і не зміг відповісти. Лише назвав шість різних слів, які не були англійськими, і я не можу їх записати.

С: Я знаю, що їх дванадцять. Я не знаю, як їх відраховують (місяці). Це є частиною щоденної роботи рабинів. Вони дають нам знати, коли настають свята.

Мої дослідження підтвердили, що і тут Садді не помилився. Святкові дні оголошувалися Синедріоном в Єрусалимі, а тоді всюди розсилалися гінці, щоб сповістити про це усіх рабинів. Тривалість місяця залежала від фаз місяця, фаза проходить повний цикл приблизно за двадцять дев'ять з половиною діб, причому новолуння рахується як двадцять дев'ятий день. В ті давні часи у місяців не було назв, тільки порядкові номери: перший місяць, другий місяць і т. д.  Він розумів слово "тиждень". Тиждень тривав від однієї суботи (Sabbath) до наступної і складався з семи днів. Він збентежився, коли я попросила назвати дні тижня. Він не розумів, що я мала на увазі. Вони знали, що наступила субота, тому що відраховували день за днем.

Я була здивована, дізнавшись, що і тепер в єврейському календарі дні тижня не мають назв.  Вони мають цифри: неділя - 1-й день, понеділок - 2-й день, і т.д. Тільки у суботи є назва, хоча і вона часом називається день 7-й. Це було те, про що ми, американські протестанти, навіть не підозрювали. Ми звикли мати імена для днів і місяців. Це був ще один доказ надзвичайної точності Кеті. Я зробила наступний крок, продовжуючи ставити запитання в тому ж дусі: "Ти знаєш, що таке час?"

С: Це відстань від одного вузла до наступного на годиннику із шнурка. Шнурок підпалюють, і коли він згорить від одного вузла до наступного, значить минула година. (Це звучало так дивно, що я хотіла детальнішого опису). Це така штука, зроблена з цілого дуже великого шнурка. (Кеті руками показала товщину шнура - сім сантиметрів, а то й більше). Є також свічки з помітками - як догорить до помітки, значить, минула година.

Д: *Люди мають такі годинники вдома?*
С: Дехто може дозволити собі мати їх у себе вдома. Іноді в місті є лише одне місце, де можна дізнатися, котра година. У деяких містах немає навіть цього. Люди просто знають, який час дня по тому, де знаходиться сонце.

Це була його перша поїздка до двоюрідних братів у Назареті, але йому судилося багато разів повертатися туди протягом свого життя. Згодом він вже не ходив разом з караваном, а йшов пішки, з осликом, який віз його запас їжі, води і намет. Дорога займала щонайменше два дні, і Садді доводилося ночувати в дорозі. Якось я запитала його, чи не легше було б їхати верхи на ослі. Він відповів: "Напевно, але тоді треба було б мати ще одного осла, щоб нести поклажу, тому я йду пішки. Я втомлююся, але рухатись - благодатно для душі".

Назарет став його улюбленим місцем, куди Садді приходив, коли не вчив і не вчився. Живучи у двоюрідного брата, він часто піднімався на висоти для медитацій. Як він сам казав: "Я намагаюся злитися із Всесвітом. Я розмірковую над тим, хто я, що я, заглядаю в себе і осягаю, що я таке".

Там був спокій, який він так любив. Пізніше, коли він постарів і став надто недужим, щоб ходити пішки туди і назад, він залишився на постійно в тому домі над Назаретом, розташованому на узгір'ї. І саме в цьому мирному місці він і помер.

# Розділ 11

# Сара, сестра Садді

Чужинці у Кумрані зазвичай були рідкісними і нечисленними відвідувачами.

Д: *А як щодо людей, які просто блукали по пустелі? Чи дозволяли ви їм прийти і залишитися з вами на деякий час?*
С: В головну частину їх не впустять, якщо їх спершу не перевірять старійшини. Їм дадуть їжу та одяг і відправлять назад іти своєю дорогою.

Це пояснювало, чому інколи Садді не бажав говорити зі мною про те, що вони вважали таємницею: я для нього була чужинкою. Навіть працюючи разом досить довго, мені було ще дуже важко пройти крізь цю внутрішню захисну стіну.

Більшістю тих, хто приходив в Кумран ззовні, керувало бажання стати учнями. Це були ті, хто носив червоні пов'язки. Стати учнем у Кумрані було непросто. Старійшини повинні знати причини заявника, і він мав скласти іспит. "Не пройшов…" - Садді не мав можливості дізнатися, з чого складався іспит. Велика частина учнів народилися тут же, як, наприклад, Садді і його сестра Сара.

Сара більше не жила в Кумрані. Вона жила у Бетесді, що неподалік Єрусалиму. Я була здивована, що їй дозволили залишити громаду і перейти жити в інше місце.

С: А чому ні? Тут не тюрма! Це її воля. Це не той шлях, яким їй треба слідувати в цей час. У неї інше життя. Вона познайомилася з учнем, який … вони вирішили, що хочуть бути разом, одружилися і виїхали.
Д: *Значить, є люди, які не живуть все своє життя у вашій громаді?*

С: На світі багато людей. Звичайно, не кожен, народжений тут, хоче тут і залишитися. Є й такі, хто тут не народився, а бажають приєднатися до нас. Таким чином, щось приймається, а щось віддається. Один з тих, хто не був одним з нас, прийшов на місце того, хто вибув, щоб тільки дізнатися про нас і наші вірування та одержати частку наших знань. Він був з інших країв. Він вірив у деякі з наших слідувань і вчень, але він не був нашим. Його батько захотів, щоб він навчався у нас, і тому послав його набратись нашого досвіду.

Садді говорив про того, хто носив червону пов'язку. Можливо, він мав платити чимось за навчання, але Садді не був певний. Він пробув у громаді п'ять років, перш ніж він і Сара одружилися і виїхали жити в Бетесду. Учень міг закінчити курс навчання за п'ять років, але зазвичай це займало трохи більше часу. Це залежало від студента, його бажання вчитися і його здатність розуміти поняття. Я запитала, що робить чоловік Сари у Бетесді. "Він нічого не робить. Він багатий".

У мене виникло відчуття, що він скучає за сестрою, засмучений тим, що вона виїхала так далеко. З його голосу я зрозуміла, що він не любить обговорювати цю тему.

С: Його сім'я заможна, вони є членами Синедріону (фонетично: Сангадрін "Sanhadrin"). Це те саме, що римський сенат для Ізраїлю.

Д: *Ти казав, що вашим людям заборонено мати багато матеріальних речей. Коли хтось приїжджає, учень іззовні, скажімо, і він багатий, чи дозволено йому зберігати за собою його власність?*

С: Це залежить від того, який спосіб життя він вибирає. Одні приходять, щоб тільки повчитися і потім виїхати собі. Інші хочуть стати повноправними членами громади, тоді вони повинні віддати своє майно для нашого спільного користування. Це їхній вибір. Якби вони стали нашими членами, щоб залишитися тут, тоді так, це буде потім розділено між усіма людьми, щоб всякий узяв те, що вважає за потрібне. В іншому випадку все їхнє і залишиться їхнім. Оскільки він не мав наміру залишитися, йому не потрібно відмовлятися від того, що було його власністю. Він не став членом громади. У нас все зберігається у сховищі, і якщо у когось з нас є якась потреба, треба сказати про це, і якщо потреба підтвердиться, то тобі дозволять це взяти. Потреба задовольняється з того, що належить усім.

Це, мабуть, ті гроші, що Садді взяв з собою у свою першу подорож в Назарет.

*Д: А буває так, що майно або гроші віддаються власнику назад?*
С: Я ніколи не чув про це. Рішення залишитися приймається не відразу. Той, хто прийшов до нас, повинен багато думати і про свій вибір, і про те, чи приймуть його в громаду взагалі. Тому я ніколи не чув, щоб хтось захотів піти після того, як став членом громади. Рішення залишитися у нас не приймається легко і швидко. Воно приймається тільки після довгих роздумів і прохань про настанови і після медитацій зрештою. Однак це не завжди вимагає багато часу для прийняття остаточних рішень, люди ж різні. Але ми даємо їм можливість зробити свій вибір на власний розум. Потрібна глибока переоцінка цінностей, перш ніж рішення зміцніє. Все проходить по-різному у різних людей. Є ті, хто відразу знає, що це те, чого вони бажають до кінця свого життя. Начебто вони у нас народилися. Для інших потрібен якийсь час.

*Д: А що ти скажеш про тих, хто так і не став наставником?*
С: Ті, хто не став майстром-наставником, мають багато роботи. Призначення (вимовляється дивно) речей. Просто щоденні справи, які необхідно зробити. Багато роботи. Стати майстром-наставником - це шлях не для всіх.

*Д: Якщо чоловік і жінка одружені, живуть у громаді і мають дітей, чи очікується, що і їхні діти залишаться тут?*
С: Вони також мають вибір, як ось моя сестра. Це був її вибір піти з людиною, яку вона любить, щоб поділитися з ним своїм життям. І всім чоловікам і жінкам дається той самий вибір - хочуть вони залишитися тут чи ні. Вибір, як правило, не робиться перед Бар-міцвою або Бот-міцвою, але іноді вони знають задовго наперед, що вони не хочуть. І вони знаходять щось інше. Є багато доріг, що ведуть в одному напрямку. І всі вони часто зливаються воєдино.

Оскільки я нічого не знала про єврейські звичаї, до мене не відразу дійшло значення цього.

Пізніше мені розповіли, що Барміцва - це ритуал для хлопчиків, які вступають у вік зрілості і змужніння. "Бар" означає "син". "Бот" означає "дочка". Ботміцва - це досить новий обряд для дівчаток, який виник в основному завдяки жіночому визвольному рухові. Один рабин сказав мені, що цей ритуал не слід визнавати, тому що "яке 'змужніння' може бути у дівчат?" Мені здається, що хоча обряд Ботміцви й недавній, це не означає, що більш ліберальні єссени в Кумрані не мали такої церемонії. Вони вірили в рівність жінок. Жінкам дозволялося навчати і займати будь-яку відповідну посаду. Важливо, що Садді згадав обидва ритуали. Можливо, це відносилося до обох статей, що досягали повноліття.

Я дивувалася, чому Садді ніколи не одружився. Він сказав раніше, що карти народження обох повинні були бути відповідними, щоб парі дозволили одружитися. Можливо це було причиною? Може, не знайшлося нікого, чия карта вважалася б сумісною з його?

С: Я не хотів ... не так, що я не хотів. Я не одружився, тому що цього разу це не був мій шлях (зітхає). Людина, з якою я б зійшовся відповідно карті, народилася як моя сестра.

Д: (Це був сюрприз). *Хіба не знайшлося нікого, з ким ти міг би одружитися?*

Садді вже починав втрачати терпіння - він не хотів говорити на цю тему.

С: Я міг би одружитися, але знову повторюю, що це не був мій шлях. Коли я приймав рішення, яким має бути мій шлях, то після обговорення було вирішено, що цього разу я буду вчителем.

Я думала, що мені буде легко встановити, де знаходилась Бетесда, оскільки ця назва пов'язана з Біблією. У нас в Сполучених Штатах є міста, названі цим іменем, найбільш відомі з них - Бетесда у штаті Меріленд. Але коли ми покладаємось на припущення, то, копнувши глибше, часто знаходимо їх помилковими. Бетесда згадується лише один раз в Біблії у Івана 5:2, і описується як купальня біля воріт Єрусалима. Садді говорив про це, як про місто чи населений пункт. Я схильна думати, що це так і було, тому що, як я виявила, "Бет" (Beth) на початку географічних назв означає "дім для чогось)", наприклад, Вифлеєм (Bethlehem) - дім хліба, Віфанія (Bethany) - дім для фініків, а сама Бетесда (Bethesda) перекладається як дім милосердя .

Ніде не було приставки, пов'язаної з водою, за винятком цього прикладу. Дослідження Біблії показують, що купальня знаходилася за межами старих стін Єрусалима і в межах сучасних стін. Це район, відомий в різних книгах і картах як Безета і Бетзата, і був, здається, чимось на зразок передмістя Єрусалима.

Судячи з нашої розповіді, всі ці назви, ймовірно, позначали одне і те ж місце, особливо якщо взяти до уваги, що незвична вимова Садді часто ускладнювала точну передачу звучання слів.

Це місце повинно було бути поруч з Єрусалимом, тому що він сказав, що його сестра Сара, одружилася з хлопцем із сім'ї, де батько був членом Синедріону, а цей Дім суду знаходився в Єрусалимі. До речі, саме ця сім'я відіграла вирішальну роль у судилищі і винесенні остаточного вироку про розп'яття Ісуса.

# Розділ 12

# Похід до Бетесди

Під час одного із сеансів ми зустрілися з Садді, коли він був уже старшою людиною. Він ішов до Бетесди, щоб побачитися зі своєю сестрою Сарою. У неї тепер було двоє дітей: хлопчик Амар і дівчинка Зара. Цього разу Садді не йшов пішки, а їхав верхи на ослі. Очевидно він став надто старим, щоб іти довгі відстані, які долав колись. Сувора необхідність змусила його здійснити цей похід, хоча це явно забрало усі його сили.

С: (Сумно): Їй треба було ... побачити мене. Попрощатися. (Він урочисто повторив) ... Попрощатися, бо незабаром вона ... піде в дорогу, куди ми всі повинні піти.

Я трохи розгубилась. Він мав на увазі, що його сестра помре? Чи була вона хвора? "Ні. Вона просто хоче відійти". Він, очевидно, говорив про смерть, а не про справжню подорож. Він, мабуть, отримав цю сумну звістку телепатично і хотів ще раз побачити сестру. Садді звучав дуже сумно, хоча не хотів цього показувати.

Д: *Вона боїться?*
С: Ні. Чого їй боятися? Вона просто хоче попрощатися. Адже ми знаємо, що всі там будемо. Смерті не треба боятися. Це нерозумно. Це як оком змигнути, а потім - як ніби нічого й не сталося. І ти вже поза своїм фізичним тілом. Це схоже на проекцію себе (астральна проекція?) Ти виявляєш, що ти такий же, як раніше, хоча є невловима різниця. Але подібностей немало. Це всього лише наступний крок.
Д: *Багато людей бояться цього, бо бояться невідомого.*
С: А багато ти знаєш про те, що станеться з тобою у найближчі пару днів? Якби ти послухала, що говорять про це пророки і

мудреці, ти б знала, що має статися, коли переступаєш ті врата.

*Д: Чи є у ваших писаннях щось про те, що нас очікує, коли ми покинемо фізичне тіло?*

С: Так, у наших працях є багато про це. У них йдеться про почуття великого умиротворення, яке сходить на людину після того, як ти подивишся на себе зверху і зрозумієш, що переступив поріг. Що ти вже більше не єдиний зі своїм тілом, а повністю являєш собою сутність, яку можна назвати душею або духом. Є люди, які розгублюються після того, як помруть. Їх тоді привітає хтось, хто допоможе полегшити шляхи, якими вони повинні йти. Не треба боятися, бо ніщо не може завдати тобі ані болю, ані смутку.

*Д: Про це йдеться у Торі?*

С: Ні, це є в писаннях мудреців Калуу.

*Д: У деяких наших книгах і сувоях говориться про місця, погані і страшні, куди ти можеш потрапити після того, як пройдеш через ті двері.*

С: Тоді це те, що померлий очікує побачити. Бо немає нічого, крім того, що ти сам створюєш. У що віриш, те і буде. Тому що думки і вірування мають велику силу.

*Д: А якщо хтось вмирає несподівано і недоброю смертю? Така смерть буде якоюсь особливою? Якоюсь іншою?*

С: Ні, але він може прокинутись в іншому світі збентеженим, і для цього хтось буде там, щоб допомогти.

*Д: А якщо помирає дитина?*

С: Дитина дуже близька до того, ким була на початку - до душі. Діти ще не зовсім втрачають спогади про те, що було до народження. Тому вони легко сприймають все це. Легше, ніж люди, які жили довго. Таким нічого не треба, крім як до останньої години згадувати про минулі дні. Діти більш відкриті до того, що відбувається з ними.

*Д: Коли вони зазвичай перестають бути відкритими? Чи їхні тіла фізично мають з цим щось спільне?*

С: Найчастіше це відбувається після досягнення зрілості. Але якщо діти закриваються, то в багатьох випадках це не залежить ні від них самих, ні від того, що відбувається з їхніми тілами. Це залежить від інших людей, від сил, які тиснуть на дітей і гноблять їх. Найгірше, що можна зробити дитині, - це сказати йому, що він зробив щось погане. Тоді вони думатимуть, що все, що вони роблять, є нерозумним, бо ж дитина приймає речі буквально. Вони повинні вірити в себе. А ми тиснемо на них, і через це вони закриваються.

*Д: Чи є щось у ваших писаннях про злих духів?*

С: Немає таких речей, як злі духи. Немає нічого, що є абсолютно злим. У всьому завжди є добро. Воно може бути дуже маленьким, але завжди є частина добра в усьому. Те, що ви називаєте злими духами, - це те, що інші називають демонами. Пустотливі сутності, які спричиняють неприємності, знаходять свого роду задоволення від цього. Багато хто з них є зіпсовані ... як би це сказати - це ... духи, які самі змінилися від того, що вони коять. Так що з любов'ю і наставництвом вони ще можуть повернутися на праведні шляхи. Але зустрівши страх і відторгнення, вони загинуть безповоротно.

*Д: Є всякі розповіді про злих духів, що намагаються увійти в тіла живих людей.*

С: Існують випадки, коли це можливо, але зазвичай це відбувається тоді, коли людина дуже відкрита для цього або більше не хоче жити в цьому тілі. І відступає, залишаючи себе відкритою для інших сутностей.

*Д: Як ти думаєш, люди роблять їх сильнішими, коли бояться їх?*

С: Так. Ти оточуєш себе добрими думками і доброю енергією. І тим самим просиш про те, щоб навколо тебе були тільки високодуховні сутності.

*Д: Чи тільки твої люди усвідомлють ці речі? А як щодо інших людей, таких як євреї і римляни?*

С: У римлян порожні голови. До них не доходять високі істини, поки щось не клюне їх в задницю. (Ми розсміялися, і це пом'якшило серйозність нашої бесіди). Багато людей у синагогах настільки заплуталися в своїх тлумаченнях Закону, що не можуть бачити поза його межами нічого, не можуть пережити радостей життя і умиротворення вмирання.

*Д: Тоді не всі вірять так, як ви. А чи у вашому навчанні є віра в те, що ми називаємо реінкарнацією? У відродження душі?*

С: Відродження? Це всім відомо, це воістину правда. Тільки необізнані і невігласи бояться думати про реінкарнацію, як ти це називаєш.

Доктор Рокко Еріко, експерт з арамейської мови, каже, що в тій частині світу люди перебільшують і прикрашають свої історії та твердження. Але коли твердженням передують слова: "справді", "істинно", "воістину", "вірно", "по-справжньому", це дає змогу слухачеві знати, що сказане не містить ніякого перебільшення і повинно сприйматися серйозно. Особливо, якщо це було сказано учителем. Це означає, що його слова гідні довіри слухача. Це могло б пояснити той факт, чому Ісус так багато вживає в Біблії слово "істинно". Невелика, незначна деталь, але варта уваги, тому що пересічна людина не знала б, що це був стиль мови у тій частині світу - як тепер, так і в біблійні часи.

*Д: Багато людей кажуть, що ми живемо один раз і вмираємо один раз, і це все.*

С: Є ті, хто говорить, що коли тіло входить в землю, то все те, що колись було людиною, згинуло і стало поживою для хробаків. Це неправда. Якщо людина мертва або вже не живе в тілі, як ми його знаємо, вона повинна перейти через усе, що вона зробила. Вона повинна вирішити, з якими уроками вона хоче мати справу, і роздати борги, які наробила. Потім померлі починають вчитися (вже на іншому боці). Іноді вони дуже скоро вирішують повернутися сюди. Це не завжди добре, тому що, коли вони повертаються занадто рано, а їхнє життя тут було не дуже гарним, то вони не мали досить часу, щоб зрозуміти, що було неправильним, і дати собі час, щоб виправитися. Тому, як розумію я, та й інші теж, недобре негайно кидатися назад в існування.

*Д: А минулі життя можна пригадати?*

С: Так, дехто з нас знає попередні життя. Деякі з них важливі. Легше, коли не пам'яєш, інакше може з'явитися почуття якоїсь великої вини, яке мучитиме людину весь час. Це не є необхідним для цього часу. Якби це було необхідно, ти пам'ятала б. У громаді є ті, хто навчений пам'ятати. Є ті, хто вибрав би цей шлях, але це не для всіх. Старійшини, коли б їх запитати, ким вони були раніше, змогли б відповісти. Є майстри, які мають здатність не тільки запам'ятовувати свої життя, але й допомагати іншим пригадати їхні. Але в більшості випадків ті, хто знає, ким вони були, пам'ятають.

Як правило, Яхве вирішує, чи дасть Він комусь цю пам'ять, і тоді починається проходження цим шляхом.

Я взяла в бібліотеці книгу, в якій було кілька кольорових фотографій місцевості біля Кумрана. Я подумала, що було б цікаво побачити, чи може Садді щось впізнати. Я запитала його, чи зміг би він подивитися на них, і він відповів словом, що звучало як "садат". Я попросила Кеті відкрити очі і вона стала дивитись на ілюстрації немовби скляним поглядом. На одній з них були безлюдні пустельні гори.

С: Це долина на південь звідси. Є пагорби ось перед нами. І ваді проходить ... ось так.

Він (рукою Кеті) провів пальцем вниз, що виглядало мені як долина або простір між пагорбами. "Ваді" означає суха долина або яр, що наповнюється водою тільки в сезон дощів. Це також означає бурхливий потік, що протікає через неї. Тепер Садді дивився на малюнок у верхній частині наступної сторінки. Він вказав на руїни міста на досить великій відстані.

С: Чому вони так далеко? Так нічого не можна показати. Виглядає як те ж саме місце, але мені це незнайоме. Ось тут ваді, в якому є вода. Я знаю, що дуже мало ваді не пересихають, коли пагорби такі ж безплідні, як ці.

На малюнку показано з далекої відстані те, що могла бути дорогою або потічком. Ймовірно, це була дорога, але вона виглядала для нього, як ваді. Може в його час ще не було настільки чітко визначених доріг. Я забрала книгу і знову закрила Кеті очі. Якщо це руїни з тієї місцевості, де він жив, то очевидно ті місця були дуже сухими і безплідними. "Так, у нас сухо. Дощів дуже мало."

Він сказав, що коли він вирушив з Кумрана до Назарета, він слідував би за караванними стежками через узгір'я, які були навіть більші, ніж ті, що на картинах. Мені здавалося, що було б легше просто слідувати за ваді, а не підніматися по горах, які виглядали дуже нерівними і стрімкими. Але було очевидно, що я не розумілася на тих обставинах. "А якби пішов дощ? Мене просто змило б водою вниз".

Я поцікавилася, чому він ніколи не бував у Єрусалимі, який набагато ближче, ніж Назарет, і набагато більший. "У мене нема ні потреби, ні бажання туди йти. Та й не дуже-то мене тягне в міста. Там такий гармидер і повно невихованих людей. Чи мені треба бачити те безладдя?"

У процесі досліджень я знайшла багато ілюстрованих книг, в яких були наведені фрагменти сувоїв Мертвого моря. Мені прийшла ідея провести цікавий експеримент: чи зможе Садді читати ті древні тексти. Це може бути можливим, оскільки Кеті так тісно ототожнювалася з іншою особистістю. Один зразок складався з шести ліній тексту, кожен з яких мало відрізнявся від іншого. Виявилося, це були зразки рукописного шрифту, яким користувалися в ті часи. Тоді я ще не знала про труднощі читання на їхніх мовах. (Про це пояснюється в розділі 14).

Я запропонувала Кеті відкрити очі, і вона знову дивилась на сторінку скляним поглядом.

*Д: Чи знайоме тобі що-небудь з цього?*
С: (Послідувала довга пауза, поки він вивчав зображення):

Написано двома різними руками. Настала ще довша пауза. Погляд Кеті ковзав по сторінці знизу вгору і справа наліво.

С: Виглядає на іврит. (Він вказав на один рядок). Ні, це інше. Ці два різняться. (Вказує на інші рядки). Ці два однакові, а ось це, знову ж таки, інше. Я не впевнений, але я бачу симулярність (фонетично) цьому. Це майже схоже на те, що хтось просто виписує символи. Я не бачу сенсу. Виглядає, як хтось практикує форму, але це не одна й та ж людина. Різні стилі.

Я забрала книгу. Принаймні я дізналася, що це різні люди, які вправлялися в письмі. Один мій приятель дав мені старий інформаційний бюлетень, випущений Фондом Нухра. Він складався з двох сторінок, складених удвоє. На першій сторінці був вірш з Біблії арамейською мовою. Це був переклад вірша з Євангелія від Іоанна, в якому говорилося про Ісуса. Я простягнула листок Садді і сказала, що я не впевнена, що це написано на його мові. Він вивчав її кілька хвилин, весь час усміхаючись.

С: Я не впевнений, що перекладаю це дуже добре. Тут ... говориться про Сина Людського. (Він, здавалося, був радий). Це мова простого народу. Дехто міг би назвати це арамейською мовою. Вона має дуже дивний діалект, але я спробую. (Після довгої паузи ...) Тут йдеться про Месію.

Він раптом вказав на фігуру в кінці напису. Вона відрізнялася від усього іншого. Це його здивувало. Він нахмурився, вивчаючи знак.

С: Що? Ця частина внизу, я вважаю, є з іншої мови. Це не арамейська мова. Це з-поза стародавніх писань. Дуже дивно знайти це тут.

Я вказала на інший знак у тексті, схожий на попередній, і запитала, чи це те ж саме. Він відповів, що це досить подібне. В інформаційних бюлетенях не було жодного пояснення цим знакам, але вони, здається, відрізнялися від решти тексту.

С: Це не арамейська, ні. Як я кажу, тут йдеться про Месію, але я не дуже впевнений, що ... (Він зупинився і почав водити пальцем по паперу та обмацувати його). Щось дивне. Що це? З чого це зроблено?
Д: *(Я була захоплена зненацька і повинна була швидко думати). О, це виготовляють з кори дерев. У деяких країнах.*
С: (Він перервав мене): Як вони це роблять? З дерев?

Він продовжував обмацувати папір, перевертав його, вивчаючи текстуру. Я стала трохи переживати, що він почне надмірно цікавитися і, можливо, помітить, що написане на внутрішніх сторінках бюлетеня виглядає інакше. Я не знала, як на нього подіє безліч дивних речей, якщо він їх помітить. Культурний шок? Я постаралася відвернути його увагу.

Д: Ну, це складний процес. Я не знаю, як це робиться.
С: (Він все ще був поглинений вивченням паперу). Це набагато краще, ніж папірус. Він дуже товстий. Це більше схоже на шкури.
Д: Папірус тонший?
С: О, набагато! Для письма він дуже тонкий. Ось це було б дуже добре для копіювання.

Я забрала папір, щоб відвернути увагу Садді від нього, і взяла іншу книгу. У ній була фотографія фрагмента одного з сувоїв Мертвого моря, написаного дуже ясним почерком. На протилежній сторінці були фотографії околиць Кумрана, але не кольорові, а чорно-білі. Однак мене більше цікавив напис. Я тримала книгу так, щоб він міг бачити її, і намагалася тримати її відкритою саме на тій сторінці - я не хотіла, щоб він почав цікавитися, що таке книга і як вона зроблена. Садді сказав: "Це іврит, дуже старий іврит. Я не дуже добрий переписувач, але це безперечно іврит. Бачиш тут: ось ця буква і ось ця ... (Він вказав на певні знаки). Це щось із закону. Я в цьому не сильний, я не дуже добре розумію іврит".

Я сказала, що вважаю, що це арамейська мова. "Я не знаю, хто тобі казав, що це арамейська, але це не так!" Його увагу привернула фотографія на першій сторінці. На ній було Мертве море і частина нерівного берега. "Що це? Схоже на мої рідні місця. Ось озеро і соляні кручі. Хіба не так? Вони виглядають так подібно!"

Я знала, що він не зрозуміє слово "фотографія", тому я сказала, що це щось на зразок картини. "Це не схоже на жодну картину, яку я коли-небудь бачив". Я забрала книгу. Він ставав занадто допитливим і ставив питання, на які було важко відповісти - з відстані двох тисяч років! Кеті знову закрила очі, і я подякувала йому за те, що дивився на матеріали, які я йому показувала.

С: Важко довго дивитися на речі зблизька. (Вона потерла очі)
Д: *Справді? Тепер, коли ти старієш, тебе турбують очі?*
С: Або очі, або мої руки коротшають, але я не знаю, хто тобі сказав, що це арамейська мова. Це не так. Перший текст був арамейською. Схоже, що це писав ... Дай-но подумати ... Хтось із Самарії. У них там такий говір. Це ось арамейською, а цей знак - це не з арамійської. Він не звідти. Він дуже старий.

# Розділ 13

# Питання

Коли я почала свої дослідження, я була вражена дивовижною точністю Кеті. Описи кумранської спільноти, які давав Садді, підтверджувалися археологами, які проводили розкопки. Вірування і деякі ритуали ессенів були обґрунтовані перекладами сувоїв. Але було кілька розбіжностей, тому я зробила список питань, щоб задати їх на нашому останньому спільному сеансі. Ми працювали над цим так довго і охоплювали стільки матеріалу, що я подумала, що вже можна безпечно задавати Садді навідні запитання про те, що я читала.

Вчені назвали ессенів "Людьми Заповіту". Саддам нахмурився, коли я запитала, чи має слово "заповіт" (завіт) якесь відношення до його народу. Він сказав, що терміни йому незнайомі, і він не міг зрозуміти, чому хтось дав би їм таку назву. Вони були відомі лише як ессени. Він сказав: "Заповіт - це угода між двома сторонами з метою зберегти торговельну угоду в силі".

Я запитала, чи говорить йому щось ім'я Цадок. Одна з теорій про походження ессенів говорить, що вони походять від зелотів, яких очолював чоловік з таким ім'ям. Він виправив мою вимову, наголосивши на першому складі.

С: (Зітхнувши): Він провідник. Багато слідують за ним, кажучи, що він навчає Шлях життя. Він прихильник війни. Він хоче позбутися всіх гнобителів відразу.

Д: *Чи є між ними та вашою спільнотою зв'язок?*

С: Вони не з наших. Ті, що ми знаємо, як людей Цадока, - це фанатики, вони живуть в горах. Це дикий народ. Вони кажуть, що більшість з них помічені Місяцем. Вони також вірять у пророцтва, але вірять, що вони пророкують війну. А щоб Месія прийшов і запанував у царстві своєму, вони повинні це царство для нього відвоювати. Це вимагає кровопролиття. Якщо б вони глибше заглянули в пророцтва, вони знали б, що він не буде царем земного царства. Але ви не можете сказати їм про це, вони готові сперечатися вічно і нескінченно.

Д: *Тоді люди помиляються, коли думають, що між вашим народом і ними є зв'язок?*

С: Вони мали б отримати ці відомості з якихось дивних джерел. Багато язиків крутяться навколо всяких оповідок і переказують їх на свій лад.

Свята згадуються перекладачами як священні дні, але для Садді це невідомо. Він раніше говорив, що ессени не якісь похмурі люди, вони святкували і раділи життю. Можливо, ці свята вони називали якось по-іншому.

Перекладу одного із небагатьох сувоїв, які були знайдені в цілісному стані, і який був названий "Війна синів світла з синами темряви" вчені надавали великого значення. Також було багато суперечок щодо того, чи слід його сприймати буквально чи символічно. Вважалося, що це передбачає страшну війну, яка ще не сталася, і вказівки, що робити, коли це станеться. Це було зовсім незрозумілим для Садді.

С: Є багато таких сувої, які говорять про війни. Але війна, якої ще не сталося? (Він нахмурився). Якщо це не було комусь дано бачення, то я поняття не маю. У наших сувоях - записи подій, які вже сталися з народами землі. Ми збираємо стільки відомостей, скільки можемо. Цього я не знаю. Загалом, більше схоже на те, що хтось мав бачення, а не те, що було написано про дійсну подію. Якщо бачене збагнено почуттями, то все записується і про все дуже докладно розповідається.

Д: *Кого могли мати на увазі під Синами Світла?*

С: Я не знаю, бо не читав сувій. Це може бути хто завгодно. Якщо ти цього не читав, то нерозумно робити висновки.

Людина на ім'я Учитель Праведності, яку ототожнювали з Ісусом, бо їх життя в схожі, згадується у перекладах. Серед вчених точилися суперечки про те, ким могла би бути ця людина.

С: Ім'я знайоме. Був колись старійшина з таким ім'ям, але його зараз з нами нема. Він жив дуже давно.

Д: *Він був важливою людиною?*

С: Судячи з розповідей, так. Кажуть, що він повернеться, я не знаю, коли. Він народиться знову на цій землі.

Д: *Чим він був такий важливий, що його згадали в писаннях?*

С: Це дуже важко описати. Він був як би на крок попереду інших, мав здатність бачити суть речей і знати, що істинно. Це частина того, чому він був відомий як Майстер.

Д: *Деякі люди думають, що його можна прирівняти до Месії.*

С: Ні, Месія - наш цар, а Майстер - просто Майстер. Він не був правителем.

Частина сувою стосується Майстра Праведності та Нечестивого Священика. Ніхто ніколи не міг задовільно визначити хто є хто. С: Нечестивий Священик? Це мені невідомо. Я про це не читав. Я не кажу, що він не існує. Я ж не читав усього.

Майстер Праведності повинен був бути розп'ятий. Це одна з причин плутанини між ним і Ісусом. Я запитала Садді, чи не знає він, що Учитель Праведності помер якоюсь особливою смертю.

С: Я не знаю всієї історії. Я дуже мало читав. Щоб прочитати всі сувої, потрібно було б не одне життя.

Д: *Чи мав він якесь відношення до започаткування вашої спільноти?*

С: Я не знаю. Судячи з переказів, які до нас дійшли, це не виглядає мені правдоподібним.

Один із перекладених сувоїв називається Псалми подяки.

С: (Хмуриться) Можливо, я не знаю їх під цими назвами. Поясни. Я не розумію. Псалом подібний до послання до Бога, в якому ви говорите своїм серцем прямо з Богом. Це дуже можливо, деякі молитви були записані.

В той час там був чоловік на ім'я Гіллель, який мав бути мудрим навчителем того часу. У нього були послідовники, які називали себе гілелітами. Висловлювалися припущення, що Ісус міг навчатися у нього. Садді впізнав ім'я і виправив мою вимову, зробивши більший наголос на розкотистому "л". "Якщо говориться про мудреця, і якщо ми говоримо про одну й ту ж людину, то Гіллеліти - його послідовники".

Д: *Що ти знаєш про цього чоловіка?*
С: Я не знаю багато, окрім того, що він жив, і він був сумирною людиною. Хоча я вважаю, що деякі з його послідовників з тих пір звернули на шлях війни. Я не дуже добре знайомий з людьми ззовні. Він говорив багато слів правди. Але його послідовники керувалися голосом розуму, а не голосом серця, і змінили вчення на те, що вони хотіли почути.
Д: *Він ще живий?*
С: Я не думаю. Вважаю, що він більше не живе на цій землі.

Маккавеї (Maccebees) займали важливе місце в єврейській історії. Він знову виправив мою вимову: " Мак-кі-ві ".

С: Я не знаю про них. Я лише чув про них. Це дуже могутній рід. І багато людей прислуховуються до того, що вони мають сказати. У грошей багато друзів.
Д: *Справді? Я думала, що вони мудрі люди.*
С: Деякі з них. У кожній групі людей є мудрі, але й дурнів теж вистачає.
Д: *Вони з вашої місцевості?*
С: Я не впевнений. Я вважаю, що їхній оплот в Єрусалимі. Знову ж таки, я не впевнений, але, здається, я чув про це.

Перекладачі сувоїв Мертвого моря часто згадують Книгу Еноха. Цього нема у сьогоднішній версії Біблії, але вчені вважають її важливою. Через це між ними виникали суперечки. Я запитала, чи знає він про цю книгу.

С: Так, я чув про це. На ній вчаться.
Д: *Чи сприймають її позитивно?*
С: Це залежить від того, з ким ви говорите. Ця книга викликає високі почуття. Дехто повністю дотримується написаного там, інші ж думають, що це божевілля. (Виходить, що і в той час вона викликала суперечки). Я не дуже задумуюсь над

цим. Є серед нас такі, хто вважає, що все в ній істинно, а інші думають, що це маячня. Але я думаю так, а інші інакше. Це їхнє право.

Здебільшого цю книгу прихильно сприймали ессени, і деякі думали, що це важлива книга. Садді ж думав, що це міг бути плід чиєїсь фантазії.

*Д: Звідки взялася ця книга? Чи не була вона додана пізніше?*
С: Книга Еноха - це те, що прийшло до нас від Калуу. Що ти маєш на увазі: "додано пізніше"? Додано до чого? Я не розумію.

Я зробила помилку, не проконтролювавши свого язика. Мені було важко тримати в пам'яті, що вони нічого не знали про нашу Біблію. Тому я послалася на Тору, бо це, здавалося, було головною книгою, з якою він був знайомий, хоча я й не знала, з чого вона складається. Садді сказав, що Книги Еноха не було в Торі.

Я прочитала "Таємниці Еноха" в апокрифічному збірнику "Втрачені книги Біблії". Незалежно від того, на що посилався Садді, все це було досить заплутаним. Там багато про астрономію та символізм і, очевидно, книга містить приховані значення. Можливо, існують і інші книги, приписувані Еноху.

Я знала назви різних груп людей, які згадуються в Біблії, і подумала, якщо я промовлю їх зараз, то побачу, як зреагує на них Садді.

*Д: Ти коли-небудь чув про фарисеїв? (Він нахмурився.) Про садукеїв? (Я знову мала проблеми з вимовою).*
С: Фарисеї - це багаті люди. Це так звані законодавці. Обидві групи являються членами асамблеї, сидять там і сперечаються весь день і нічого не роблять. Садукеї мають справу з управлінням храмами і дотриманням законів, які мають бути прийняті. Вони також вступають в суперечки з Іродом, коли хочуть, щоб щось було зроблено. Вони завжди ... один насідає на іншого. Вони кажуть, що одні, фарисеї тобто, вихваляються багатством, але у них не більше побожності, ніж в тих, інших. Вони кажуть: "Ходіть в попелі і у веретищі!".

Д: *Ти коли-небудь чув про самаритян?*
С: Це ті, що з Самарії? Так. (Слово "Самарія" було вимовлено так швидко, що важко було розібрати.) Самаритяни були нащадками одного з синів Якова. І з якоїсь причини, я не пригадую, сталася кровна помста. Колись вони були рівними, а тепер на самаритян дивляться зверхньо, бо в очах інших, вони вважаються менш вартісними, ніж їхні брати.

Опитування проходило плавно, і я не знала, що ступила на заборонений грунт, поки не запитала про Кумран. Все, що я хотіла знати, це значення цієї назви. Я не була готова до такої його реакції. Він збуджено сказав кілька слів на іншій мові.

С: Що це означає? Я не буду говорити про це. Якщо ти не знаєш сенсу цього імені, то тобі й не потрібно знати.
Д: *Я чула, що це означає "світло".*
С: Існує багато сутностей слова "світло". І якщо ти не знаєш, до якого з них воно належить, то тобі нема потреби в цьому. Якби тобі це було важливо, ти б знала.

Як не прикро, але він ясно дав зрозуміти, що відповідати не хоче. Пізніше я дізналася, що, коли римляни завойовували есеїв, то ессени радше приймали мученицьку смерть, аніж відповідати на такі питання. Те, що здавалося мені звичайною темою для розмови, явно мало для Садді дуже велике значення. Звичайно, тоді я цього не знала і не уявляла, які питання були ризикованими.

Д: *Чи є значення в тому, що Кумран був побудований біля соляних скель?*
С: Важливі не стільки соляні скелі, скільки місцевість. Це - точка … (звучало як енергія, "кен". Важко було розібрати). Це одна з енергетичних точок.
Д: *Люди казали, що це дивне місце для створення спільноти. Воно настільки ізольоване.*
С: Це одна з переваг.
Д: *Вони думали, що там ніхто не зможе жити.*
С: (Саркастично) Людина не може жити і в Сахарі. Але ж живе!

Д: *Люди казали, що це місце таке безлюдне, і що ви не можете користуватися водою з Мертвого моря.*
С: Тут є вода, придатна для пиття та інших цілей. У нас є все, що нам потрібно.
Д: *Яке значення має слово "ессен"?*
С: Святий.

Я дивувалася, чому він, не вагаючись, сказав мені значення цього слова, в той час як відмовився пояснити значення назви "Кумран". Це свідчить про якусь непослідовність у його відповідях.

Гарріет знову звернулася до свого списку запитань. "Чи означає для вас щось назва" Мідрашім "або" Мішна"? Питання, очевидно, стурбувало його, тому що він схвильовано промовив кілька слів на іншій мові. Багато разів, коли виникав достатній привід для емоційної спалаху, він переключався на рідну мову. "Чому ти питаєш?"

Д: *Ми просто цікавилися, чи є у ваших творах що-небудь про Мідрашім.*
С: (Це знову занепокоїло його). Я не буду говорити про це!
Д: *У нас немає іншого способу дізнатися, якщо ми не задаватимемо питань.*
С: Чому твої питання показують лише часткове знання?
Д: *Ми чули про ці речі і запитуємо, щоб перевірити їх правдивість або допомогти нам у розширити наші знання. Іноді ми маємо лише фрагменти інформації.*
С: (Перериваючи). Неповна інформація може бути небезпечною...
Д: *(Це було несподіванкою). Ти вважаєш, що нам не добре знати про ці речі?*
С: Так, це викликає занепокоєння. Не говори нічого про речі, про які знаєш лише частково. Слова наділені силою. Бо ж ті, з ким ти говориш, можуть тебе підвести в той чи інший спосіб, і тоді накличеш більше біди, ніж ти можеш справитись.

Це застигло нас зненацька, бо ж ми не уявляли собі, що в простих питаннях може таїтися якась небезпека. Ми сказали, що покладаємося на його думку, і запитали, що б він порадив нам робити.

С: Не говори про це більше, поки не отримаєш потрібні знання. Тому що хтось може перекрутити зміст сказаного, і це може бути дуже небезпечно.

Д: *Як ми можемо отримати інші знання, якщо ми не задаватимемо питань? А шукати нам дозволено?*

С: Шукати дозволено, але будьте дуже обережні.

Д: *Не завжди легко знайти потрібну людину, яка може дати нам ці відомості.*

С: Це правда. Але ви завжди повинні захищати себе від тих ... і занадто багато не говорити тим, хто починає задавати вам питання у відповідь.

Д: *Значить, ти думаєш, що краще не шукати цих знань?*

С: Я цього не сказав! Це твоє тлумачення того, що я говорив. Я тільки закликаю бути обережними. І остерігатися тих, з ким ділишся знанням, але натомість не отримувати нічого або мало.

Д: *Ну, самого знання вже достатньо.*

С: Ні! Адже знання можуть бути згубним. Тому що коли виникне спокуса скористатися ними, то, не маючи повних знань, ти можеш наразити на небезпеку себе та інших.

Я подякувала йому за попередження. Його спалах емоцій мене найбільше здивував, це було так невластиво для його спокійного врівноваженого характеру. Він і раніше відмовлявся відповідати на запитання, але не так категорично. Я досі дивуюсь, що ж ми такого запитали, щоб викликати настільки сильну емоційну реакцію. Я повернулася до своїх запитань цього разу трохи обережніше.

Д: *Ти коли-небудь чув про книгу, що називається Кабал або Кабала?*

С: Дехто з нас прочитав її. Є сувої, які містять деякі писання про це.

Д: *Це складна книга?*

С: Все складно, якщо почнеш ускладнювати. Там даються пояснення багатьох законів природи і співвідношення сил, і то, як використовувати це собі на благо. Як відкрити себе до того, чим світ оточує нас у цьому світі та в інших світах.

Садді не знав, хто написав Кабалу, але вона була набагато старшою від багатьох інших книг, які вони мали.

Пізніше, коли у мене була можливість провести подальші дослідження, я, здається, знайшла причину, чому його так зворушило питання Гарріет. Я дізналась, що єврейська теологія розділена на три частини: перша - Закон, якого навчали усіх синів Ізраїля; друга - Мішна, або душа Закону, яка була відкрита рабинам і вчителям; третя частина - кабала, душа душі Закону, що містить таємні принципи і була відкрита лише найвищим посвяченим серед євреїв. Мідрашим посилався на методи, які використовувалися для спрощення або повнішого пояснення законів. Очевидно, ми несвідомо перейшли в таємну область навчання, в яку були залучені Садді й інші ессени. Можливо, це пояснює його емоційний вибух і його попередження про використання сили слів і про те, в чому ми не мали знань.

Перекладачі сувоїв Мертвого моря говорять про Дамаський документ і припускають, що могли бути й інші секти ессенів, можливо, одна з них в районі Дамаска. Але я ступила на заборонений грунт, коли запитала про це. Садді відповів уже знайомим: "Я не буду говорити про це". Дивно, що йому заважало йому відповідати на певні питання, в той час коли він відповів на подібні питання без труднощів?

*Д: А знаєш ти що-небудь про групу ессенів в Олександрії?*
С: (Довга пауза). Мій батько каже, що недавно згадувалося про деяких вчителів, які пішли, не до Олександрії, а до Єгипту. Але я не знаю. (Чи питав він батька?). Є багато інших груп. Є одна, про яку я знаю, в Єгипті. Є декілька в околицях Ізраїлю, Юдеї, (нерозбірлива назва іншої країни, звучала вона фонетично як "Тод"). Їх багато. Ми в Кумрані, мабуть, одна з найбільших, але ми не єдині.

Дивно, він тільки що відмовлявся говорити про тих, що в Дамаску. Казав, що, наскільки відомо, інші громади також були ізольованими, але всі вони мали ті ж принципи, що і Кумран:

збирання і збереження знань. Вони були далеко не єдиною малою ізольованою групою людей.

С: Якби ми зберігали знання, замкнувшись у маленьких ізольованих групах, як би тоді ці знання збереглися? Тому повинні бути й інші.

*Д: У декого склалось уявлення, що єссени - дуже замкнута спільнота, яка ні з ким не спілкується і не поширює знань.*

С: Це якісь глупі люди.

Вчені та місцеві араби перерили всі печери в околицях Кумрана в пошуках нових сувоїв та їх фрагментів. В одній печері, серед руїн стін, вони натрапили на рідкісну знахідку - два мідних сувої. Зазвичай, сувої завжди писали або на папірусі, або на шкірі. Це було дуже незвично. Спочатку сувій являв собою одну безперервну смугу довжиною близько двох з половиною метрів і тридцяти сантиметрів завширшки і розрізану з невідомої причини надвоє. Археологи побачили символи, викарбувані в металі, що також було незвичайним. Але погода та час взяли своє. Мідь до такої міри окислилась, що розкручувати їх було неможливо. Протягом чотирьох років вчені працювали над тим, як їх безпечно розгорнути, не пошкодивши при цьому. Нарешті, професор Г. Райт Бейкер з Манчестерського університету, Англія, запропонував оригінальний метод: порізати сувої на смужки. Це спрацювало так добре, що не було втрачено жодної літери.

Чи вартувало це такої клопітної праці? Після перекладу тексту було виявлено, що сувої містять мрію шукача скарбів. Там були списки заритих скарбів, які вартували казкових сум. Інвентаризація включала золото, срібло та інші цінності, вагою понад сто тонн. Їх оціночна вартість склала понад 12 мільйонів доларів - у 1950-тих роках! Тепер вони коштують набагато більше. Сувої давали точні вказівки до шістдесяти різних поховань або сховищ в Єрусалимі та в околицях Іудейської пустелі. Опис сувоїв і переклад тексту подано в книзі Джона М. Аледро "Скарби мідного сувою".

Звіт Аледро досить докладний. Він був впевнений, що це інвентар дійсних скарбів і що вони справді заховані в зазначених місцях. Його єдиний сумнів був у їх неймовірній кількості. Він навіть думав, що в перекладі могла бути помилка, бо ж сума була просто фантастичною. Наприклад: "В цілому понад 3179 талантів (міра ваги) срібла і 385 талантів золота; 165 золотих злитків, 14 срібних глеків і 619 судин з дорогоцінних металів". Вказівки уточняли: "У цистерні, що знаходиться нижче кріпосного валу на східній стороні, в місці, видовбаному в скелі: 600 злитків срібла". Всі вказівки були такими ж точними. Але дро каже, що більшість зазначених місць, ймовірно, було важко або неможливо знайти після того, як ті землі спустошила війна іудеїв з римлянами.

Жодне з цих скарбів ніколи не було знайдене. Останній запис на мідному сувої дає вказівки до місцезнаходження ще однієї копії інвентарного списку, захованого "у ямі, що прилягає до північного боку Великого Стоку басейну біля Храму". Та копія також ніколи не була знайдена.

Деякі археологи прийшли до висновку, що мідні сувої - це містифікація, що ніяких скарбів не існувало. Вони вважали, що це повинна бути вигадка, бо де б ессени могли взяти такі фантастичні багатства, якщо вони присяглися до бідності? І все ж таки викарбувати все це на такому матеріалі було незрівнянно важче, ніж записати на звичайному папірусі. Занадто багато труду для того, щоб просто пожартувати. Інші кажуть, що в сувої говориться не про справжній скарб, а використовується символіка, щоб передати якесь повідомлення, яке не було розгадане. Я ж допускаю, що ессени мали можливість накопичити великі багатства за роки свого існування, або що вони були зроблені опікунами багатства з іншого джерела.

Місцеві бедуїни надали вченим неоціненну допомогу, оскільки вони знали кожен куточок пустелі. Цілком можливо, що за дві тисячі років вони знайшли частину скарбу. Крім того, якщо врахувати, що другий примірник сувою так і не був знайдений, можливо, що хтось знайшов його багато років тому і слідував вказівкам. Я вважаю, що наше сучасне покоління не було першим, хто знайшов те, що приховали ессени.

Під час цього останнього сеансу, коли я ставила питання, які виникали у мене в процесі дослідження, я вирішила перевірити, чи зможе Садді пролити світло на цю загадку. Але як це зробити, не ставлячи навідних питань? Садді якраз був у бібліотеці на верхньому рівні, вивчаючи якісь сувої, так що це була ідеальна обстановка. Коли я запитала, чи вивчає він якийсь конкретний сувій, то він відповів тепер уже знайомою фразою: "Я не буду говорити про це!" І якщо вже він став в оборонну позицію до певних предметів, то не було сенсу добиватися відповіді, хіба що знов удатися до обхідного маневру.

*Д: Чи сувої коли-небудь робляться з якогось іншого матеріалу, крім шкіри і папірусів?*
С: Так, є й інші способи. Я не копіювальник. Я не знайомий з ними, але так, є й інші способи.
*Д: Ти коли-небудь бачив сувої з металу?*
С: Так. (Це, мабуть, ще одна заборонена тема обговорення. Він знову насторожився). Чому ти питаєш?
*Д: Я думала, що це був би незвичайний матеріал для сувоїв - куди більше праці, ніж вживання стилусу і папірусу?*
С: (холодно) Так. (І знову з підозрою): Чому ти задаєш такі питання?
*Д: Я просто подумала, навіщо потрібно стільки клопоту з виготовленням сувоїв з металу.*
С: Вони містять більш важливу інформацію. Є деякі речі, які повинні бути захищені.

Далі він замкнувся в собі. Виглядало, що якщо щось записано на металі, то це тому, що воно має особливу цінність. Ессени намагалися використовувати найбільш міцний матеріал, щоб забезпечити збереження відомостей. Тому я не можу повірити, що Мідний Сувій був містифікацією. Археологи просто спізнилися лише на дві тисячі років, щоб віднайти той фантастичний скарб.

Археологи, які розкопували руїни Кумрана, не згадують про віднайдення якихось житлових приміщень. Вони прийшли до висновку, що люди жили в печерах навколо поселення або, можливо, в наметах або якихось хижинах. Вони знайшли гончарні вироби, світильники і палиці для наметів в одних і тих же печерах, в яких були знайдені сувої Мертвого моря, і на цій підставі припускали, що там колись жили люди. Я не могла зрозуміти, чому ессенам треба було жити в печерах і наметах, коли вони зуміли побудувати свою прекрасну громаду - поселення з чудовою системою водопостачання. Для мене це не робило ніякого сенсу. Я вирішила таки знайти відповідь.

*Д: Ти сказав мені раніше, що коли ти був ще дитиною, ви жили в оселях, які були поза межами громади, поза стінами? Чи є якісь печери в околицях Кумрану?*

С: Там багато печер.

*Д: Чи живуть ваші люди в печерах?*

С: Кажуть, колись жили, але зараз їх недостатньо, щоб ними користуватися. Але в дитинстві ми, бувало, гралися там.

*Д: Ти маєш на увазі, що колись там було більше населення, більше людей? І в той час вони жили в печерах?*

С: Так, на початку.

Це було в ранні часи, коли будинки тільки-но почали споруджуватися. Я так думала. З такою чудово розвиненою спільнотою людям не було потреби тулитися в печерах і наметах.

Під час розкопок було знайдено багато монет, навіть цілі мішечки з монетами. Це допомогло вченим датувати руїни. Монети належали до періодів від 136 року до н.е. і до 37 року н.е., охоплюючи період єврейської незалежності і до правління Ірода Великого. Тоді слідує перерва: археологи знайшли лише кілька монет, викарбуваних між 37 р. до н.е. і 4 р. н.е., періодом правління сина Ірода Великого, Архелая. Потім знову з'являється велика кількість монет, що відносяться до періоду з 4 року до н.е. і по 68 рік н.е., коли Кумран було зруйновано.

На підставі цих фактів археологи прийшли до висновку, що Кумран був порожній протягом тридцяти років, оскільки було знайдено лише кілька монет із того періоду. Але це був час, коли Садді жив там, і за його словами, ессени ніколи не залишали свого поселення. Вчені так і не змогли знайти переконливої причини, чому б вони мали вийти звідти. Археологи бачили докази того, що громада пережила землетрус. (Див. креслення поселення).

Вони припускали, що це могло зруйнувати поселення до такої міри, що люди залишили ці місця на цілих тридцять років. Але це лише припущення. Навіть древні письменники, які були настільки ретельними у своїх описах того часу, не згадують про те, що ессени коли-небудь покидали своє поселення. Це була тільки теорія археологів, основана на тих фактах, які вони змогли здобути під час розкопок. Як на мій розум, раз міг зникнути весь скарб Мідного Сувою, то чому б і не мішки з монетами? Руїни, як відомо, були захоплені і пограбовані римлянами під час вторгнення. Існували й інші народи, які жили там деякий час до того, як Кумран був повністю занедбаний. Я вважаю, що висновки археологів не суперечать моїй теорії, але пропонують альтернативне пояснення.

Я думала, як запитати Садді про це не прямолінійно, а лише наводячи на думку. Питання повинно бути сформульовано обережно.

Д: *Садді, можеш ти сказати мені, чи жили люди в громаді від часу, як вона була побудована?*
С: Поясни.
Д: *Чи ваші люди жили в тому самому поселенні постійно, чи був коли-небудь час, коли ви залишали його?*
С: Ти говориш про час переховування. Так, був час, коли люди виїхали на певний період. Про це розповідали.

Але це сталося ще до його народження. Протягом його життя люди ніколи не покидали свого комунального селища.

На кресленні можна бачити, що землетрус пошкодив один кінець селища і залишив велику тріщину, частина якої пролягла через одну з купалень. Археологи також знайшли докази, що деякі з пошкоджень були відремонтовані, особливо навколо вежі. Я хотіла запитати про це, але не могла підібрати іншого слова до "землетрус".

Д: *Чи відомо тобі що-небудь про будь-які природні катастрофи, що сталися коли ви там жили?*
С: (Він на якийсь час замислився). А! Ти маєш на увазі, коли ... Я пам'ятаю, коли я був маленьким, моя мати казала, що затрусилася скеля. Свого часу був великий страх, що все місце впаде в море. Мені було, може, два-три роки, я не впевнений. Я не пам'ятаю про це.
Д: *Чи завдало це якихось збитків громаді?*
С. Частина поселення сповзла і обрушилася, і там залишився проміжок шириною в п'ядь.

Явно він мав на увазі тріщину. Я запитала, де вона пройшла. Кеті супроводжувала своє пояснення руками.

С: Дай мені тут подумати ... Ось тут, уздовж стіни. Стіна проходить таким чином, тут обрив скелі, а тріщина йде туди, через той кут, до купалень, до громадської зали і до ось цього місця. Вона проходить наскрізь по діагоналі. (Я думаю, останнє слово правильно зрозуміле - розібрати було важко.)

*Д: Тріщина пройшла через купальні?*

С: Так, але тріщина не була такою, щоб вода вирвалася. Її відремонтували. Люди легко з цим впоралися. Вони знали, що це має статися, тому людських жертв не було. Їм було сказано. (Чи означає це телепатично?)

*Д: Але пошкодження не були настільки серйозними, щоб люди звідси пішли?*

С: Якийсь час, я думаю, люди трималися осторонь, поки йшли відновлювальні роботи. Вони могли піти куди завгодно. Вони могли піти і знайти собі інше житло. Могли піти в печери. Я ж кажу, я був дуже малий, щоб пам'ятати. Я знаю тільки те, що мені розповіли. Я не пам'ятаю, щоб я коли-небудь тут не жив.

*Д: Я чула, що ваші люди залишили поселення на довгі роки.*

С: Ми змусили усіх так думати. Якщо про нас забувають, нас залишають у спокої.

*Д: Але люди можуть прийти і розграбувати все, якщо вони вважають, що місце безлюдне і незахищене?*

С: Вони добре знали. Воно ніколи не буває без охорони.

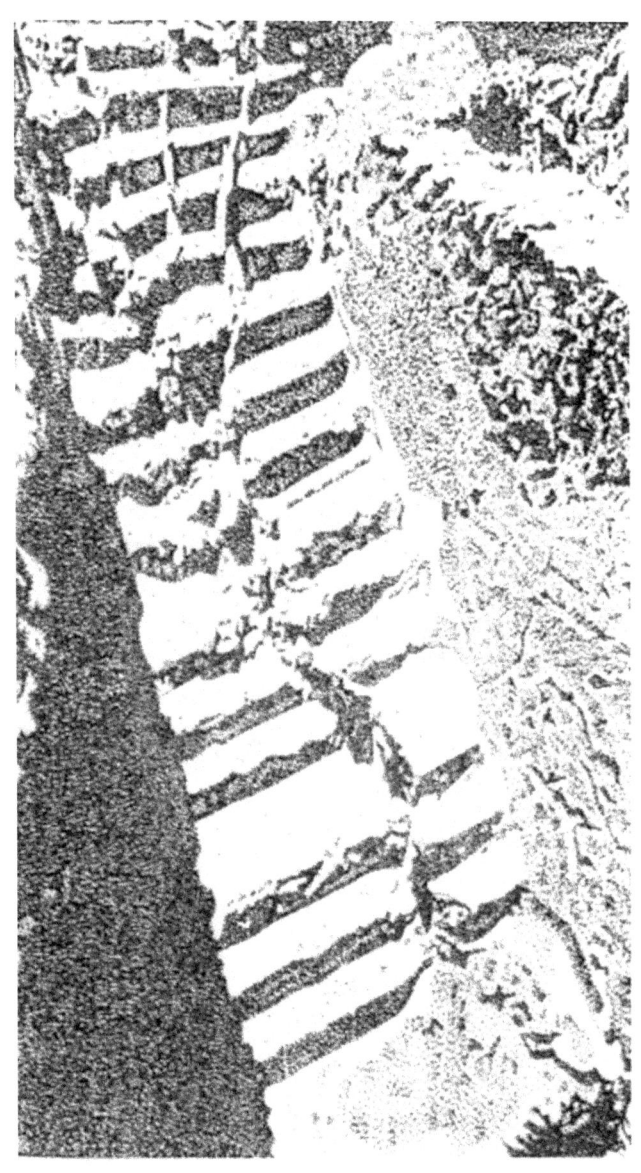

Руїни Кумрана. Видно тріщину на сходах купальні.

Це знову ж таки, мабуть, відноситься до якогось таємничого способу захисту. Я спеціально представила весь цей розділ в деталях, щоб на цьому тлі можна було зрозуміти життя Ісуса. Люди, які жили в Кумрані, мали одну мету: накопичення і збереження знань і передачу цих знань через навчання тим, хто мав на це право. Ессени були спокійними і пасивними, жили замкнуто у своєму маленькому світі. Віддалені від решти світу, повністю самодостатні - це було для них ідеальним місцем, таким собі уявним раєм. Воно було на диво модерним на тлі життя Ізраїлю того часу. Кожен, хто б наважився вийти за стіни поселення, міг бачити, що між їхнім життям та зовнішнім світом існує різкий контраст. Тому вони воліли жити в ізоляції. Але для тих, хто їх не розумів, вони вселяли страх і підозру, тому вони повинні були змінювати свій вигляд, переодягаючись. Схоже, що і місце розташування Кумрана було прихованим і відомим лише небагатьом. Цікаво, чи каравани знали справжню мету цієї комуни. Чужинці також не допускалися в певні частини поселення. Проте Садді казав, що однією з їхніх цілей було передавати свої знання людям у цілому. Я припускаю, що це робилося поступово, через учнів у червоних пов'язках, які навчалися в громаді, а потім ішли жити в свої рідні місця. Сподіваюсь, що цей розділ допоможе уявити Ісуса в цьому середовищі і в такому оточенні.

Цей розділ ще раз підтверджує чудову здатність Кеті точно і детально описати культуру і традиції, про які вона ніяк не могла знати. Хтось може заперечити, що вона могла прочитати про ессенів і Кумран у тих же книгах, що і я, і таким чином бути готовою до моїх питань. Але я знаю, що вона не робила ніяких досліджень - вона цим не цікавилась. Вона ніколи не знала і не могла знати, які питання я задаватиму. По всьому розділу цієї книги розкидано факти, яких не знайти в жодній книзі, в жодному документі. Також тут подаються деякі речі, які стосувалися перекладів сувоїв Мертвого моря, з якими навіть Садді не був ознайомлений. І це нормально, тому що він не читав усіх сувоїв з бібліотеки, або вони могли називатися по-іншому за його життя. Якби Кеті вдавалася до якоїсь майстерної містифікації, їй довелося б підготуватися так, щоб її відповіді були точними на усі питання і що вона знайома з цими перекладами. Я вважаю, що глибина трансу, в який Кеті впадала, унеможливила б будь-які вигадки. Вона з великою легкістю входила в особистість Садді і так само легко виходила, і в буквальному сенсі в усіх відношеннях ставала тим стародавнім персонажем протягом тих трьох місяців, що ми зустрічалися з ним.

Я хотіла б навести тут деякі цитати з Йосипа Флавія, які, на мою думку, мають відношення до нашої розповіді. "Є також деякі з них (ессенів), які беруться передбачати майбутні події, будучи виховані з молодості на вивченні Святого Письма, у різних обрядах очищеннях і у висловах пророків; і дуже рідко вони помиляються у своїх передбаченнях".

"Вони зневажають страждання і перемагають муки силою духу. А смерть, якщо вона супроводжується честю, вони вважають за краще, ніж довге життя. Про непохитність їхнього духу на всіх рівнях довела війна з римлянами: їх катували, загвинчували і розтягували, ламали, спалювали - піддавали всім можливим мукам, щоб змусити їх богохулити законодавця (Мойсея) або змусити їсти заборонені страви. Та їх ніяк не можна було зламати; і жодного разу вони не дали вдоволення своїм катам, не зронили жодної сльози; навпаки, вони насміхалися над їхніми мучителями, і радо віддавали свої душі, будучи впевненими, що знову отримають їх в майбутньому".

Ессени повинні були дати кляву: "одні - не приховувати нічого від братства; інші ж, навпаки, - не розголошувати нічого, навіть якщо б довелося заплатити життям. Більше того, ессен повинен був присягнутися нікому не повідомляти доктрин їхнього вчення іншими способами, ніж він сам їх отримав.

# Розділ 14

# Сувої та біблійні оповіді

Одним із видів діяльності комуни було написання та копіювання сувоїв, щоб вони могли розходитися по різних куточках світу. Це був свого роду видавничий центр.

С: Ми несемо відповідальність за збереження записів, щоб жодне слово не було втрачене. Це те, чим займаються у бібліотеці. Потім сувої забирають і відправляють їх у різні країни світу у різні місця, для збереження, сподіваючись, що принаймні деякі з них не пропадуть. Тут так багато всього! Тут записані усі події, переписка між різними судами, історії, описи повсякденного життя. Треба було б жити дуже довго, щоб перечитати усі сувої.

Д: *Ти знаєш, де ще у ваших землях зберігаються сувої? Чи є інші бібліотеки?*

С: Я вважаю, що є. Я не можу знати. (До нього повернулася колишня підозрілість). Чому ти хочеш знати?

Я спробувала знов схитрувати, сказавши, що це мені просто цікаво і що я взагалі люблю читати. Якби там було щось таке, що мені було б цікаво, я б хотіла знати, де це шукати. Моя хитрість не переконала його. Він запитав: "А ти зможеш їх прочитати?". Я сказала, якщо не зможу, то завжди можу знайти когось: хто перекладе їх для мене. Це також не спрацювало.

С: Мало хто може навіть бачити сувої. Для цього потрібно мати підстави.

Це мене здивувало, я думала, що кожен може бачити їх, як сьогодні в наших бібліотеках.

С: Довірені захочуть дізнатися, для чого. Якби усі мали ці знання, вони могли б використовувати їх на шкоду.

Під час сеансів було багато посилань на мови, якими говорили в той час. Я ж думала, що більшість говорили арамейською мовою.

С: Ні, люди також говорять на івриті, арабській, єгипетській мовах. На мові ромів - романи. Є багато, багато різних мов і діалектів.

Посилання на ромів мене здивувало - так називають себе сьогоднішні цигани.

С: Вони - мандрівники. Кажуть, що це два втрачених племені Ізраїлю. Наскільки це правда, я не знаю.
Д: *Яка мова у римлян?*
С: Вульгарна латина. Дехто говорить грецькою. Є також багато діалектів в арамейській мові. Яку маленьку область не візьми, скрізь свій діалект. Скрізь висловлюються по-своєму. Мій говір, я думаю, просто галілейский. (Сказано швидко: "∂алілаян").

Садді вдавалося розуміти інші діалекти, але іноді це було важко. Ці відмінності також вплинули на читання арамейською мовою.

С: Є так багато способів вираження, а також різні способи написання, і якщо ти не дуже ознайомлений з цим, то можеш прочитати там щось такого, чого взагалі не існує. Бачиш, це виглядає так: якесь слово позначає для мене одне, а для тебе, може бути, зовсім інше. Це залежить від того, де і як воно знаходиться в листі. І ще, коли слово вимовляється, то важливо, як при цьому звучить голос. Воно може означати багато чого. Є слова з п'ятьма, шістьма, сімома значеннями. Ці значення розрізняються.

Це підтверджується іншим сеансом, де Садді казав, що звуки, а не літери визначають слово. Мені це бачиться як тип скороченого писання (стенографія), де символи презентують звуки. При наявності різних діалектів слова передаються різними звуками, в залежності від того, хто їх говорить. Особа, що пише, застосовувала б символи відповідно до того, як вона вимовляє звуки. Я запитала про це одного іранця, і він підтвердив, що в їхній мові одне і те ж слово може мати багато різних значень.

Наприклад, одне й те саме слово означає: лев, кран і молоко - абсолютно різні поняття. Я запитала, як вони знають, що це правильне значення слова. Він сказав, що це залежатиме від речення, в якому це слово вживається. Якщо взяти до уваги все це, а також той факт, що знаки пунктуації з'явилися тільки в XV столітті, стає ясно, яким кошмаром міг обернутися переклад з цих мов.

Д: *Значить, якби комусь довелося читати один з ваших сувоїв, він міг би побачити в ньому якийсь зовсім інший зміст?*
С: Так, дуже вірогідно, що хтось міг знайти там щось зовсім інше, ніж малося на увазі.

Незважаючи на те, що символи були по суті однакові, читач міг би отримати іншу історію, якщо не знає, на якому діалекті був написаний сувій. Я запитала, як взагалі хтось міг дізнатися, що насправді мав на увазі письменник.

Д: *Треба сприймати текст як ціле і знайти спосіб поєднувати поняття. Якщо слово не має ніякого сенсу і як би випадає з контексту, тоді доведеться пошукати для нього інше значення?*
С: Цілком можливо, що треба було б підшукати інше слово відповідне за значенням.

Чи не цим пояснюється те, що деякі з відомих нам біблійних історій відрізняються від оригіналу? Якщо хтось вставив інше слово під час багатьох перекладів і переписів впродовж усієї історії, було б дуже важко зрозуміти, яким мав би бути оригінал.

Д: *Чи деякі з ваших сувоїв писані на івриті?*
С: Так, я б сказав, на усіх мовах землі.
Д: *У текстах на івриті також бувають помилки?*

С: Так, це майже так само, як і на арамейській. Слова мають багато значень.

Євреї вживають літери, але не голосні, лише приголосні, тому й прочитання слів може бути різним.
Все це створювало величезні труднощі для писаря. Одна помилка, навіть через просте невігластво, могла б змінити весь зміст.

С: Так, через незнання або від страху. Я не науковець. Я не знаю причин людської поведінки.

Маючи це на увазі цю інформацію, я запропоную версії біблійних оповідань із сувоїв і Тори, розказані Садді. Вони багато в чому відрізняються від відомих нам текстів Біблії. Треба пам'ятати, що він говорив про те, чому вчили його учителі, так що для нього це істина так як він її розумів. Але, хтозна, він був ближче за часом до тих подій. Прийміть це як інформацію для роздумів.

Д: *У нас сьогодні є книга, яка містить деякі з ваших вчень, але не виключено, що її писали багато різних людей. Їхніми іменами позначені назви різних частин цієї книги. Одна з них називається Книга Ісаї.*

С: Так, є такий пророк Ісая. Ти говориш "книга" - це не книга, це частина Тори. В ній ідеться про пророка Ісаї. І є ще про Єзекіїль, і Девора, і Веніямина, і історія про Мойсея і Рут, і багатьох інших. (Девора була однією з біблійних осіб, про яку мені не було відомо). Це частина про суддів ізраїльських. Вона була однією з них. Вона була однією із законодавців. Для ізраїльтян поставити жінку над собою - щось надзвичайне. І багато з них не могли витерпіти того, що ними править жінка. Вона була дуже мудрою. Її історія не є частиною Тори, вона записана в деяких сувоях.

У Біблії Девора ледь згадується в 4-й і 5-й главах Книги Суддів.
Я запитала, чи чув він про одну частину під назвою "Буття", але йому ця назва була незнайома. Коли я пояснила, що в ній

іється про створення світу, він сказав: "Ти маєш на увазі Основа? Це називається "Початок". Він також не визнав назви "Вихід", але вони в Кумрані мали повість про Мойсея, і це було для них дуже важливо. Я не знайома з Торою, якою користуються сьогодні в юдейській релігії, але я запитала Садді, з яких частин вона складалася в його час.

С: Тора, вона складається із законів і пророцтв. І починається в основному з часів Авраама. Дуже мало йдеться про те, що було раніше. Історії в писаннях, а не в Торі. Вона починається від створення світу, розповіді про Авраама, провідника народу (Ізраїлю), і тому подібне.

Д: *Тора закінчується історіями про Мойсея?*

С: Ні, висловами пророків. Про деякі з них говориться в Торі, а про деякі - в інших сувоях. Але поєднати все це - багато праці. Я намагаюся скласти всі пророцтва так, щоб вони підходили один до одного.

Д: *Хто є останнім пророком у Торі?*

С: Дай мені подумати. Здається, Захарій.

Я висловила думку, що було б простіше, якби всі історії були записані в одному сувої. Відповідь Садді викликала сміх у тих, хто слухав.

С: Якщо б усе було на одному сувої, це був би дуже великий сувій. Його неможливо було б підняти.

Ми зіткнулися зі здатністю Садді розповідати історії випадково. Мені ніколи не спадало б на думку запитати Садді про інформацію такого типу. Наведені нижче записи розповідей спочатку були розсипані серед розшифровок фонограм і вибиралися звідти навмання протягом більше трьох місяців. Я об'єднала їх у цьому розділі таким чином, щоб вони були зрозумілі для читання поза контекстом. Відомо, що наша Біблія зазнала багато змін протягом століть, тому в розповідях Садді може бути більше правди, ніж ми хотіли б визнати. Принаймні читайте їх з відкритим розумом і неупереджено.

СОДОМ І ГОМОРРА

Я задавала йому питання про Мертве море, або про "Море смерті", як він це називав. Кумранська громада знаходилася на скелях біля краю цього водного масиву. Все, про що я коли-небудь чула, це те, що море дуже солоне і що в ньому нема нічого живого. Ця особливість моря ніколи не мала задовільного пояснення. Маючи це на увазі, я запитала, чи це море має якісь особливі властивості. Його відповідь була цілком несподіваною.

С: Іноді з нього виходить запах дьогтю, смоли або бітуму. Кажуть, що на південь від нього є ями бітуму (асфальту), і вони є частиною моря. Також в Морі смерті ніщо не росте. Хіба що якась рослинність по краях берегів.

Д: *І тому ви називаєте його Морем смерті?*

Море смерті.

С: Воно так називається тому, що саме на цих берегах були зруйновані Гоморра і Содомон. Це для нас нагадування.

Я швидко глянула на Гаррієт і побачила, що вона так само здивована, як і я. Це було надто несподівано. Ми знали цю біблійну історію, але не знали, що ці два сумнозвісних міста були пов'язані з Мертвим морем. Зверніть увагу на зворотній порядок назв - не так як ми звикли говорити, і що вимова "Содом" інша. Цілком очевидно, що ні те, ні інше не прийшло телепатично з глибин нашого розуму.

Д: *Так? Ми завжди думали, що назва моря означає, що там нічого не може рости.*
С: (Перебиває): Тому тут нічого і не росте.
Д: *Як ці міста були зруйнувані?*

Садді легко відповів: "Радіація". Я була знову вражена і попросила його розповісти нам історію того, що сталося.

С: Кажуть, що вони розгнівили бога Яхве, бо зійшли зі шляху істини. І коли їм було багато, багато разів дано застереження, щоб повернулися на шлях праведності, вони просто сміялися. І сказано, що Лот був у тих містах і що до нього прийшли дві великі сутності, які сказали йому взяти своє сімейство і піти звідти, і вони будуть врятовані. І його це засмутило, бо зрештою це було його місто, і хоча там діялись погані речі, все-таки там були його люди. Але вони сказали йому, що ті люди не варті того, щоб їх рятувати, що вони повинні почати все спочатку, все заново. І ось взяв Лот двох своїх дочок і жону свою, і вони пішли геть із того міста. І сказано, що жона його оглянулася, щоб подивитись на місто, і побачивши своїми очима ті руйнування, що там відбулися, померла.

Я пригадала добре відому оповідь про перетворення дружини Лота в соляний стовп, але Садді сказав, що нічого дивного в її смерті не було, крім того, що вона озирнулася і побачила руйнування. Я запитала, чи є у нього якесь пояснення цим руйнуванням.

С: Там, де стояли ці міста, є ями, заповнені асфальтом і вугільною смолою, а була страшенна спека. І стріли блискавок вдарили з небес, і коли вони попали в ті ями, то спричинили повсюдне

руйнування. (Може, він вжив слово «дощ»? Цікава різниця у визначенні). І це ... вибухнуло. І містах впали, і тонули глибше і глибше, поки від них не залишилося нічого.
Д: *То ти думаєш, що все це сталося з волі Яхве?*
С: Так, це була Його воля.

Мені треба було негайно перевірити це. Садді розпалив мою цікавість. Я не вважала, що історії ессенів щось зашкодить, якщо я пошукаю інформацію про Содом і Гоморру. Деякі джерела були легко доступні в моїй енциклопедії. Нам раніше це в голову не приходило, бо ми й подумати не могли, що тут є якийсь зв'язок.

Археологічні та біблійні матеріали підтверджують розташування п'яти міст на тій Рівнині (серед них Содом і Гоморра) у долині Сіддім. Це була колись родюча рівнина, що пролягала в південній частині гирла річки Йордан, там, де вона впадає в Мертве море. Ранні наїзники, що в давнину прийшли у ці місця, виявили, що долина рясніє асфальтовими колодязями, або, у древніх перекладах, "слизькими ямами". Старовинні і сучасні писання свідчать про наявність асфальту (як це називалося по-грецьки або по-латині, бітуму) навколо Мертвого моря, особливо у південній його частині. У стародавні часи його називали Соленим морем і озером Асфальтит. На південно-західному куті видніється невисока гора, що частково складається з компактної кристалічної солі, яку сучасні араби називають Джебель Усдум, гора Содом.

Недавні розслідування геологів показали наявність тут нафти, а також просочування на поверхню асфальту. Геологи також допускають присутність урану, але вважають, що було б дуже складно його добувати. Давні історики писали про поганий запах і випари, що йшли з моря. Випари були такі сильні, що осідали на металах. Сучасні ж геологи кажуть, що це природний газ, який був невідомий людям минулого. Вони припускають, що причиною загибелі Содома і Гоморри могла бути нафта і газові гази, запалені блискавкою, або землетрус, що перевернув печі в хатах і це спричинило вибух. В Біблії сказано, що Авраам бачив дим, що піднімався з Рівнини вгору, "як дим з печі" - це можна витлумачити як горіння нафти і газу. Це також може бути поясненням атомномного вибуху.

Поверхня Мертвого моря, яка знаходиться на глибині 394 метрів нижче рівня моря, є найнижчим відомим місцем на землі. Море потім падає до максимальної глибини 400 метрів і вода в ньому в шість разів солоніша, ніж звичайна морська вода, що робить Мертве море також найсолонішим місцем на світі. Це унікальне геологічне явище. Жодне інше місце на земній кулі, що не знаходиться під водою, не лежить нижче рівня моря більш ніж на 90 метрів. У такій воді неможливе абсолютно ніяке життя.

Вернер Келлер у своїй книзі "Біблія як історія" говорить, що дослідження в цьому районі виявили щось дивне. Хоча основа Мертвого моря неймовірно глибока, південний кінець його досить мілкий, не більше 15-18 метрів. Коли сонце світить у певному напрямку, під водою можна розгледіти обриси лісів. Ліс зберігся завдяки високій концентрації солей у воді. Це свідчить про те, що перед знищенням Содому і Гоморри ця місцевість була родючою рівниною, покритою пишною рослинністю. Вважається, що саме тут пішли під воду ці міста, і цим пояснюється така мілина.

Повітря в цьому районі насичене сіллю, і все (включаючи людей) швидко покривається шаром солі. Може цим і можна пояснити, що жінка Лота перетворилася на соляний стовп. Коли стався вибух, величезна кількість солі була викинута в повітря з соляної гори, розташованої поблизу тих міст.

Я ризикнула б висловити свої власні висновки щодо того, що там сталося. Для того, щоб міста затонули, а місцевість стала мертвою і безлюдною протягом майбутніх віків, я вважаю, мав статися природний атомний вибух. Чи можна цим також пояснити надзвичайну глибину моря? Таке можливо при наявності урану, а також інших високолетких хімічних речовин у цій місцевості. Цікаво відзначити, що, за словами автора Еріха фон Данікена, прилад виміру радіоактивності ґейдера ніколи не показав надлишкової радіоактивності.

Але як пояснити явлення тих двох істот, які прийшли попередити Лота і його сім'ю? Якби катастрофа була природним явищем, то як вони могли знати про це заздалегідь? Було висловлено ще одне припущення, що не блискавка спричинила вибух, а підпалення було зроблено лазерними променями від міжпланетного космічного корабля. Людина з неупередженим розумом може бачити багато різних можливостей.

Отже, нам відкрилися нові горизонти вивчення історії того періоду. Можливо, Садді розповість нам ще більше і допоможе відкрити нові шляхи мислення.

## ДАНИЇЛ

Коли я запитала Садді про історію вогненної печі, він сказав, що нічого про це не знає. Тоді я запитала, чи знає він про те, що когось кидали у яму з левами.

С: Ти говориш про Даниїла. Опис цього є в сувоях. Він був мудрець і пророк. Деякі люди боялися, що він буде впливати на їхнього царя. Він був єврей і не вірив так, як вони, ось вони його і кинули левам. А коли він вийшов звідти живим, вони сповнилися страху, бо зрозуміли, що його Бог - це істинний Бог. Кажуть, що ангел прийшов і замкнув пащі левів. Але я думаю, що Даниїл говорив з левами. Це можливо. Людина може спілкуватися з тваринами. Хіба вони не є також Божими створіннями?

## ДАВИД

Садді якось сказав мені, що він походить від дому Давидового, тому я запитала, чи чув він про історію Давида і велетня.

С: Ти говориш про ¢оліафа. Кажуть, що ¢оліаф був командувачем війська ... здається, філістимлян. А народ ... дай мені подумати, хто там був царем? Здається, Саул, і вони воювали. Кожного дня ізраїльське військо виступало і терпіло поразку, і багато воїнів гинуло через цього ватажка філістимлян, ¢оліафа. Він виступав, кидав виклик і перемагав.
Д: *Він і справді був велетнем?*
С: Його б визнали більшим від більшості чоловіків. Він був із філістимлян, але сам він не був філістимлянином. Іншими словами, він був десь із інших місць. І кажуть, що Давид вирішив здолати і вбити ¢оліафа. Так і сталось. 'Сказано, що він скористався своєю пращею. І що він був пастухом і наловчився з пращі вбивати вовків, якщо влучно поцілиш. Це

допомагало тримати вовків і шакалів подалі від овець і ти не втратиш багато ягнят. Давид ледь досяг віку змужніння. Я думаю, йому було років чотирнадцять. Йому було дано знати, що він зможе це зробити. Неважко перемогти когось такого, коли ти знаєш, що правда на твоєму боці. У даному випадку краще вбити одну людину, щоб зупинити вбивство, ніж дозволити одній людині вбити багатьох. Так написано'.

## ЙОСИП

С: Історія Йосипа не входить в Тору. Кажуть, що у нього було багато братів від різних матерів. І тільки один брат був від тієї ж матері, і він був молодший за Йосипа. Може навіть він був наймолодшим, я не пам'ятаю. Вже багато часу пройшло з тих пір, як я це читав. Кажуть, що його продали в рабство його ж брати із ревнощів, бо батько приділяв йому більше уваги. Тому що він ... дай мені подумати ... Так, пам'ятаю, він був наймолодшою дитиною своєї матері, а мати померла при пологах. Вона була найулюбленішою дружиною. І тому цей син був, як ви кажете ... напевно, розпещеним. Він отримував багато всяких речей і брати вважали, що це не зовсім справедливо. Якось батько подарував йому вбрання з рукавами, і він ...

Стривай! У нашій біблійнії написано, що батько дав йому багатокольорову одіж. Я перервала: "Вбрання… з чим?"

С: З рукавами. Сорочку з рукавами. Зазвичай сорочка не має рукавів, це просто відкритий халат. У всякому разі, це було красиве і нове, і тому брати позаздрили. Вони вирішили відібрати це від нього, але Йосип сказав: "Ні! Ви знаєте, що батько дав це мені". Стали сперечатися, і вони кинули його в колодязь, або спустили його туди, я не пам'ятаю. І вони сказали: "Ми не можемо дозволити йому повернутися до батька. Він розповість, що ми наробили". Тому вони вирішили вбити його. Але брат Йосипа від тієї ж матері сказав: "Ні, ми не можемо цього зробити. Він наш брат. Ви знаєте, що ми не можемо цього зробити". І він приймає рішення, що вони продадуть його работорговцям, які підуть до Єгипту, і вони ніколи більше не побачать його. І вони продали його.

Д: *А що брати сказали батькові?*

С: Вони принесли одіж Йосипа назад, і вони, я думаю, заплямували його кров'ю ягняти, і сказали, що на брата напав лев і що його більше немає в живих. І що це було все, що вони знайшли.

Д: *Тоді що було далі, коли його продали?*

С: Його господар, побачивши, що він хлопець тямущий, приставив його до роботи ... щоб він працював ... обліковцем? (я припускаю, що Садді вжив саме це слово. Вимовлено якось дивно), і відповідав за його маєтки. А жінка господаря вирішує, що вона хоче Йосипа для себе, а він каже: "Ні, ні, ні". Тоді вона робить так, що у нього сталися неприємності з господарем, і той кидає Йосипа до в'язниці. І... дай мені тепер подумати... Там, у в'язниці, був також радник фараона, який також впав у неласку, він бачив сни, а Йосип умів розгадувати сни. І коли радник фараона був випущений із в'язниці, Йосип попросив не забувати про нього. І одного разу, коли фараон побачив сон, про Йосипа згадали і привели, щоб витлумачив той сон, що він і зробив. І в цей спосіб він урятував Єгипет, бо Єгипет мав сім літ достатку та сім літ голоду. Лише Єгипет підготувався до голодних років, а всі землі навколо голодували. І ось, розповідають, що коли у сім'ї Йосипа вже не залишилося більше їжі, він (батько Йосипа) послав їх (братів) у Єгипет. І кажуть, коли Йосип дізнався, що вони приїхали, і впізнав їх, тоді він звинуватив їх у крадіжці. І сказав, що вони повинні залишити з ним наймолодшого брата, того, що був сином тієї ж матері. А вони не впізнали Йосипа, бо він дуже змінився.

Д: *Бо минуло багато років?*

С: Так, і ... дай-но подумаю... Отже вони пішли додому, і розказали усе батькові, а він повинен був повернутися з ними... або щось подібне. Я не можу пригадати. У всякому разі, вони зрештою зустрілися, і всі повинні були чесно признатися, що сталося. Та Йосип, будучи благородною людиною, простив своїм братам, і їхній батько також їх простив. І вони возвеличились в Єгипті, коли вся сім'я переселилася туди. Це дуже довга історія, вона частина нашої історії.

## АДАМ І ЄВА

Садді згадував Адама і Єву раніше, тому я попросила його розповісти детальніше про цю історію.

С: Це історія створення чоловіка і жінки. З глини землі, коли земля була ще новою, було створено Адама. І коли Бог побачив, що Адам самітній і потребує ще когось, як він сам, то, сказано, що Бог взяв у нього ребро. Хоча я не бачу цього - у чоловіка стільки ж ребер, як і в жінки. Але, так чи інакше, його ребро було вилучене і з нього створено жінку, щоб була його спорідненою душею, його половиною.
Д: *Що означає це ребро?*
С: Жінка - твій первинний партнер, частина тебе і частина цілого.
Д: *Як ти думаєш, це просто легенда чи вони насправді ...*
С: (Перебиває): Я не знаю. Мене там не було!

Він сказав, що ім'я цього місця - Рай. Коли я запитала про Едемський сад, він відповів, що не чув про це.

Д: *Адам і Єва живуть у раю весь час?*
С: Згідно з легендою, вони були вигнані з раю, бо намагалися взяти від Бога те, що Бог хотів зберегти до Себе - а це було пізнання сорому. Вони з'їли з дерева знання, що дуже цікаво. Якщо ти маєш вибір життя і вибір знань, то для чого комусь хотілося б вибрати знання? Чи багато людей не хотіли б вибрати вічне життя? (Я не зрозуміла і попросила Садді пояснити.) Було два дерева. Одне - дерево пізнання, друге - дерево життя. То чому вони сказали, що вкусили плід дерева пізнання? Хіба більшість не хотіла б жити вічно? Це дуже цікаво для мене. Я хотів би бути може й не дуже мудрим. Якщо живеш вічно, то маєш набагато більше шансів набути мудрості за той час.

Його дивна філософія розвеселила мене, але це мало сенс. Я запитала, як виглядають дерева.

С: Вони були одного типу і були гігантськими за розміром. Я чув, що то були гранатові дерева, але це, знову ж таки, легенда.

Д: *Чи було у ваших оповідях щось про те, що спокусило їх вкусити плід одного дерева?*

С: Кажуть, що змій спокусив жінку. І, спокусившись, вона піддалася цьому, і, згідно з легендою, відтоді жінки повинні страждати під час пологів. Я не вірю в це, бо жінкам не треба страждати. Це щось чоловіки додали до цієї історії, як на мене. Чому, щоб принести нове життя у світ треба страждати? Звичайно, вони не мусять страждати! Є багато способів народити дитину без мук матері. Треба навчитися очищенню і заспокійливому диханню і вдаватися ... Не зосереджуватися надто на тому, що робить тіло, лише дати йому робити свою справу. А самій зосередитися на чомусь, що приносить приємність і спокій. І чим спокійніше тіло, тим легше дитині народитися. (Це дуже схоже на сучасні методи Ламаза).

Д: *А жінок вчать, що треба робити?*

С: Є жінки, яким кажуть, як це зробити. І звичайно, при пологах присутні й інші жінки, і, як правило, там з ними є і її чоловік. Але я не був присутній при пологах.

Д: *Ти згадав змія. Ти мав на увазі, справжню змію?*

С: Дехто каже, що це одна з тих падших світлих сутностей. Його дух увійшов у змія. Про це є багато легенд, але я в це не вірю. Я думаю, людина сама підготувала своє падіння - через жадібність і хіть. Чим більше маєш, тим більше хочеться. І людина сама підготувала собі вигнання з Раю. Легше сказати, що змій спокусив, ніж визнати, що цей змій - гірша частина самого себе.

Д: *Що сталося, коли Адам і Єва з'їли фрукт?*

С: Кажуть, що вони були вигнані з Раю. І вони зрозуміли, що в них немає одягу, і таким чином сором виявився світові. З того часу вони намагаються прикрити себе. Соромитися свого тіла, коли воно є твоїм храмом, не годиться. Це те, що Бог тобі дав, щоб провести своє життя в ньому. Треба шанувати своє тіло і дбати про нього, щоб воно служило тобі все життя. А соромитися того, що дано Богом, - великий гріх.

Це посилання на тіло як храм нагадувало слова Ісуса в Новому Заповіті.

*Д: Але ж ви прикриваєте свої тіла.*
С: Але ми не ховаємося. Коли ти ще дитина, можеш ходити так, як в той день, коли народився на світ. Це прийнятно. Не треба соромитись, що на тілі щось незакрите. Ніхто не тікає і не ховається, щоб прикритися, якщо хтось застиг його без одягу.
*Д: У деяких народів це дуже осуджується.*
С: І вони, як правило, мають найбільші проблеми.

Цим пояснюється щоденне купання чоловіків і жінок разом голими в Кумрані. Для них це була звичайна річ.

Садді згадав про падші світлі сутності, і мені відразу ж пригадалися оповіді про Люцифера як падшого ангела. Але Садді ніколи не чув про нього. Однак знав про архангела Михаїла.

С: Я знаю Михаїла. Сказано, що Михаїл є правою рукою Бога. Він є одним із сутностей, які ніколи не приходили сюди. Він завжди був з Богом, і ніколи не дозволяв собі віддалитися від Нього. Тому він такий же досконалий сьогодні, як і в день Творіння. Він як посланник для Бога. Якщо Бог хоче поговорити з кимось, можливо, не так прямо, Він іноді посилає Михаїла або Гавриїла (вимовлено дуже швидко.)
*Д: Як він говорить з тобою?*
С: Думкою до думки. А як же іще?
*Д: А насправді ти його не бачиш?*
С: Є ті, хто бачить. Є ті, кому це потрібно. Але не завжди усім потрібно знати, хто його чує. До тебе і до мене він з'явиться по-різному. Він може виглядати як щось вбране у золоте світло, або як видимий сонячний промінь, або як молода людина, чи навіть стара. Все залежить від того, як ти його уявляєш, який його образ тобі потрібен. Можна побачити й інші сутності. Багато є таких, які ще не приходили сюди. Багато таких, які ще не вирішили для себе, що саме вони хочуть робити. Такі сидять і спостерігають.

Повертаючись до історії про Адама і Єву, я сказала, що чула ніби в ті часи на землі жили велетні.

С: Так було сказано. Згідно з розповідями, які були передані, Адам був остаточним рішенням Бога про те, як повинен виглядати чоловік. Перед ним було багато, багато інших, недосконалих, тому їх і замінили. В ті давні часи було багато такого, чого зараз не існує. Так що це цілком можливо.
Д: *Є багато легенд про дивних тварин. Як ти думаєш, ці оповіді прийшли звідти?*
С: Так я чув. Дуже ймовірно.

Більше про це йдеться в оповіді про створення світу в главі 15.

РУТ

Під час одного сеансу, коли я розмовляла з Садді ще як він був дитиною, я запитала, яка його улюблена історія, і була здивована, коли він сказав: "Мені подобається про Рут". Я подумала, що це досить дивний вибір для дитини. У нашій Біблії є багато історій, які, здавалося б, могли б бути більш захоплюючими для хлопчика. І я попросила його пояснити, чому. Те, що я почула, було само по собі дивиною.

Зазвичай гіпнотизерові треба задавати багато питань, щоб суб'єкт продовжував розмовляти. Людина у трансі стає настільки розслабленою, що може впасти у природній сон. У мене такого ніколи не траплялося, але це можливо. Кеті завжди багато говорила під гіпнозом. Але на цей раз Садді устами Кеті розповідав історію протягом семи з половиною хвилин, без перерви. Я не задавала ніяких питань і ніяк не спрямовувала течії розповіді. Це якийсь рекорд (якщо ще десь існують подібні явища), ще один приклад того, наскільки тісно Кеті ототожнювалася з особою з минулого.

Садді розповідав історію, захлинаючись ентузіазмом дитини, якій не терпиться поділитися своїми знаннями.

С: Кажуть, що Наомі - вона сама, її чоловік та їхні два сини - пішли в землю Моав (вимовлено майже одним складом), щоб заробити собі на життя, і щоб два сини, досягнувши віку, могли одружитися і почати свої сім'ї. Тепер у сувоях сказано, що ми не повинні брати жінок інших, ніж ми самі, тобто з тих, хто до нас не належить. Але ті поговорили зі священиком про цю справу, і він сказав, що, якщо вони (жінки) приймуть Яхве як свого Бога, братам дозволять з ними одружитися. І так вони вибрали собі жінок, на яких вирішили одружитися, але виявилося, що вони були сестрами. Одна була Рут, а от ім'я її сестри я зараз не пригадаю. Ну, хай вже так і буде! І сталося так, що через кілька років на людей впала тяжка хвороба. І муж Наомі захворів і помер, і обидва її сини теж. І вона вирішила, що повернеться до своєї землі, тобто до Ізраїлю, піде до своєї рідні, взявши з собою те, що вона мала. Тоді сказала вона своїм невісткам, що вони, мовляв, молоді, хай лишаються тут, виходять заміж, і живуть серед народу свого. І сестра Рут погодилася повернутися в батьківський дім. А Рут відказала, що, відколи вона покинула дім своїх батьків, вона перестала бути їм дочкою і що Наомі тепер її сім'я. І тому куди Наомі піде, туди ж і Рут. А Наомі все наполягала: "Ні, ні, не роби так. Це неправильно. Наші люди різні". А Рут і каже: "Хіба ж не слідую я шляхами Яхве, як твій народ?" А та відповідає: "Так". "А хіба я не дотримуюсь законів?" А та каже: "Так". "Отож, я одна з вас". І Наомі подумала, що замість того, щоб іти самій - а це буде дуже важка подорож - вони підуть разом. І пішли вони разом. І вони дісталися свого дому. І коли вони туди прийшли, то всі дуже жаліли Наомі, що вона овдовіла і що не було у неї синів, щоб носити родинне ім'я. І от повернулася вона до своєї оселі. Вони були не дуже бідні, але не мали досить грошей на речі та на їжу або щоінше. Так жили вони деякий час.

Наомі мала двоюрідного брата на ім'я Боаз, який був шанованою людиною в громаді. Він був з дому Давида, дуже добрий та праведний чоловік. І він мав багато поля, і Наомі послала Рут на його поля збирати колоски - це було дозволено. І сказала невістці, що це має вийти на добре, знаючи, що це приверне до них увагу. Бо, хоч вони були бідні, показувати це - значить ганьбити дім. Вони живуть в одному містечку з двоюрідними родичами, отож вони повинні йти на поля збирати колоски. Таким чином на них звернуть увагу. Наомі мала надію, що з цього щось таки вийде. Або, може, як багато хто так каже, що вона про все знала і тому зробила так, щоб це сталося. Як би там не було, Рут вийшла в поле і стала збирати колоски, а коли наглядачі намагалися їй перешкодити, вона сказала, що згідно із законом вона має право це робити, тому що це всього лиш нікому не потрібні залишки. І це помітив Боаз, і так він дізнався, що вона йому рідня, вдова його родича. Отож, вони були споріднені. І він, бачачи їхні труднощі, послав їм багато їжі і різних речей, щоб їм не треба було збирати колоски. А був ще один родич, ближчий, ніж Боаз, який мав би одружитися з Рут, якби вона захотіла вийти заміж. Тому що такий закон: якщо чоловік помирає бездітним, то найближчий родич-мужчина повинен одружитися на його вдові, якщо сам він, родич, неодружений. Та йому було нестерпно думати, що вона моавитянка (вимовлено як "мовітянка") і не така, як люди з його народу. Але інша думка мучила його - що Боаз, може захотіти взяти Рут для себе. Він опинився у скрутному становищі. Бо ж якби він сказав, що він візьме її собі за жону, то, так, він взяв би родичку, але не зі свого народу. А якби він дозволив Боазу взяти її, то він знав, що Боаз тільки того й хотів. Складна ситуація... І тому вони вдалися до суду - хай суд прийме для них рішення. Присуд був такий: той родич повинен взяти її як свою жону або віддати Боазу свій сандаль. Віддати сандаль означає, що угоди досягнуто згідно закону. Він зобов'язаний був зробити це перед людьми. Тому що він не хотів ... навіть на зло Боазу, взяти собі жону, навколо якої піднявся такий лемент. Адже вона була чужа, і не схожа на них, і все таке...

І стали вони жити-поживати та добра наживати. Від поєднання Рут і Боаза почався дім Давидів. Вони для нас дуже важливі. Це мій народ пішов з їхнього дому. І їхній син був ... дозволь мені подумати ... Це було ... Давид був їхнім внуком, сином їхнього сина. І звідти ми всі пішли ...

Садді говорив цілих сім з половиною хвилин безперервно.

Д: *Чому це твоя улюблена історія?*
С: *Це історія моєї родини. Це був початок нашого дому (лінія предків, родовід).*
Д: *Чи була Рут задоволена таким рішенням? Що кажуть сувої?*

С: Так, вона була щаслива, бо сказано, що вона вийшла і сповістила Боаза, щоб він знав, що це її вибір. Це також є частиною всього. А той другий родич і Боаз разом розламали хлібину і на цьому порішили. Тоді він публічно відмовився від своїх прав.

Д: *Якщо б вона не повернулася з Наомі, то ніколи не зустріла б Боаза.*

С: Зустріла б. Це сталося б так чи інакше.

Д: *Чи є щось таке, ну, як доля, щоб люди сходилися?*

С: Якщо є борги, які повинні бути сплачені, чи то для добра чи зла, вони повинні бути сплачені. І тому це стається. І ми повинні винести урок з них. І навчитися не уникати їх, навіть якщо це принесе багато душевного болю і страждань. Якщо ти вийдеш із ситуації якнайкраще у твоєму становищі і винесеш із цього урок, то досягнеш неймовірних благ.

Д: *Тобто не чинити опір, а йти як дорога ляже.*

С: Так.

# Розділ 15

# Мойсей і Єзекіїль

## МОЙСЕЙ

Історія Мойсея була для Садді добре відома і важлива, оскільки він був майстром і вчителем Тори, яка містила в собі Закони Мойсея. Я отримала багато уривків цієї історії протягом трьох різних сеансів, об'єднала їх разом і вони добре поєдналися. Вони містять ще більше дивовижних відмінностей, ніж будь-які інші біблійні історії, які я чула від Садді, дивовижних, але досить правдоподібних.

Вже з самого початку ця розповідь не подібна на відому нам біблійну версію. У недільній школі нас навчали, що немовля-Мойсей народився від єврейської жінки, був захований в кошик з очерету, поки дочка фараона не знайшла його і не виховала в палаці як свою власну дитину. А ось так наводиться ця історія словами Садді.

С: Його мати була принцесою в Єгипті ...
Д: *Ми чули історію, що він народився від єврейки.*
С: Ні! Він народився від єврейського батька. (В його голосі звучало пригнічення). Цю історію розповсюджували в пізніші роки, щоб приховати, що він був єврейською дитиною від єврейського батька. Мойсей був сином дочки фараона.
Д: *Для чого було це приховувати?*
С: Тому що в той час євреї були рабами в Єгипті. Хоча Мойсей був благородного походженням, належав до дому Йосипа, він все ж був єврейським рабом в Єгипті. Я думаю, історію вигадали, щоб уберегти матір, тому й сказали, що дитину знайшли. Сказали, що його знайшли в річці, в кошику з очерету. Це неправда.

Д: *Він був вихований у домі фараона? Чи сталося щось таке, що змусило його тікати?*

Згідно з біблійною історією, коли Мойсей виріс, він випадково скоїв убивство. Коли фараон дізнався про це, він хотів його убити, але Мойсей, щоб уникнути того гніву, втік у пустелю. Знову версія Садді не співпадала з канонічним текстом.

С: Він не був змушений тікати. Він дізнався, що його батько - раб. А раз батько раб, то і він теж раб. І він сказав, що йому належить жити зі своїм народом. Це було частиною навчання, яке повинно було звернути його до добра, щоб він міг витримати те, що випадало на його долю.

Д: *Наші історії, здається, трохи відрізняються. Ми чули, що він пішов у пустелю.*

С: Його вислали в пустелю, тому що він посмів закохатися в принцесу Нефертері, яка мала стати дружиною фараона. За це його і вислали в пустелю. Це було вже після того, як він вирішив стати рабом. Якби він все ще залишався принцем Мойсеєм, його б у пустелю не відправили. Рамзес знав, що Нефертери любила Мойсея і став ревнувати. Він добре знав, що відправивши людину в пустелю, це все рівно, що убити її. Тому він вірив, що покінчив із Мойсеєм назавжди. Він не знав, що рука Яхве була на ньому.

Д: *Як він дізнався про свою долю, якщо він був у пустелі? (Я думала про нашу історію про Бога, що говорив до нього з палаючого куща.)*

С: Я не знаю! Я не був там! Я чув, що до нього прийшли ангели. Я чув, що він просто відкрився до своєї внутрішньої сутності. Є багато історій. Я вважаю, це все сталося великою мірою через те ... він просто не витримав. Він був вільний і щасливий, а його люди були рабами в Єгипті.

Д: *Наша історія говорить щось про палаючий кущ.*

С: Я чув про це також, ніби Бог відвідав Мойсея у вигляді палаючого куща. (Зітхає). Мені це звучить досить дивно. Навіщо Богу було спалювати дерево, щоб привернути увагу простого смертного? Чому б йому було просто не сказати: "Я Яхве, і ти будеш слухати мене"? Я вірю, що Він говорив до душі Мойсея, і Мойсей почув. Деяким людям дуже важко повірити, що хтось може почути Бога всередині себе. Їм потрібна якась зовнішня форма, щоб сказати: "Так, Бог говорив зі мною". А щоб почути Бога, потрібно всього лише відкрити для Нього своє серце, і ось Він уже там, в кожному подиху і кожній миті. Треба просто слухати.

Звичайно, це виглядає занадто легким для більшості людей. Я запитала Садді, чи знає він історію про Червоне море і чи вона така ж, як і історія, до якої ми звикли.

С: Хтозна? Ти маєш на увазі, коли вони перейшли Червоне море? Було сказано у деяких оповідях, що море розступилося, але це неправда. Правда в тому, що вони просто перейшли. Вони мали таку здатність ... Як би це сказати? Сила духу і зусилля усіх витворили енергію, яка просто підняла їх. Так що, як кажуть, вони навіть ніг своїх не замочили.

Д: *Ти маєш на увазі, що вони йшли по воді або пливли поверх вод?*

С: Так. Дехто міг сказати, що води розступились, так що коли вони зробили крок-другий, вони не торкнулись води. (Він виявив розчарування своєю нездатністю дати задовільне пояснення.) Прикласти енергію, щоб іти по воді, або як назвати це як ти хочеш, це узгіднено з природою. Це не протирічить природі. Ти просто напружуєш енергію і спрямовуєш її так, щоб поверхня була твердою. Розумієш? Змусити море розступитися - це проти законів природи. Коли ти робиш щось, використовуючи закони енергії, ти завжди повинна бути у згоді з природою. Йти наперекір природі - значить зрушити щось зі свого місця, заподіяти велике зло і велику шкоду. Нас у громаді навчають використовувати енергію таким чином. З вірою все можливе. Ви повинні вірити.

Д: *Однак там було дуже багато людей, які переходили море. Ти думаєш, всі вони вірили?*

С: Ні. Але було достатньо віруючих і вони просто пішли за ними. А ось люди фараона не мали віри або здатності це робити, і тому, коли вони ступили у воду, вони ... каменем пішли на дно.

Хоча я і не розуміла того, що було для нього таким очевидним і простим, я перейшла до наступної загадки, пов'язаної з Мойсеєм: до Ковчегу Заповіту.

С: Так, це ковчег договору між Мойсеєм і Богом. Це ... як би мені це пояснити? Це канал, через який можна спілкуватися з Яхве. Це засіб спілкування з Ним. Це ще й засіб обміну енергії. Кажуть, в ньому зберігаються всі таємниці світу і Всесвіту.

*Д: Кажуть, що в ньому зберігались Десять Заповідей.*

С: Так, книги (скрижалі) знаходяться там, але це, як я кажу, канал зв'язку із Яхве. Це частина чогось такого, що колись, в інші часи, було набагато більше значимим. І нам було дозволено зберігати деякі тайни. Таким чином ти можеш пізнати тайни всього сущого. Левити зберігають тайни ковчега. Вони сини Ааронові.

*Д: Де ковчег тепер? Він ще існує?*

С: Так, він під захистом. Вони (Левити) охороняють його тайни у своєму середовищі. Кажуть, що за часів Вавилону і пізніше ковчег кілька разів захоплювали царі й імператори, які хотіли підпорядкувати владу ковчега своїй волі. І з цієї причини впали їхні царства. А ковчег знову переховували, багато разів. І зараз його переховують. Це був дар. Знання було дано Мойсеєві і Аарону, щоб спорудити ковчег. А потім Яхве зрозумів, що людина ще не готова до цього. І тому людину не треба допускати до цього. Енергія занадто сильна.

*Д: Чи може ковчег бути зруйнований?*

С: Ні, ніколи. Його можуть зруйнувати тільки діяння або воля Бога. Він охороняється левитами.

*Д: Я чула, що ковчег несе в собі небезпеку.*

С: Для тих, у кого нечисті серця і неправедні наміри, так. Тоді він знищить тебе. Енергетичний рівень його настільки потужний, що може викликати зупинку серця або вразити мозок. Може зробити так, що душа покине тіло.

*Д: І тому-то Яхве вважає, що людина ще не готова до володіння ковчегом?*

С: Протягом багатьох років людина намагалася підкорити ковчег своїй волі, щоб він робив те, що людина хоче. Кажуть, що той, хто заволодіє ковчегом, буде правити світом. Ось чому він захований в потаємному місці.

*Д: А чи буде людина коли-небудь готова до чогось подібного?*

С: Хто я такий, щоб судити? На це можна лише сподіватися. Кажуть, що багато людей загинуло від цього. Свого часу він знаходився у внутрішній святині храму Соломона. Але сила його майже знищила внутрішню святиню, і його перенесли звідти в інше сховище.

*Д: Як ти думаєш, Ковчег Заповіту має якесь відношення до того, що євреї змогли перейти Червоне море?*

С: Ковчега з ними не було. Його побудували тільки ... після сорока років блукань. Він був збудований пізніше, щоб тримати в ньому скрижалі і папіруси із законами. Мойсей зробив зовнішнє облаштування, Калуу доставили джерело енергії, яке помістили всередині.

*Д: Люди дуже змінили історію і наші перекази не такі, як ваші.*

С: Відомо, що кожного разу, як людина розв'язує язика, щоб розповісти казку, вона її трохи прикрашає.

Відповідно до наших біблійних версій, після того, як євреї перейшли Червоне море, їх вела хмара диму вдень і хмара вогню вночі. Але Садді ніколи такого не чув.

С: Говорять, що на посоху Мойсея був великий кристал, який світився. І це вказувало напрям.

Це була ще одна несподіванка. Згідно з розповіддю Садді, якщо вони йшли у правильному напрямку, кристал світився, а коли збивались зі шляху, він тьмянів.

С: Розповідають, що, коли вони довго блукали по пустелі і вже стали знемагати, то Мойсей сам зневірився і повів людей у тому напрямку, куди вони хотіли, а не туди, куди його скеровувало ... Тобто у нього з'явилися сумніви. Він втратив глибоку віру, яка дозволяла йому зробити те, що він уже зробив. А втікачі, яких він вів, наполягали: "Ні, ні, ти не туди нас ведеш. Роби так, як ми хочемо. Ось підемо сюди". І вони заблукали. Мойсеєві тяжко було переносити те, що вони збилися зі шляху, і що його люди страждають і вмирають. І він став молитися до Яхве, і казав, що він знову піде за Ним, якби Він тільки врятував народ. І сказано, що Він знову став дороговказом для Мойсея.

Існує також розповідь про чудотворення - як люди знайшли їжу і воду, щоб підтримувати свої сили під час блукань по пустелі.

С: Кажуть, що манна росла на деревах. Кажуть, що це як хліб, який називається манна, тому його так і назвали. У пустелі є кущі, що мають таке насіння, і коли те насіння відкривається, у них є щось, що ... Як мені це пояснити? Дуже добре їсти, воно має життєдайну силу. Кажуть, що саме на цьому вони й жили. Я ніколи не бачив тих кущів, тому не знаю. А там, де були ці кущі, можна було вдарити об землю жезлом, і з'являлася вода, і вони пили її.

Д: *Виглядає, жезл Мойсея мав чудодійну силу.*

С: Мойсей знайшов свій посох. Кажуть, що з ним він міг знайти воду та інші блага, але, що я тобі скажу, будь-який посох зробить це саме, якщо правильно ним користуватися. Кажуть, що кристал був чимось таким, що передавалося з покоління в покоління. Що Авраам приніс його з собою, і його передавали і передавали наступним поколінням. А Йосип його взяв із собою в Єгипет, на землі фараонові. Кристал там був, коли почався єгипетський полон. Потім його передавали від батька до сина. Кажуть, що батько Мойсея, який був євреєм, дав йому кристал, коли той досяг віку мужчини. Кажуть, що якийсь час він носив його на шиї. Це те, що належало Яхве, тому він був захищений.

Д: *Ти думаєш, Мойсей знав, яка в ньому була сила?*

С: Я не Мойсей, не можу сказати. (Ми засміялися) Кажуть, що коли Йосип вперше прийшов до Єгипту, євреї були у великій пошані. І тоді їх стало так багато, що єгиптяни стали заздрити. І велике число євреїв було навернуто в рабство (кабалу). Від них пішли люди, що перетнули Море, ті, які йшли за Мойсеєм. Це були їхні нащадки, нащадки Йосипового народу.

Д: *Як Мойсей зміг змусити фараона відпустити євреїв?*

С: Фараон був його братом. Вони виросли разом. Він міг переконати його різними способами, а дехто каже, що навіть за допомогою чаклунства. Він наслав на єгиптян кари. допомогою різних методів і, як кажуть, чаклунства. Він наслав них чуму.

З дитинства я чула про чуму у Єгипті і це завжди викликало у мене особливе зацікавлення. Про це йдеться у Біблії, Вихід 7-12. Можливо, тепер для мене з'явився шанс дізнатися про це з точки зору Садді. У Біблії згадується десять ознак покарання:
1. Вода в річці перетвориться на кров;
2. Жаби;
3. Воші;
4. Мухи;
5. Мор - чума і ящір у худоби;
6. Нариви на тілі;
7. Град і вогонь;
8. Саранча;
9. Темрява;
10. Смерть первістків (внаслідок чого була встановлена єврейська Пасха).

*Д: Чи таке було насправді?*
С: Так, але більшість з них ... Мойсей був дуже мудрою людиною. Візьмімо станню кару, де говориться, що небо потемніло і води стали червоними. Кажуть, що, коли небо потемніло, він знав, що вверх по течії ... йому дали знати … вибухнув вулкан. (Садді довго не міг знайти потрібне слово). А щодо страху перед кривавими водами? Він знав, що через пару днів це станеться, тому що вище течії земля має такий колір. Коли стічні води потраплять у річку, то вода стане червоною. Це було йому відомо. Там ще були нібито сарана та інші тварі. Я не знаю, чи все так було. Але я знаю, що декому просто було дано знати, що щось має статися.
*Д: Дуже розумна людина. То ти думаєш, що багато чого із цього не було гнівом Яхве?*
С: Ні, окрім останньої кари. Остання - це коли починається Пасха. Так, це було покарання. Яхве пообіцяв, що буде посланий Ангел Смерті. Бути мстивим - це не схоже на Бога,

якого я знаю. Стерти всіх людей з лиця землі, як Він зробив, коли велів Ноєві побудувати великий ковчег - це теж не схоже на мого Бога. Але про це нам розповідали. Кажуть, що була пошесть якихось фурункулів і що це була ознака смертельної хвороби, яка розноситься щурами. А фарбування дверей, я думаю, більше пов'язане з тим, щоб ізраїльтяни не захворіли, а не на погибель єгиптян. Я думаю, що євреї вважали себе ... не вразливими до хвороб.

Д: *Так, історія говорить, що вони фарбували одвірки, і це змушувало Ангела Смерті проходиди мимо.*

С: Це те, що сказано. Я також чув, що вони розвішували в домівках різне зілля.

Д: *Може ти вважаєш, що це була хвороба, яку переносили щурі, а виразки були симптомами?*

С: Так, це те, про що мені казали. Наші наставники також думають, що це дуже правдоподібно.

Д: *Хвороба повинна була вразити тільки первістків?*

С: Ні, не лише їх. Вона вразила і першородних, і половину єгипетського народу. Кажуть, що коли Мойсей говорив з фараоном, він сказав, кара впаде і на його первістка. Він не сказав, що Він нашле смерть на первістків усіх єгиптян. Було лише сказано, що це те, що Мойсей побачив, і що це мало статися. Він не проклинав його, він просто передбачив це.

Д: *Наша ж історія каже, що Яхве зробив це, щоб змусити фараона звільнити євреїв.*

С: Я думаю, що це настільки ж має відношення до Яхве, наскільки до діять людей. Але людина, яка має здатність передбачати, як Мойсей, може зробити багато чого.

Д: *Кажеш, він і до чаклунства вдавався?*

С: Це деякі люди так називають - уміння бачити, що станеться до того, як це станеться.

Д: *Ти вже казав, що у вашій громаді є наставники, які мають таку здатність. Міг Мойсей був наставником, який цьому навчався?*

С: Цілком можливо. Сказано ж, що його батько був служителем віри, а мати - принцесою Єгипту. Його навчали не тільки єврейські священики, а й єгипетські священики. Він був наполовину єгиптянин, так чому б йому не вчитися таким методам?

Дивно, що може статися, коли оригінальна ідея впаде у неупереджений розум. Я раптом змогла поглянути на речі, які сприймала все життя як щось само собою зрозуміле, у новому світлі. Ідея була радикальною, але чи можна було б так само пояснити божі кари в Єгипті? Садді сказав, що води річка стали червоними із-за дощів, що випали вище течії. Біблія каже, що "ріка засмерділась" і з неї не можна було пити. Чи не могло це статись, що виверження вулкану спричинило викиди сірки у річку? Будь-який простий чоловік будь-де у світі скаже вам, що природне явище може зробити добру воду непридатною для пиття. Сірка у воді, звичайно, тхне.

Жаби вибралися з річки і вкрили землю. Це також могло бути викликане змінами в природі. Тварини дуже чутливі до цього. Коли жаби поздихали, єгиптяни згребли їх у стоси, які засмерділися. А рої мух, що покрили купи загниваючих жаб, могли поширити чуму. Садді сказав, що темрява настала у вислісі виверження вулкану, цим також можна пояснити "град змішаний з вогнем". Таке явище, як відомо, стається під час вивержень вулканів.

Садді сказав, що мор, який призвів до загибелі людей і встановлення Пасхи, був хворобою, викликаною щурами. Тоді цим можна пояснити і пошесть вошей, бо ж відомо, паразити розносять мікроби чорної чуми. Хвороби тварин і людей пов'язані із фурункулами на тілі, які могли б бути симптомами цих хвороб. Напасть сарани також може бути спричинена природним явищем або наслідком порушення атмосфери виверженням вулкану. Дивно, як все це стає на місця і має реалістичне пояснення! Це ніколи не прийшло б нам в голову, якби Садді не виясни це у логічний спосіб.

Євреї були рабами, а їхні поселення були ізольовані від поселень єгиптян. Отож, залишаючись у своїх домівках поки Ангел Смерті не завершить свій обхід, вони дотримувалися свого роду добровільного карантину. Вони трималися подалі від щурів - розносщиків зарази і від хворих людей. Це цікава думка, яку можна всіляко розвивати.

*Д: Коли Мойсей вперше отримав Заповіді? Після блукання в пустелі?*

С: Так, він спершу почув голос Господній, і був спрямований на гору Сінай. І він пішов на гору і, кажуть, там він говорив з Богом і отримав ці Закони від Бога.

Д: *Як ти думаєш, він дійсно говорив з Богом?*

С: Так, кажуть, що коли він спустився з гори, він був не схожий на себе, на того, яким він туди піднявся. Я думаю, він був ніби інша людина. Він був відкритий до пізнання і багато чого іншого.

Д: *Як Бог дав йому Заповіді?*

С: Я не впевнений. Вони були накреслені. Деякі кажуть, що вони були писані перстом Божим. Я думаю, що це більше схоже на те, як деякі наші люди пишуть сувої. Це робиться без зусиль думки, як би виходить через них. Я думаю, що і з Мойсеєм сталося щось подібне. Заповіді були викарбувані на глиняних табличках (на таких, які вживали учні в Кумрані для вправ у письмі). Він зійшов з гори із Законами Бога, і кажуть, що від нього йшло таке сяйво, що навіть повітря навколо нього мерехтіло. І коли він зійшов, вони зробили золоту статую Ваалу і Дюру (Durue. Так мені почулось), цим самим вже порушуючи більшість Заповідей. Кажуть, що Мойсей так розгнівався, він розбив таблиці, а потім йому довелося йти і знову їх писати. Доторкнувшись до Бога і слави Його, він не міг витримати, що його народ був такий нікчемний. Він не міг цього зрозуміти і відчув, що вони не заслуговують ніякого слова від Бога. Кажуть, що Мойсей був відомий своїм гарячим характером, так що, мабуть, це було правдою.

Д: *Чому люди створили золоту статую Ваалу?*

С: Після сорока років поневірянь по пустелі, а потім раптово спочити, посидіти і робити все, що хотіли, вони трохи з'їхали з глузду. Вони мали Аарона. Але Аарон не був таким вольовим, як його брат, він був більш піддатливим.

Д: *Як довго Мойсей був на горі?*

С: Я не пам'ятаю. Я думаю, що рік, я не впевнений.

Біблія говорить, що Мойсей так розлютився на своїх людей, що, крім того, що він розбив таблиці, він у приступі гніву також вчинив вбивство тисяч його власного народу. Садді з цим не згодився. Він каже, що гнів Мойсея минув, коли він побив таблиці.

С: Він не мав влади над ними. У них було самоврядування. Він знову написав таблиці. Я не знаю, чи він знову ходив на гору, щоб їх одержати. Але цього разу люди були набагато сумирнішими. Пізніше вони знайшли землю, їм обіцяну. Кажуть, що Мойсею не дозволили прийти на цю землю, але він помер раніше. Це було пов'язано з сумнівами, які оволоділи ним, та з виконанням побажань інших. Коли ним опанував сумнів, то він перестав іти за провідником (кристалом), що дав йому Яхве. Він сам показав, що ще не готовий, що йому ще потрібен час. На землю обітовану вже прийшло нове покоління. Вже не ті люди, що блукали по пустелі. Я вірю, що Аарон був єдиним з тих старших, хто дійшов до землі обітованої. Про Мойсея є багато історій, він був дуже мудрим.

## ЄЗЕКІЇЛЬ

Про Єзекіїль і його дивне бачення було написано багато чого, це гарна біблійна історія, і я вирішила розпитати Садді. Однак у мене виникло відчуття, що він переплутав історії Єзекіїля і Іллі, - чи то тому, що вони схожі, чи тому, що початкові версії були більш схожі, ніж ті, що стали відомі нам.

С: Єзекіїль. Це ім'я одного з пророків. Його історія є в деяких сувоях. Єзекіїль був пророк, мудрець і один з учителів. Він був дивак, жив сам по собі більшу частину свого життя і не мав багато учнів. Говорять, що коли він постарів, йому сказали, що він не помре, його заберуть прямо до Бога. Для мене це звучить як марнославство. Хоча кажуть, що до нього приходили якісь інші, не наші, і забрали його, я не вірю, що це були люди Божі.

Я не розуміла, кого він мав на увазі під "інші".

С: Є інші, подібні до нас, але не не такі, як ми. Саме вони і відвідали його. Вони не є земні, вони звідкись, хоча нам не сказано, звідки. Нам просто сказали, що так далеко, як може сягнути пам'ять, ці "інші" навідувались сюди. І що деякі люди є більш благословенними, більш обраними, чи щось такого. Я не знаю, які для цього є підстави. Але декого відвідують, а декого забирають. Та деяких залишають тут, щоб розповіли про те, що вони самі пережили. Кажуть, що послідовники Єзекіїля запевняють, що він від'їхав у ... Здається, що вони вживали вираз "вогняна колісниця". Може на їх погляд це й виглядало на колісницю, але як на мене це більше схожа на одну з літаючих машин давнини, аніж на колісницю. Може бути, вона бризкала вогнем, не знаю. Були різні види цих машин.

Може, ті автори, які допускали, що Єзекіїль у своєму баченні спостерігав НЛО, не так вже й далекі від правди!

С: І він відійшов. Чи то він сам вирішив піти з ними, чи це вони вирішили, що він їм потрібен - не знаю. Кажуть, що від нього ніколи більше не чули. Я не можу знати. Я насправді мало знаю цей сувій, в ньому не записані Закони. Я чув про таке і читав, коли був малим.

Я була справді заінтридована згадкою про давні літаючі машини.

С: Дуже давно були побудовані машини, які літали в повітрі, як птахи. Було дано знання, і його використовували. Як я розумію, воно здебільшого зараз втрачено. Є кілька людей, наставників, у яких це знання є, але воно не використовується. Знання знаходиться в бібліотеці. Воно - частина науки про містерії. Краще зараз до цього не вдаватися.

Д: *Ти знаєш, як працювали ці машини?*

С: Ні, не знаю. Використовували щось для фокусу в центрі. Крім цього я ... знову ж таки, це не моя наука. Я просто знаю трохи про це, бо розмовляв з іншими. Кажуть, що вавилоняни мали це знання в ранні дні. Я не знаю, чи це правда. Люди, які нам дали ці знання, були Калуу. Вони мали можливість це зробити до того періоду, як спілкування з ненашими було обірване. У них було багато величних речей, але вміння використовувати їх було втрачено. А якщо і не втрачено, то було вирішено, що краще його не застосовувати, тому що воно принесло стільки біди і руйнувань.

*Д: Якщо б ваші люди мали ці знання, то чи могли вони будувати літальні апарати при потребі?*

С: Якщо б це було необхідно, може й так. Я не інженер. Я не знаю.

Він описав їх так: "Вони були зроблені з різних матеріалів. Деякі з дерева, інші з металів: бронзи, золота, незвичайних сплавів. Деякі з них були дуже маленькими, а деякі були досить великими".

Я припускала, що вони використовувалися для подорожей, але знову була здивована, коли запитала Садді про їх призначення. Він впевнено відповів:

С: Вони використовували їх у війні. А також для подорожей. Але найбільшою їх цінністю було долати ворога з великих відстаней. Вони мали зброю, що знаходилася на цих машинах.

*Д: А вороги мали такі машини?*

С: Не всі. Більшість не мала.

*Д: Ваша історія розповідає, як сталося, що ці знання було відібрано?*

С: (Дуже спокійно) Світ був знищений. Катаклізм. Я не знаю, якого саме типу. Це як ніби праведні сили природи повстали і земля вибухнула.

Він ніколи не переставав вражати і дивувати мене такими несподіваними відкриттями.

*Д: Ти думаєш, що це було викликано війною, яка велася за допомогою цих машин?*

С: Я не знаю. Я там не був.

Він сказав, що Калуу були деякими з тих людей, які брали участь у цій війні, але він не міг згадати, хто були "інші". Я запитала, чи їхня битва обмежувалася лише однією частиною світу

С: Ні, вони воювали в декількох місцях. Був величезний неспокій.

Мені стало дуже не по собі. Це звучало дуже схоже на те, що відбувається у світі сьогодні. Невже історія повторюється? Після того, як сталася ця велика руїна, Калуу, за словами Садді, почали поневірятися - таким чином, загинули не всі.

С: Ні, не всі, але ті, хто залишився в живих, слід сподіватися, помудрішали. Тому що вони отримали знання, які їм дозволили зберегти і здатність це робити. За умови, що вони не скористаються цим знанням знову, щоб знищити себе і інших заодно. Це було заборонено. Знання тепер зберігається в надії, що коли-небудь воно буде безпечно використовуватись.

Д: *Як же люди врятувались?*
С: Я не знаю. Темна історія. Про те, що це станеться, було відомо. Їх вислали звідти, перш ніж почалося знищення світу. Подалі від того місця, де це почалося.

Д: *Думаєш, хто-небудь колись знайде якийсь із цих літальних апаратів?*
С. Можливо. Метал довго зберігається. Щось із них десь обов'язково має бути.

Д: *Як ти думаєш, коли-небудь хтось знайде хоч якесь із тих міст?*
С: Я не знаю. Нам не було вказано ні на жодне конкретне місто, ані на те, де воно мало б бути.

Отже, розпитування про біблійну історію Єзекіїля дало мені додаткову винагороду, до якої я не була готова.

# Розділ 16

# Створення світу, катастрофа і Калуу

Створення світу

Розповідаючи про Адама і Єву, Садді торкнувся історії створення світу. Я вирішила розвинути цю тему.

С: Отже, світотворення. Про це говориться в давніших, ніж Тора, оповідях. Кажуть, що спочатку було просто темно. Була суцільна темінь. І там нічого не було - лиш порожнеча. Бачачи це, Бог вирішив, що треба щось зробити, щоб заповнити цю безодню, бо якщо це порожнє, то і я порожній. І Бог зробив так, як Він вирішив. І раптово все заповнилося якоюсь масою - ніби великі хмари формувалися і зливалися разом, і ставали якоюсь сутністю. І це тривало деякий час. Із формування цих речей згодом утворилися зірки і планети. Це була частина Бога. Із планет і зірок та інших речей були сформовані певні тіла. І це було добре. Але порожнеча все-таки відчувалась, не було відчуття цілого. Тоді Він вирішив поселити там живих істот. Треба було прийняти багато рішень, якими вони мають бути. Після багатьох спроб і змін, Він нарешті зупинився на тваринах, яких би Він хотів там бачити.

Д: Хто-небудь допомагав Йому приймати рішення, чи Він все це робив сам?

С: Там були й інші. Елорі, всі ... Я не виясняю це дуже добре… (зітхає). Це не Елорі, це Елорим (Elorhim). По суті, все, всі разом брали участь.

Д: Я завжди думала, що Яхве - єдиний…

С: (Перебиває): Яхве ... Він наш, для нас Він, як інші для інших людей. Він є тим, хто опікується нами. Є й інші ... боги, якщо ти хочеш так їх називати. Інші істоти, які допомагали і працювали з Яхве. Вони всі становлять одне єдине. Вони є частиною цілого. Але коли справа доходить до того, що треба діяти спільно, вони роблять це як єдине ціле. Кожен з них робить свою справу, та коли вони разом, то це творить цілісність і повноту. У деяких ситуаціях їм дозволяється діяти разом. Але як тільки рішення про поділ сфер впливу було прийнято, кожен з них почав діяти незалежно від інших.

Концепція єдиного Бога над усіма вмирає важко. Садді сказав, що Яхве є частиною Елорима, але не над ними. Вони не потребували нікого над собою: "Вони є". Кожен з них мав свою власну область, так би мовити, але вони також діяли разом, якщо це було необхідно.

Д: Що головним чином входить в сферу інтересів Яхве? Наша планета, Сонячна система, чи просто наші люди?
С: Все. Наша галактика.

Цей складний концепт, який він намагався передати, все ще збивав мене з пантелику, тому я вирішила змінити тему і запитала його про рішення щодо того, що мало бути на планетах.

С: Було багато чого, що треба було змінити. Багато з того, що вже було створено, не виглядало добре, і тоді вносилися зміни. Тоді від них позбувалися. Їм треба було створити все так, щоб це було відповідним одне одному і виглядало як ціле.

Це звучало як експеримент. Те, що не підходило, знищувалося.

С: Або змінювалося. Деякі ідеї були правильними, але не досконалими. Тому вони замінювалися іншими. І коли Йому кінцевий продукт подобався, Його дітям захотілося самим випробувати, як їм житиметься на вдосконаленій планеті.
Д: Його діти - це хто?

С: (Йому було важко знайти слова, щоб пояснити) ... Ангели. Духи, що утворилися в той момент, коли ... Розумієш, не було нічого, а потім з'явилося ... з'явилися частини, або малі світлові суті. Вони утворилися в той же момент.

Ніби, коли все було створено з порожнечі, і стався такий величезний вибух енергії, що полетіли маленькі іскри, то ці маленькі іскри стали окремими душами або, як Садді їх називав, "ангелами". У цьому сенсі ми всі з'явилися на світ одночасно.

С: І були такі, яким хотілось дізнатись, на що схоже життя у такому світі. Земля не була безплідна, на ній було життя: були дерева, вода і заселена земля, і ... Можна до безкінечності перераховувати те, що було створено задовго до сходження ангелів. Все діялося в епоху "Нумо подивимось, що ми можемо створити і яким красивим ми можемо це зробити". І це тривало довгий час.

Мабуть, це сталося після того, як земля вже була створена, на ній зародилося життя, з'явилося багате царство тварин і вже були первісні люди, то духам стало цікаво випробувати на собі цей новий тип буття.

С: На землі були живі істоти. Було те, куди душі колись вселилися для існування. Відтак душі почали вселятися в людські тіла. Спершу найцікавіші і найвідважніші з них. Їх ставало більше й більше. Незабаром земля була переповнена. Це були часи, коли тут з'явилося велике зло. Бо існування духів у тілах людей спотворювало їх суть, так що вони вже не були бездоганними, а натомість і обросли різними недоліками.

Д: *Коли Елорим посилав духів на землю, вони дозволили їм ...*
С: (Рішуче перериває): Духів не посилали, їм було дозволено. Це був їхній власний вибір. Їх ніхто ніколи не примушував. Все було дуже красиво до тих пір, поки вони не стали земними. Протягом довгого часу вони не були прив'язані до землі і могли з власної волі залишати людську плоть. Приєднуючись до решти духів, які не мали досвіду земного життя, вони усвідомлювали, яке це благо бути власною істинною

сутністю, і повертались назад у людські тіла. Вони тримали їх від спотворення. Все йшло добре допоки вони не стали земними. Проблеми почалися з втратою здатності спілкування з тими, хто перебував на духовному рівні буття. Вони стали забувати те, ким насправді є, і почали змінюватися, деформуватися.

*Д: Спотворення фізичного тіла є ознакою негативної душі в тілі?*

С: Ні, ні, це не має нічого спільного. Багато людей з каліцтвами є дуже красиві душею. Може, тому вони намагаються вдосконалити себе, тому що їх тіло недосконале. Наприклад, у когось покалічена рука, він наскільки може достосовується до цього і стає вище свого каліцтва. Такі люди красивіші душею за тих, що просто сидять і говорять: "Ой! Погляньте на мою руку! Ой, подайте нещасному каліці!" Розумієш?

*Д: Так, інвалідам доводиться важче, але вони зростають таким чином.*

С: Так, зростають, якщо тільки вони знаходять в собі сили не падати духом через каліцтво.

Я зрозуміла, що Садді не мав на увазі тілесне спотворення, а деформований або спотворений дух.

*Д: У ті дні люди жили довше?*

С: Так. Тому що кожен раз, коли ви залишаєте своє тіло, душа перезаряджається, а після повернення назад наповняє тіло новою енергією. Людина помирала, якщо дух назавжди залишав її тіло.

*Д: Коли дух відходить від тіла, чи нагадує це наш сон?*

С: Трохи. Є люди, коли вони сплять, спроможні робити це з власної волі. Але зараз подібне вміння вимагає значно більшого самоконтролю. Це велика, велика здатність. Це не зовсім те саме. Це інше. Вимагає великого самоконтролю.

Це звучало подібно до відчуття, яке переживає людина, коли знаходиться поза власним тілом. У далекому минулому у так люди омолоджували тіло, і таким чином, тіло жило набагато довше, ніж сьогодні.

*Д: Коли Яхве і Елорим творили світ, вони дали життя лише одній планеті, нашій?*

С: (Нетерпляче перериває): Ні! То ж сказано, що в Його всесвіті таких планет багато, і форми життя на кожній з них різні. Кажуть, що колись на Місяці теж була атмосфера і було життя, а тепер там все знищене і мертве. Але я тільки чув про це і більше розповісти не можу.

*Д: Якщо є життя на інших планетах, то мешканці різних планет відвідують один одного?*

С: Якщо знання їхні від цього збагачуються, то їм дозволено це робити. Якщо ж вони несуть небезпеку іншим, то їм не дозволено ... як би це сказати ... спілкуватися.

*Д: Хто вважається небезпечним?*

С: Люди, які можуть знищити себе, несуть небезпеку і для інших. Людство вже робило це! Людина багато разів руйнувала себе різними методами. Бог майже стер з землі все суще на ній в покарання за вчинені людьми жахи. Тварини не вбивають одне одного безпричинно. Тільки людина може позбавити життя ближнього свого без жодного на те приводу.

*Д: Ми не раз чули перекази про те, що Яхве знищив людство. Через негідні дії самої людини? Як ти думаєш?*

С: Хіба Бог настільки жорстокий, щоб карати навіть невинних? Ні. Причиною всьому є люди. Але хіба не легше перекласти вину на Господа, ніж самому визнати свої гріхи, чи не так?

*Д: Чи можеш ти привести бодай один приклад, коли людство знищило свій світ?*

С: Кажуть, Калуу блукає по світу тому, що світ став зарозумілим і змінився. Існує багато методів використання влади і сили, які мало нам зрозумілі, але від цього вони не менш реальні. Вони шукали благ для себе, але задоволення і радості не завжди були корисними для них. Вони знищили свій світ своїми руками. Використовуючи більше енергії, ніж дозволяв здоровий глузд, часто в недобрих цілях, вони порушили баланс у природі. Я знаю, що через надмірне споживання виникла порожнеча. А вони брали, і брали, і брали, поки не було вичерпано всі ресурси. У кожної дії є протидія. Коли ж земля зажадала назад свою силу, це призвело до величезних руйнувань. Світ невпізнанно змінився. Кажуть, що так почалися мандри Калуу.

*Д: Значить, катастрофа мала природний характер?*
С: Так, але люди самі спричинились до цього. Їх попередили. Їм казали, що це погано закінчиться, але їм було байдуже.

Це змушує нас замислитися над сьогоденням, над нашими екологічними проблемами...

## НОЙ

Біблійна оповідь про Ноя і його ковчег завжди збуджували мій інтерес, і мені було дуже цікаво почути, що Садді скаже про це.

С: Про потоп, який стався на землі? Ця легенда подобається усім, бо вона сильна надією. Надією, що світ виживе, незалежно від того, у яку темінь він упаде. Кажуть, що Ной був видатною особистістю і дуже гарною людиною. І бачив Бог це, і вподобав його, бо Ной вів праведний спосіб життя, і всі його сини пішли шляхом Господнім.

*Д: Чому Яхве накликав такий великий потоп?*
С: Знову таки я вважаю, що це виникло внаслідок постійного зловживання над землею. Крім того, я чув, що це сталося в той час, коли все вже встановилося, приблизно в той же час, коли стався потужний енергетичний вибух. І як результат цього, вода морів і океанів могла випаруватися і обрушитися на землю зливою або чимось подібним. Не думаю, що все це було через дощ, який лив сорок днів і сорок ночей. Цього було б недостатньо. Дощ дійсно міг іти так довго, але я вірю, що це мало бути пов'язане зі зміною земної поверхні - моря переповнювались в одному місці і переливались в інше. Я думаю, що за той час окрім проливних дощів відбулися й інші зміни. Крім того, сказано, що Ной взяв ... треба подумати ... сім чистих тварин і двоє - нечистих. Якщо тварини не були ..., якщо ти не можеш їх їсти, то тоді брали тільки пари.

Я попросила пояснити, що таке чисті й нечисті тварини.

С: Дай подумати, як би це пояснити. Чистими вважаються ті тварини, що мають роздвоєні копита і жують жуйку. Якщо у них ціле копито, то вони не чисті. Такі, як свині, наприклад, мають роздвоєні копита, але не жують жуйку, тому це нечисте. Буйволи мають і те і друге, тому їх можна забивати і їсти. Овець теж можна їсти. Але верблюд, хоч і жує жуйку, не має копит, він має щось більш подібне до колодок, вони роздвоєні, але відрізняються від копит, і тому їх не їдять. У коня й осла копита не роздвоєні, отже нечисті. Бог повелів Ноєві взяти сім пар чистої худоби, тобто тварин, м'ясо яких їстівне. Вони повинні були розмножуватися і забезпечувати запас їжі. Крім того, йому було велено побудувати (йому було важко знайти це слово) ... великий човен певних розмірів. Я їх не пам'ятаю. Було зібрано тварин, зроблено відбір і завантажено їх на борт. Всі сміялися над Ноєм, бо ж він будував цей великий човен посеред пустелі. Його називали божевільним. Він же застерігав їх, говорив, що з ним розмовляв Яхве і скоро гнів Його обрушиться на землю. Але слова викликали лише насмішки, мовляв, усе це казки.

Люди не зрозуміли, що вони роблять, що все це станеться через них самих. Вони навіть не хотіли вірити, що це станеться, що так Бог постановив. І хоча їм було дано попередження, вони вирішили знехтувати цим. Ной узяв на ковчег своїх синів, і свою жінку, жінок синів, і їхніх дітей. Він взяв все, що він міг вмістити, і що лише було необхідним - зерно та тому подібне. Кажуть, що він був на човні приблизно два оберти Місяця. Шістдесят днів ... ні, п'ятдесят і вісім. (Тут знову говориться про місячний календар). Були і знамення. Спочатку запустили голуба і він повернувся додому. Другий раз запустили ворона і він не повернувся, і так вони зрозуміли, що він щось знайшов. І знову випустили голуба - він повернувся, несучи гілочку куща в дзьобі, я не знаю, якого саме. Стало ясно, що голуб знайшов землю. Їм вдалося відшукати це місце. Це був уже високий курган. Вони зійшли на землю і почали будувати цивілізацію. Але в першу чергу вони дякували Яхве за свій порятунок, так як всі інші загинули.

Мені було цікаво, чому славнозвісна веселка не була включена в історію.

Д: *Чи було щось ще, що було важливим у той час?*
С: Дітей Хама вигнали через щось. Я не пам'ятаю, він щось зробив і розсердив Ноя.

Де ж моя веселка? Я натякнула, що Яхве дасть їм знак, як обіцянку, що Він ніколи більше такого не зробить, але версія Садді не мала нічого подібного. Нарешті я вирішила запитати його прямо.

Д: *Я бачу, що наші історії трохи відрізняються. У нас є історія про веселку. Коли ковчег приземлився, Господь створив у небі веселку і сказав: "Це моя обітниця. Я ніколи більше цього не зроблю".*
С: Це звучить дуже мило, але я не знаю про це.
Д: *Тоді у вас немає оповіді про те, звідки взялася веселка?*
С: (Він засміявся.) Вона була весь час! Я не задумувався про її походження. Дехто каже, що це знак того, що Бог задоволений, що Він посміхається. Це дуже красиво. Але я пам'ятаю, чому стався потоп. Це були часи, коли люди вже були такими, що могли безпосередньо спілкуватися одні з одними. Вони розмовляли один з одним так, що й інший міг знати. Це знання було втрачено, і було закрито. Тоді вони подумали: "Якщо ми зробимо щось величне, то станемо такими ж великими, як Яхве, і потім знадемо шлях, щоб мати ще більше влади". За гординю Яхве позбавив їх можливості обмінюватися думками. І тому у світі настала велика плутанина і занепокоєння, тому що йому ніколи не доводилося спілкуватися з іншими людьми інакше, ніж обмін думками. Тільки згодом люди навчилися спілкуватися за допомогою мови, раніше в цьому потреби не було.

Це звучало знайомо. Можливо, саме звідси вийшла історія про Вавилонську вежу і те, що вона повинна означати. Зловживання призвело до втрати телепатичних здатностей.

Д: *Перед тим, як ця здатність була втрачена, чи могли люди спілкуватися між собою на великій відстані?*
С: Так, ніби вони були поруч з тобою. Цього їх позбавили, бо людина загордилася і робила багато чого такого, чого не було

... що підривало закони природи. І це спричинило велике нещастя. Кажуть, що сама земля вибухнула, як ніби хотіла стерти людей зі свого лиця.

Я поцікавилась, чи ця катастрофа була такою ж, про яку Садді згадував раніше, що пов'язано з мандрівкою Калуу.

С: Я не знаю. Розумієш, знання доходять до нас частинами та уривками. Нам доводиться складати їх в єдине ціле. Іноді чогось бракує. Ми намагаємося відновити істину.

Д: *Тобто, скласти всі частини і подивитися, чи вийде цілісна історія, так? Тому мене дуже цікавить твоя розповідь. Знаєш, коли книги перекладають з однієї мови на іншу, щось додають і щось викидають.*

С: Іноді навмисно.

Д: *Тому я й цікавлюся, бо наші книги написані по-іншому.*

С: Про що ти говориш? Ці книги ... що це? Як вони можуть бути написані інакше, якщо є Тора, творіння Бога? Чому вони мають бути писані інакше?

Д: *(Мені довелося знову швидко думати). Бачиш, в наш час люди говорять на різних мовах. І при перекладі з однієї мови на іншу трохи змінюється значення слів.*

С: (Перериває мене): Зрозуміло. Може це залежить і від людини, від перекладача?

Д: *Може бути. Ти це розумієш, бо і у вас є й різні мови.*

С: Так, люди більше не говорять однією мовою. І все через великі злодіяння, що людина вчинила.

Д: *Деякі люди, до яких я належу, також мають помилкові ідеї.*

С: Кажуть, з кожною переповіддю історія обростає деталями.

Д: *І неточностями та переборами. Нам ще багато чого належить вияснити, чи не так?*

С: Зупинити пізнання - значить померти.

СПОСТЕРІГАЧІ І КАЛУУ

Садді вже казав, що значна частина їхніх знань була передана від таємничих Калуу. Але я замислювалася, чи були інші джерела. Це особливо цікавило Гаррієт.

Той факт, що Садді замовчував певні аспекти життя спільноти ессенів, означало, що ми можемо не отримати більше відомостей, але варто спробувати.

Зараз ми розмовляли з Садді уже як з чоловіком похилого віку.

*Гарріет: Ти і ваша громада коли-небудь спілкувалися з істотами з іншого світу чи іншої планети?*
С: Так.

Це був сюрприз, бо питання було поставлене навмання. Раніше, коли я задавала те саме питання юному Садді, він розгублювався і не знав, що казати.

С: Це Хранителі, ті, хто стежить за нашими діями. Вони задоволені нашими зусиллями зберегти знання і домагатися миру.

Його відповіді були ухильними. Він сказав, що з ними зв'язувалися по-різному. Іноді особисто. Коли я запитала, чи вони коли-небудь приходили до громади Кумрана, Садді замкнувся. "Я більше не буду говорити про це! Це не є предметом обговорення!"

У подібних випадках продовжувати розпитувати було марно. У нього завжди переважала необхідність дотримуватись обережності. Іноді відповіді можна отримати, вдаючись до різних формулювань або обхідним шляхом. Але він ніколи не хотів обговорювати цю тему знову. Принаймні за життя.

Мені вдавалося отримати багато інформації, коли суб'єкт перебував у стані духу, так званому "мертвому стані" - між минулим життям і прийдешнім. Більше на цю тему буде представлено в моїй наступній книзі. Тут же я викладу тільки те, що стосується даної теми. Після смерті Садді нашим посередником з його духом стала Кеті. І я подумала, що можу скористатись цим, щоб дізнатися більше про Спостерігачів. У такому стані духу Садді ніколи не був надто потайним. Я сказала, що хочу спробувати знайти відповіді на речі, які він не міг обговорювати, тому що це не було дозволено в його середовищі.

К (Кеті як дух Садді): Є ще багато речей, про які тепер неможливо дізнатись.

Д: *Вони ніколи так і не стануть відомими?*

К: Ні, тільки зараз. Існує багато різних знань, але є речі, які також повинні бути захищені.

Д: *Так, я це розумію. Але я думаю, що є деякі важливі речі, варті того, щоб їх передати іншим людям.*

К: (Категорично): Але не тобі визначати ступінь важливості інформації. Якщо буде дозволено, я відповім на твої питання.

Я могла зрозуміти, що Садді дотримувався секретності, поки він був живий, тому що є речі, які він присягнув захищати. Але я не думала, що зіткнуся з його захисною реакцією в час, коли він уже був в іншому світі.

К: Знаннях, якими ми володіємо, можуть стати дуже небезпечним для вас, якщо потраплять у руки поганих людей.

Д: *Ти коли-небудь чув термін "Хранителі"?*

К: Так, Хранителі - це ті, що прибули ззовні, з інших світів, які існували тут з незапам'ятних часів. Вони вивчають людство в цілому і, сподіваються ... Вони хочуть, щоб ми досягли успіху. Вони хочуть, щоб ми йшли правильним шляхом. Але вони перебувають тут, напевно, і на той випадок, якщо цей шлях не буде знайдено.

Д: *Значить, в інших світах теж є життя?*

К: А чому ні? Чи ти настільки зарозуміла, що це є центром усього всесвіту, що це єдина точка, де Бог створив життя? Невже, по-твоєму, Господь створив небеса і все суще, а потім вирішив вселити життя лише у нашу крихітну незначну планету? Це найбільша зарозумілість, яка може бути.

Після того, як він заспокоївся, я попросила його продовжувати розповідати про Хранителів. Він став говорити дуже розміркованo.

К: Хранителі мають найвищі наміри. Вони нікому не хочуть зла. Я не кажу, що немає інших, які служать високим цілям. Але Хранителі є нашим власним захистом, своєрідним запобіжником. Якщо людство опиниться на межі повного самознищення, вони, по можливості, постараються запобігти катастрофі усіма засобами. Тому що знищення землі відбилося б луною на уесь всесвіт.

Д: *Чи хтось із Хранителів коли-небудь втілювався у фізичне тіло на будь-якій планеті?*

К: Так, вони приймали форми, які б вважалися людськими. Подібне неодноразово відбувалося і в нашому світі. Але, щоб розпізнати їх, потрібно мати дуже високу чутливість до характерних для них рис походження, так званих еманацій. До того ж, Хранителі не завжди являються у людській подобі. Іноді це всього лише досить точні копії. Є також і такі, хто втілювався в нормальне людське тіло і переставав бути суто енергетичною сутністю - тоді вони вже не належали до Хранителів.

Д: *Тоді вони не народжуються в тілі, як дитина, як люди?*

К: Були духиХранителів, які народилися в тілі, але тоді вони такі ж люди, як і ви, лише з можливо більш возвишеною душею.

Д: *Ти згадував про енергетичні істоти. Чим вони відрізняються від інших?*

К: Ці істоти, які вже пройшли потребу мати фізичноме тіло.

У багатьох книгах я зустрічала термін "світлові істоти". Садді сказав, що це може бути ще одна їх назва. Він же просто називав їх енергетичними сутностями.

К: Деякі з них є душами, які ніколи не відходили від Божої сторони з часів створення світу. Іншим вдалося знову досягти досконалості. Деякі - з інших світів, які виходять за межі людського розуміння. Вони настільки високорозвинені, що дивляться на нас так, як люди дивляться на амебу.

Д: *Як ти думаєш, ми коли-небудь досягнемо такого рівня розвитку?*

К: (Зітхає) Але не на нинішньому шляху.

Д: *А ці, інші, чи поклоняються вони Яхве?*

К: Всі поклоняються Яхве! Бог є все і все є Бог!

Д: *Чи є особливий спосіб, яким Спостерігачі нам допомагають?*

К: Навіть одна людина, на яку вони благодійно вплинули, може змінити долю цілої країни. Так вони досягають своїх цілей і сприяють збереженню миру на землі. Так вони чинять добро.

Допомагаючи нам ... як би це сказати, вони допомагають ... зберегти рівновагу, щоб все було в порядку речей.

Д: *А дух у них такий же, як і у нас з тобою?*

К: У всіх дух однаковий.

Д: *Чи відомо тобі, з яких інших світів вони походять?*

К: Вони походять з декількох груп, але це не ті знання, які я можу поширювати.

Однак він визнав, що Хранителі були з нашої галактики, але не з нашої сонячної системи. Вони спостерігають за землею з часів появи на ній людини. Я запитала про будь-які можливі форми життя в нашій сонячній системі.

К: Так, але не завжди у тій формі життя, як ви знаєте. Деякі з них - духи. Але є місця, де життя знаходиться лише в зародку.

Я спробувала перенести Садді до приблизно 70 року н. е., щоб він розповів мені, що сталося з Кумраном. Він був нібито зруйнований у 68 році н.е., і я думала, що зможу дізнатися про долю цього поселення. Але коли я взяла Садді в той період, він знаходився в місці спочинку, намагаючись все забути.

Коли люди переходять в інший світ, вони нерідко ідуть в наявні там школи. Але якщо минулі життя були особливо важкими, вони не приступають до навчання відразу, вони на деякий час ідуть у місце спочинку. У такому стані вони мляві і неохоче спілкуються. Це місце також згадується в моїй книзі "Між смертю і життям". Дух потребує просто відпочити і відіспатися, і не хоче ні про що турбуватися. Я мала людей, які залишалися там для відновлення сил кілька років, а то й кілька століть. Це залежить від того, наскільки напруженим було їхнє останнє життя або що вони намагаються забути. Час для них в такому стані має не більше значення, між вони були б у школі. І поки дух знаходиться в місці спочинку, його марно про що-небудь розпитувати.

Тому я цього разу спробувала іншу тактику, бо ж мені було цікаво дізнатися, що сталося з Кумраном. Я перенесла Кеті у той період ще перед тим, як вона пішла відпочивати. Іноді, коли людина переходить в інший світ, вона має можливість бачити майбутні події, якщо побажає. Може, і тепер нам вдасться заглянути вперед?

Д: *У твоєму положенні ти здатний багато передбачити. Ти був так тісно пов'язаний зі своєю громадою і так довго. Чи можеш ти побачити, що станеться з Кумраном?*
К: Поселення буде захоплене римлянами і знищене, багато людей буде вбито. Потреба в Кумрані вже минула.
Д: *Чи знають ессени, що їх чекає?*
К: Так, і це їхній вибір. Збереження знань почалося багато поколінь тому. Значна частина знань прихована - те, що не повинно потрапляти в руки інших, поки не настане час для їх відкриття. Всьому свій час.

І той час настав, коли Сувої були знайдені в багатьох печерах. Їх буквально "дістали з-під землі", як він і казав. А як щодо інших важливих речей, які не були знайдені? Де таємничі об'єкти з бібліотеки: модель, спостереження за зірками, кристали? Він сказав, що цілком можливо, що модель заберуть і заховають, але він не був у цьому впевнений.

Я подумала, що якщо хтось колись її знайде, то все рівно не здогадається, що це таке, яке її призначення. Для когось це будуть лише стрижні і бронзові кульки. Мабуть, це було нелегке рішення розібрати модель на частини, тому що ессени знали, що ніхто ніколи не знатиме, як її відновити. Не можна було допустити, щоб вона потрапила в руки римлян. Це була одна з речей, які вони присягнули захищати, з тих пір, як Калуу дав їм її тисячоліття тому. Всі ці рішення, мабуть, були дуже складними, бо ессени знали, що вони підійшли до кінця ери, що двері закриваються. Єдиним рішенням, яке вони могли придумати, було приховати цінні речі в надії, що, можливо, десь хтось знайде їх і зрозуміє, справжню цінність. Вони розуміли, що ризикують. Проти них був час, стихії і мародери.

Коли я запитала про кристал, тіло Кеті раптово різко здригнулося. Я не зрозуміла цієї реакції, але Садді сказав: "Зникло! Вже не тут. Переміщено до іншого джерела світла". Я не подумала в той час запитати, що він має на увазі, але тепер мені цікаво, чи не було перенесено його на іншу планету? Я запитала, чому його це так схвилювало. Він зупинився, ніби прислухаючись до чогось.

К: Вони кажуть, що ще не час.
*Д: Я б хотіла висловити таке припущення: чи Спостерігачі могли взяти участь у переміщенні і збереженні деяких речей?*
К: Можливо.
*Д: Так, це був би один із способів, щоб у майбутньому ці речі не можна було знайти. Якщо всі ці речі зникнуть, люди в майбутньому ніколи не дізнаються, якою високорозвиненою була спільнота есенів.*
К: Вони дізнаються, коли світ буде готовий до цього.
*Д: Після знищення Кумрана хтось із цих людей залишиться?*
К: Так, вони підуть в інші місця. Деякі з них знатимуться на таємницях. Інші житимуть лише спогадами, які пробудяться в час потреби.

Чи він мав на увазі ті спогади, які ми зараз пробуджуємо в цьому експерименті…?
Я змінила тему розмови, щоб ще що-небудь дізнатися про загадкових Калуу.

К: Вони ті, про кого ви думаєте. Вони звідти, що ви у ваш час називатимете "Атлантидою". Різниця в назві - коли люди говорять про те, що називається Атлантидою, вони не знають, що на тому континенті було багато урядів і багато країн. Калуу не належав до усіх їх, а був лише частиною того світу.
*Д: Ти знаєш, що з ними сталося?*
К: Деякі з них ще живуть на землі. Вони є стражами деяких секретів, які захищаються. Вони оберігають ввірені їм таємниці та інші речі. Згодом про них дізнаються.
*Д: Що сталося з їхньою країною?*
К: Сталася велика катастрофа, і все тому, що вони не дотримувалися законів природи. Але мудрі знали, що має статися, і хотіли зберегти знання, щоб іскра, що називається людством, не згасла.
*Д: Чи була катастрофа природним явищем?*

К: Це був крик відчаю. Природа збурилася від того, що зробили з нею люди.

Д: *Коли Садді був ще живий, він казав, ніби був великий вибух.*

К: Так, вибух також був. Люди зловживали природною рівновагою. Коли ви берете надто багато від природи і не поповнюєте, ви порушуєте рівновагу в природі. Тому саме це і сталося. Багатьох попередили зарання, що мало статися, і вони рятувалися. Деякі повітряними кораблями, деякі морем, сподіваючись, що хтось таки виживе.

Д: *Чи був кристал якимось чином причетний до остаточного знищення? (Інші автори згадували це, і я хотіла перевірити).*

К: Так, один з них, а їх було декілька. Деякі з них пов'язані з перевантаженням, зловживанням, неправильним спрямуванням сил. Це перейшло за межі допустимого настільки, що природа не витримала. Для кожної дії є протидія. Цього вони не взяли до уваги.

Д: *Садді казав, що була війна, і вони використовували літаючі кораблі.*

К: Так, то був початок кінця. Але війни, про яку він говорив, не було.

Це був шок, якого ми не очікували. У мене волосся стало дибки. Коли я переписувала магнітофонні записи про війну, мені було якось не по собі. Становище у світі, яке описував Садді, було зловісно схоже на теперішнє. Здавалося, що історія повторюється, і це вкрай мене турбувало. Те, що я почула, знову повернули ті тяжкі почуття.

Д: *Чому Садді думав, що це вже сталося?*

К: Непорозуміння з інформацією.

Д: *Він дійсно сказав, що спогади приходять до нього уривами. Але ж він говорив про давні літальні апарати.*

К: Так, там були літальні апарати. Але війни, про яку він говорив, не було. З одного боку він говорив про давні бойові кораблі, які дійсно існували, а з іншого - покладався на пророцтва, які в той час були йому доступні. Так буває, коли ви користуєтесь уривками інформації. Ті, хто думає, що можуть одержати знання і робити свої судження, часто застосовують їх неправильно.

Д: *Я не знаю, чи ти маєш право давати інформацію про те, коли відбудеться війна?*

К: Війна, про яку він говорив, - це пророцтво, яке багато хто не розуміє. Це те пророцтво, яке не обов'язково має відбутися. Також пророцтва можуть змінюватися, якщо достатня кількість людей вкладе в них потрібну енергію і спрямує її в потрібному напрямі.

Д: *Він сказав, що Спостерігачі - це ті, хто може спробувати допомогти.*

К: Вони намагаються допомогти, але їх жменька, і вони не можуть виконати роботу тисяч людей. Запобігти катастрофі може сила волі людей. Вони повинні розуміти, що може статися, якщо пророцтва здійсняться. Принаймні вони повинні пам'ятати про майбутнє своїх дітей.

Д: *Чому так важко отримати інформацію від Садді? Якщо вона настільки важлива, він мав би бути більш відвертим.*

К: Кожна людина має свою власну особливість і закорінені звички. Якщо хтось каже тобі робити чи казати щось проти того, чого тебе навчили, ти не зможеш цього зробити. Тому не питай його про те, що він не може сказати. Не зловживай довірою.

# Частина II

# ЖИТТЯ ІСУСА

# Розділ 17

# Пророцтва

Існує багато способів представити матеріал, одержаний в стані реґресії. Фактично, про події життя Христа ми з Садді говорили упродовж трьох місяців, працюючи над цим. Я могла б залишити їх у контексті всього того, що Садді розповідав із сеансу в сеанс про своє життя. Але тоді історія Ісуса загубилася б серед величезної маси матеріалу, а це було б неприпустимо. Життя Христа занадто важливе, тому я вважаю, що його треба виокремити в самостійну частину. І я вирішила об'єднати все те, що Садді говорив про Ісуса, в окремий розділ.

Це могла бути самостійна книга, але тоді їй бракувало б основи, на якій я намагалася представити оповідь. Я хотіла показати, яке життя було в тій пустельній громаді, і щоб читач познайомився з особистістю і мудрістю одного з ессенів. Таким чином, ми можемо мати краще уявлення про обстановку, в якій Ісус жив і навчався, познайомитися з деякими віруваннями і знаннями в середовищі, де він провів свої найбільш чутливі роки. Тільки таким чином можна дізнатися про невідомі роки його життя в новому світлі і, сподіваюся, зрозуміти усю велич цієї людини.

У попередніх розділах вже згадувалося про те, що деякі з християнських вірувань і обрядів явно запозичені у ессенів, зокрема таїнства хрещення і причастя. Коли були перекладені Сувої Мертвого моря, ці два ритуали згадувалися як частина повсякденного життя ессенів. Після вивчення перекладів багато фахівців це коментували. Подібність між цими фактами і те, про що згадувала Кеті, стало несподіванкою і приємно здивувало мене. Я знову і знову дивувалася точністю, з якою вона описувала життя Садді.

У своїй книзі Ґінзбурд пише, що, поступово розвиваючи свої здібності в громаді, ессен досягає найвищого з можливих для нього рівнів. "Тоді він стає храмом Святого Духа і може пророкувати. Перш за все дар пророцтва вважався найвищим плодом мудрості і благочестя. Досягнувши його, ессен міг надалі вдосконалюватися до стадії, на якій йому ставали доступні чудотворні зцілення і воскресіння з мертвих". Я думаю, що цей уривок не залишає сумнівів, звідки у Ісуса його надприродні здібності. Мені здається, що це підпадає під вчення Майстра таємниць. Садді вивчав в основному Тору та закон Мойсея, а в інших галузях мав мінімальні знання. Але Ісус повинен був вивчати все і від різних наставників.

Сувої Мертвого моря вивчають і донині, але повідомлення про них перестали з'являтися відразу ж після того, як їх стали перекладати. Чому? Що такого виявлено в древніх творах, що хтось не хоче, щоб світ знав? Чи виявили вони те ж саме, що і я? Чи вони боялися, що християнський світ буде шокований відкриттями про те, що християнство започаткувало не служіння Ісуса, а релігія ця народилася з вчення цих очевидно самовідданих, безкорисливих чоловіків і жінок, які присвятили своє життя любові до всього людства і зберегли знання для майбутніх поколінь? Я не перша, хто говорить про це. До такого ж висновку прийшли багато інших авторів.

Одним з перших був Дін Прідо (Dean Prideaux), який в 1600-х роках написав твір "Старий і Новий Заповіти у їх взаємозв'язку". Він казав, що люди в його часи визнавали подібність між християнською релігією та документами ессенів, і що Христос і його послідовники були лише відгалуженням секти ессенів.

У 1863 році Генріх ¢ріц написав у другому виданні свого третього тому "Історії євреїв", що Ісус просто привласнив собі основні риси ессенізму, і що первісне християнство було нічим іншим, як відгалуженням ессенізму.

Знову ж таки з книги ¢інзбурдa 1864 року - я цитую: "Ті, хто називає себе справжніми євангельськими християнами, усіма силами прагнуть знищити кожен прояв спорідненості між есенізмом і християнством, щоб не говорили, що одне вийшло з другого".

Ця ідея висвітлювалася все більше і більше авторами книг про сувої Мертвого моря, де наголошувалося, що зв'язок дуже очевидний і дуже реальний. Один автор стверджував, що більшість богословів це знають, і лише простий мирянин залишається в невіданні.

У журналі National Geographic за грудень 1958 року з'явилася фундаментальна стаття про відкриття і переклади сувоїв Мертвого моря. Я цитую: "Існують певні паралелі між віруваннями і практиками ессенів та особливостями раннього християнства. І це реальні факти".

Проте все, що відомо про цю надзвичайну секту, було отримано від стародавніх письменників та із розкопок Кумрана. Я сподіваюся, що мої відкриття відкриють нові двері і дозволять вперше уявити образ життя ессенів та їхні вірування. Цього неможливо здобути лише від просівання розкопок і датування залишків та артефактів, знайдених у мовчазній руїні. Я сподіваюся, що вчені використають мою книгу як цінний інструмент для розуміння цих таємничих людей і єднання Ісуса з ними. Може, нарешті, відкриється уся історія, і Ісус постане перед нами ще більш дивовижною і величнішою особою, ніж раніше. Ми зможемо оцінити його як живу людину із плоті і крові, побачивши його очима одного з його люблячих вчителів.

*Д: Ти сказав, що якийсь час займався визначенням пророцтв. Чи можеш пояснити, що ти маєш на увазі?*
С: У Торі багато пророцтв. Більше половини з них стосуються народження Месії. Там говориться про те, що Месія прийде. Ми повинні знати час його пришестя і вміти розпізнати його та повідомити інших, тих, хто хоче пізнати істину. Ми вивчаємо, як це сказати ..., з якого дому він прийде. Він буде з дому Давидового, як і я. І народиться він у місті Давида, а це Вифлеєм. Кажуть, що багато хто буде відкидати його із-за того, що він буде Назарянином. А Назарет користується поганою славою.
*Д: Чому? Чим поганий Назарет?*
С: У цього міста погана слава, колись там жили нікчемні люди і головорізи. З Назарету нічого доброго не приходить.
*Д: Тоді чому ти думаєш, що Месія прийде звідти?*
С: Тому що пророцтва так кажуть.
*Д: Чи говорять ваші пророцтва, коли це станеться?*
С: Скоро, дуже скоро.
*Д: Він народиться, чи він просто з'явиться?*

С: Він народиться від жінки.

*Д: Що відомо про його родичів (батька і матір)?*

С: Сказано, що вони впізнають її, коли побачать її.

*Д: А як щодо батька?*

С: Відомо тільки що він буде з Давидового племені.

*Д: Чи можеш поділитися з нами ще якимись відомостями?*

С: Сказано, що Ілля повинен прийти раніше, щоб прокласти шлях.

*Д: Що ти маєш на увазі?*

С: Ілля відродиться, щоб дати знати про прихід Месії тим, хто має вуха.

*Д: Ти знаєш, ким він переродиться?*

С: Я не знаю.

*Д: А як щодо Месії, він теж буде чиїмось переродженням?*

С: Мойсея або Адама, це те ж саме.

*Д: Можеш сказати мені, як давно тут існувала секта ессенів? Як довго вона формувалася?*

С: Кажуть, що перші не були навіть євреями, а були відомі як люди з Ур. Це було в далекому минулому. Вони принесли знання про деякі пророцтва і символ хреста.

*Д: Хрест - це один із символів, який використовують ессени?*

С: Так.

*Д: Як виглядає цей хрест? Я бачила багато його різновидів.*

С: Він має дві короткі поперечини і петлю для голови на вертикальній частині, яка сходить вниз.

*Д: Деякі хрести мають однакові розміри усіх частин.*

С: Але не цей. (Це звучало як анкх, єгипетський символ життя.)

*Д: Що цей символ означає?*

С: Це символ спасіння.

*Д: Поясни, будь ласка, докладніше.*

С: Сказано, що розуміння прийде, коли здійсняться пророцтва.

*Д: Спасіння для мене вказує на порятунок від чогось. Що або хто має бути врятований?*

С: Це якимось чином пов'язано з долею Месії. Більше цього я не знаю.

# Розділ 18

# Вифлеємська зірка

Про Вифлеємську зірку було багато дискусій і суперечок. Багато хто вважає, що її ніколи не існувало, що це просто міф чи легенда. Інші вважають, що це могло бути надзвичайно рідкісне з'єднання зірок або планет. З'єднання відбувається, коли орбіти двох або більше планет зливаються, з нашої точки зору на Землі, в одну велику зірку. Це відбувалося багато разів протягом всієї історії, але рідко в таких масштабах, як описано у Біблії. На думку Вернера Келлера в уже згадуваній книзі "Біблія як історія", багато експертів датують це явище сьомим роком до н.е., коли в сузір'ї Риб сталося з'єднання Сатурна і Юпітера. Китайські записи також згадують про яскраве світіння зірки Нова (раптовий вибух світла від далекої зірки, що може зайняти мільйони років, щоб досягти Землі), яке було видиме 6 року до н.е.

Існують також давні записи про яскраві комети, що з'являлися в цей час у середземноморському регіоні: комета Галлея, наприклад, в 12 році до нашої ери. Було навіть дуже багато припущень, що зірка була інопланетним кораблем. Через багаточисельні неточності у системі раннього літочислення відомо, що Ісус не народився в першому році нашої ери, звідки бере початок наш християнський календар. Єдине, в чому можна бути певним у цій суперечці, що ніхто в точності не знає, що собою являла Зірка Вифлеєма або коли вона з'являлася.

Я, звичайно, не думала про щось таке, і це була остання річ, на яку я очікувала під час роботи з Кеті. Цей епізод стався під час нашої першої сесії, коли ми тільки що зіткнулися з Садді, і я намагалася більше дізнатися про нього. Я з вдячністю згадую той момент, коли це питання виникло, і що нам вдалося прилучитися до такого знаменного явища. Тоді я просто попросила його перейти до важливого дня в його житті. Це звичний крок у гіпнотичних сеансах, коли треба утримувати суб'єкта від зациклення на нудних земних речах, які складають більшу частину життя кожної людини. Це спосіб перенесення історії життя суб'єкта вперед і прослідкувати його життя та події, що в той час відбувалися. Те, що важливо для однієї людини, не обов'язково є важливим для іншої, і це додає достовірності почутому. Отже, я попросила Садді перейти до дня, який він вважав важливим, і запитала, що він робить.

Він сказав, що він з батьком і вони дивляться на зорі. Звичайна річ, але його голос голос звучав якось дивно. У ньому вчувалось тихе збудження, очікування дива і трепет. Я зрозуміла, що то була не зовсім звичайна ніч.

Він кілька разів глибоко вдихнув повітря і сказав: "Це початок всього. Побачити це на власні очі ... Більшого я не міг би побажати - знати, що пророцтво здійснюється". Кеті (як Садді) склала руки як в молитві, і її тіло схвильовано затріпотіло. Садді продовжував: "Сьогодні вночі сходиться четвірка".

Пригадаймо главу 3: батько Садді сказав йому, коли на небесах буде дано знак про прихід Месії. "Сказано, що коли з чотирьох кутів зірки зійдуться разом, і коли вони зіллються в одне, це буде час його народження".

Садді та багато інших ессенів спостерігали це явище з "точки очікування на узгір'ї", що імовірно, вивищувалося над Кумраном. Садді ледве стримував збудження: "Ніколи в моїх найсміливіших мріях я не сподівався бути свідком цього!" В його голосі було стільки благоговіння, що він майже шепотів. Я попросила його описати, що він бачить.

С: Це схоже на те, ніби самі небеса розкрилися, і все небесне світло просто падає на нас. Ніби денне сонце ллється з небес! Настільки яскраво! Вони ... вони сходяться! Вони ще не зійшлись, то ж зараз це більше, ніж має бути.

Він поєднав кінчики вказівних і великих пальців, утворив велике коло, показуючи, як зближуються зірки. Було ясно, що він бачить щось виняткове. Його хвилювання передалося й мені так, що в мене по тілу побігли мурашки. Мені раптово захотілося бачити це на власні очі, але довелося задовольнитися лише описом Садді - найкращого очевидця цієї. Виглядало, що в одній точці сходяться чотири зірки.

С: І сказано, що коли чотири зірки стануть одним цілим, то в той момент Месія зробить свій перший подих.
*Д: Ти знаєш, де він народиться?*
С: Як кажуть пророцтва - у Вифлеємі.
*Д: Як реагують інші люди, що дивляться на це разом з тобою?*
С: Усіх переповнює радість. А ще ... навколо нас така енергія! Здається, ніби весь світ в очікуванні затамував подих.

Його голос зривався від почуттів. У мене не було ні найменшого сумніву в тому, що він був свідком чогось надзвичайного.

*Д: Що ти плануєте робити? Чи збираєшся знайти Месію?*

Я припускала, що хтось у той час мав би знати, що означало це дивне астральне явище, і, природньо, захоче побачити Месію. Отримати цю історію дійсно було б проривом у моїй праці. Я тоді не знала, що пізніше матиму досить часу, щоб дізнатися більше про Месію.

С: Ні, не ми. До нього підуть інші.
*Д: Чи кажуть пророцтва, хто його знайде?*
С: Кажуть, що його знайдуть інші, а потім вони відійдуть.
*Д: То ти не збираєшся іти до Вифлеєму і спробувати його знайти?*
С: Ні, бо незабаром настануть темні роки. Тоді він сам прийде до нас. Ми будемо готові до цього.
*Д: Це пророкувалося, що він прийде до твоїх людей?*
С: Так.
*Д: І він буде тут вчитися?*
С: Не стільки вчитися, скільки осягати свою внутрішню сутність.
*Д: А у вас є можливість допомогти йому в цьому?*
С: Ми можемо спробувати.

Це було першою ознакою того, що ми зможено одержати історію Ісуса з перших рук. Я добре усвідомлювала важливість цього, і мала намір слідувати за ним, куди б це не привело. Коли Садді спостерігав за зближенням зірок, дихання Кеті стало дуже глибоким. Я запитала Садді, чи знає він, який у них зараз час року.

С: Початок року. Новий ... рік тільки що минув.

Можна припустити, що він посилається на Рош Гашана (або "Рош Шофар", як він називав його), початок єврейського Нового року, який нині припадає на осінь. Експерти кажуть, що протягом 7 року до н.е. було три з'єднання Юпітера з Сатурном. Беручи до уваги інші фактори, вони припускають, що Зірка являла собою саме таке з'єднання, що спостерігалося 3 жовтня, тобто невдовзі після початку їхнього нового року. Звичайно, коли я задавала ці питання, я не мала уявлення, що їхній кадендар відрізнявся від нашого, і тому запитала, чи це було під час сезону, який ми називаємо весною. Він відповів: "Так. Скоро настане час вирощування".

*Д: Який тепер рік правління Ірода?*
С: По-моєму двадцять сьомий. Я не ...

Виглядало, що він хотів, щоб ми припинили розпитування і залишити його наодинці. Він був настільки поглинутий чимось, на що він дивився, що, здавалося, мої питання його відволікають. Раптом він вигукнув з нетерпінням: "Хіба ти не бачиш ?! Це так ... красиво!" У його словах було стільки емоцій. Він, мабуть, був здивований тим, що ми не могли того побачити.

*Д: Чи збираєтеся ви робити щось значне, коли всі зірки зійдуться?*
С: Ми будемо спостерігати ... і віддавати йому шану, бо він наш володар.

Споглядання зірок могло тривати досить довго, бо зірки рухались повільно, тому я вирішила прискорити речі, перемістивши його вперед, коли всі зірки зібралися разом, а потім запитала його, що він робить.

С: Ми прославляємо Яхве за те, що він нам дав можливість бути тут. І ми знаємо, що це велика честь Я (?), що ми жили в час звершення усіх пророцтв. Ми даємо йому знати, що ми прагнемо зробити все можливе, щоб бути готовими. Бо це велика честь, якої ми удостоїлись. І хоча ми знаємо, що ми негідні, ми сподіваємося піднятися до божих чеснот.

Його руки були складені, як в молитві і слова його здавалося радше молитвою. Я попросила ще раз описати зірки - уже після того, коли всі вони злилися воєдино.

С: Струмить промінь ... як хвіст. Він падає вниз, увесь із світла. Це схоже на сконцентрований промінь, який виходить прямо із зірки. І сказано, що в цьому світлі він народиться. (А може то було було слово "народився"? Цікава різниця у визначенні, а це відкриває нову можливість для припущень).

Садді сказав, що вони знаходяться приблизно у вісімдесяти кілометрах від Вифлеєму, і не можуть побачити точне місце, де промінь світла торкнувся землі.

*Д: Тепер, коли всі зірки злилися в одну, вона сяє яскравіше?*
С: Так, бо більша частина світла зосереджена в одному промені, в одній точці. Яскравістю вона може зрівнятися з дуже великим, повним місяцем.

Я готувалась задати йому інше питання, коли я помітила, що губи Кеті тихо ворушаться, як у молитві. Я майже як наяву побачила Садді на колінах з руками, простягнутими до зірки, і в пристрасній молитві від усього серця.

*Д: Ти можеш молитися вголос. Ми хотіли б порадіти разом з тобою.*
С: Ні! (Категорично) Хіба можу я відкрити свою душу іншим? Душу свою я розкриваю лише Господеві.

Я замовкла і дала йому змогу закінчити молитву. Мені не хотілося відразу переходити на іншу тему. Для нього це був дуже хвилюючий момент, і я вирішила дозволити йому насолодитися кожною миттю.

Д: *А Ілля знову повернувся?*
С: Він також народився, кілька місяців тому. Його батько нам відомий, бо він один із нас.

Таким чином, здійснювалось і це пророцтво. У Новому Завіті є багато посилань на це пророцтво, де підтверджується, що люди того часу визнавали, що Іоанн Хреститель був перевтіленням Іллі. Наприклад, у своєму зверненні до народу Ісус говорить про Івана: "Бо це ж той, що про нього написано: Ось я посилаю свого посланця, який приготує дорогу перед лицем твоїм. А коли ви її приймете, то це Ілля, що має прийти". (Матв. 11: 10, 14).

Коли ангел повідомляючи Захарію, що він буде мати сина на ім'я Іоанн, ми бачимо в Луки 1:17: "І він піде перед ним у дусі та силі Іллі, щоб звернути серця батьків до дітей, і непокірним надати мудрості праведних, щоб представити перед Господом народ, приготований для нього".

Д: *Це дуже хвилюючий момент. Я щиро дякую тобі за те, що ділишся з нами. Відчути щось таке прекрасне дається один раз в житті.*
С: Це більше, ніж один раз у житті, це раз і назавжди.
Д: *Це правда. Нам ніколи не було б дано знати, якби ти не поділився з нами досвідом твого життя.*

Я думала, такі приголомшливі події залишаться в пам'яті Кеті. Але коли я привела її в нинішній час і розбудила, мені було трохи сумно, що вона не пам'ятає нічого про те, що побачив Садді. У мене була спокуса запропонувати їй відновити її пам'ять про це, але на початку нашої спільної роботи ми вирішили, що краще залишити минуле в минулому, там, де йому належать бути. Уявляєте, наскільки ускладнювала б наше звичайне повсякденне життя свідома пам'ять про минулі життя? Я думаю, що це було б надзвичайно обтяжливо. Був час, коли Кеті казала, що пізніше в її пам'яті спливали якісь фрагменти сцен. Але вони були б схожі на туманні уривки нічних снів, які зникають, як тільки ми прокидаємось.

# Глава 19

# Волхви і дитя

Ми просували життя Садді вперед і прийшли до того часу, коли він відвідував своїх родичів у Назареті. Він сидів на площі, спостерігаючи, як діти граються біля фонтану. Я хотіла й далі розпитувати його про феномен Вифлеємської Зірки, сподіваючись краще зрозуміти це явище. І також сподівалася отримати більше інформації про народження Ісуса.

Д: *Раніше ти говорив, що з пророцтв всі знали про прихід Месії і чекали його. Чому Месія такий важливий?*
С: Він важливий, тому що він принесе світло в світ. Він визволить і дасть надію зневіреним.
Д: *Тоді він буде винятковою людиною.*
С: Він абсолютно винятковий чоловік, хоча він іще лише дитина.
Д: *Ти його бачив?*
С: Один раз, коли до нас прийшли його родичі (батько і мати) просити помочі. Вони знали про плани Ірода і їм треба було тікати. Вони переховувались у нас багато днів, поки ми збирали речі для безпечної подорожі.
Д: *Які були плани Ірода?*
С: Вбивати всіх дітей, народжених протягом двох років. Тому що було сказано, що Месія народився, і він, Ірод, думав таким чином позбутися його.
Д: *Звідки Ірод дізнався, що Месія народився?*
С: Йому сказали волхви, що прийшли до палацу. Вони помилково думали, що майбутній владика мав би народитися в палатах царя. Через них Ірод дізнався, що Месія народився і він стане Царем Юдеїв і тоді Ірод втратить свою владу. Цього Ірод не міг знести. І коли волхви пішли, він видав той указ - вбивати усіх дітей віком до двох років.
Д: *Я вважаю, що якби волхви знали це, вони не пішли б до палацу.*

С: (Зітхає) Такою була їхня доля. Бо хіба не написано, що це станеться? Це було передбачено багато років наперед, щоб всі знали і були готові до цього. Волхви слідували за визначеним долею шляхом, як і кожен з нас.

Д: *Деякі люди говорили, що мудреці прийшли до Ірода задовго після того, як Месія народився.*

С: Ні, коли волхви прийшли до падацу, Месія був ще у тому місці, де народився.

Д: *Ти знаєш, скільки прийшло мудреців?*

С: Троє. Вони були міста Ур.

Д: *Хіба це місто не у Вавилоні?*

С: У Бархавії (Barchavia - фонетично. Так я почула.) Це інша назва міста, що ти називаєш, Вавилон. Ур - це радше місто людей, ніж країна чи місцевість. Вони походженням з Ур.

Д: *Розумію. Я чула багато різних історій про це. Якщо б ти сам був там, то знав би правду.*

С: Я не був з ними, коли вони говорили з Іродом. Але я чув багато про це і знаю, що це правда.

Д: *Звідки мудреці знали, що час настав?*

С: Це було передбачено на небесах. Це було зближення планет і зірок, і коли вони побачили це, то вже знали, що воно означає.

Д: *Ти казав, коли я розмовляла з тобою, що бачив зірку в ніч, коли народився Месія.*

С: (Емоційно) Так!

Д: *Ти думаєш, що мудреці бачили ту саму зірку?*

С: Всі бачили ту саму зірку!

Я спробувала в міру можливостей з'ясувати у Садді, які небесні тіла були залучені до формування Вифлеємської Зірки. Сподівалась, що може він знає їх назви.

С: Вони мають різні назви так само як і різні ... (він шукав правильне слово) сузір'я. Кажуть, що кожна із зірок, які зійшлися разом, мали свої назви, але я цього не знаю. Я не дуже обізнаний в цій галузі.

Д: *Це ті самі зірки, які завжди видно в небі?*

С: Так. Просто того разу вони зійшлися на небесах на перехресному шляху.

Д: *Деякі люди казали, що це може бути нова зірка, яку ніколи не бачили на небесах. (Я мала на увазі спалах наднової.)*

С: Це не так було. Багато хто намагається пояснити це по-різному. Дехто каже, що це було застереженням богів і що віщує падіння Риму, інші - що це була комета. Кажуть ще, що це були точки світла там, де небеса відкрилися і просвічувалися. Є багато пояснень. Але сам Бог вказав, що це його син народився і дав нам спосіб знати. Є багато людей, які кажуть, що таке неможливо, але все видається неможливим, коли нема віри. А коли хтось вірить, тоді все можливе. Я не сумніваюся, бо побачив це своїми очима. Світло було таким сильним, що кидало тіні. Ти не можеш дивитися на нього довший час. Це було те, чого ніколи раніше не було за пам'яті людства. Хто я такий, щоб судити шляхи і діяння Господні? Дехто каже, що волхвів було четверо. Кожен із тих мудреців пішов за однією з зірок, і на цьому місці вони зустрілися.

Д: *Ти хочеш сказати, що вони не знали один одного і зустрілися тільки біля Вифлеєму?*

С: Принаймні неподалік. Коли зірки майже зійшлися, тоді волхви зустрілися. Кажуть ще, що одному з них просто не вдалося дістатися до місця зустрічі.

Д: *Чи знали вони, що трапилося з четвертим?*

С: Може й знали, але це мені невідомо

Д: *Вважається, що вони прийшли з чотирьох різних країн.*

С: З дуже далеких земель в різних частинах світу, різного походження.

Д: *А ти знаєш, з яких країн?*

С: Про це не говорилося, ні.

Д: *Люди казали, що якщо мудреці були з далеких країн, то їм було б важко побачити ту ж саму зірку, і поки вони добралися б до Вифлеєму, зірка вже згасла б.*

Це був один з аргументів. Якщо зірка була єдиним яскравим світлом, її не можна було бачити через округлення землі.

С: Це правда. З кожним переказом казки стають все більшими. Але вони йшли за зірками, які зближались разом, і вони знали, що станеться. І вони спостерігали протягом сотень і сотень років за тим, що має статися. І коли зірки зійшлись і стали однією яскравою зіркою, її бачили ... скрізь.

Д: *Волхви також мали знати пророцтва або, принаймні, вміли читати зірки.*

С: Кажуть, що люди з Ура були тими, хто дав нам багато наших пророцтв. Вони також дали нам Авраама.

В першу ніч зірка була надзвичайно яскравою, і ще майже місяць після того вона була помітна на небесах, але вдень її світла вже не було видно.

С: Найяскравіше світло тривало лише першу ніч. Це було ... як би мені пояснити це? Світло не було таким самим весь час. Це було так, ніби після того, як вони спочатку зійшлися разом, вони знову стали розходитися і кожна зірка пішли своїми шляхом, так що світло ставало менш і менш яскравим. Мабуть десь через місяць світло зірки повністю розсіялось.

Люди часто дивувалися, чому Ірод дав наказ убивати усіх хлопчиків віком до двох років. Дехто каже, що це тому, що мудрецям треба було довго йти зі своїх країн до Вифлеєму. Але, за версією Садді, це не могло бути правдою. Він сказав, що мудреці дізнались про дитя, поки воно ще перебувало в тому місці, де народилося.

Я розумію, що Біблія багато разів переписувалась і перекладалась, але я думаю, що Ірод чекав, щоб мудреці повернулися до нього з інформацією про місцезнаходження дитини. Тоді я думаю, що він, ймовірно, послав солдатів знайти їх. Все це зайняло б час. Коли він виявив, що волхви вже залишили його країну, він у гніві велів повбивати усіх дітей молодше двох років, щоб майбутній Цар Юдейський "не вислизнув з його тенетів".

Д: *Як ви називаєте Месію?*
С: (Він завагався): Ми не називаємо його по імені.
Д: *Він ще не має імені?*
С: Він має ім'я, але називати його по імені, значить накликати його смерть, а він повинен бути захищений.

Це було несподівано для мене. Значить, якщо б люди знали його ім'я, слово може дійти до Ірода або його солдатів, і вони б знали, кого шукати. Здавалося б, Ірод мав би бути впевнений, що дитя уже вбите і йому більше нема чого переживати. Але єссени вважали, що Месії слід залишатися безіменним до тих пір, поки не настане час заявити про нього привселюдно. Це може спричинити проблеми для мого збору інформації. Я запитала, чи чув він що-небудь про народження цієї дитини, сподіваючись почути від нього щось подібне до біблійної оповіді.

С: Ми знаємо історію його народження. Він народився у Вифлеємі - і це все, що потрібно знати. Пророцтво здійснилось. Трохи згодом він здійснить інше пророцтво, і всім стане відомо звідки він прийде. І він стане жертвою зневіри. Але сказати занадто багато було б необачно.

Він, мабуть, мав на увазі пророцтво, про яке він згадував раніше, що нічого доброго ніколи не виходило з Назарету. Як і раніше, я шукала більше інформацій і запитала Садді, чи чув він про непорочне зачаття. Це не загрожувало б Месії, думала я, якщо він розповість про будь-які незвичайні події, пов'язані з народженням дитяти.

С: Він народився в печері, якщо це вважається незвичайним.

Це звучало дивно, але у "Втрачених книгах Біблії" є багато посилань, де місцем народження Ісуса також названа печера. Старовинна церква Різдва Христового у Вифлеємі побудована над священним *д*ротом, або печерою, і місцем народження Ісуса також названа печера. У ті часи печери також використовувалися як стайні або кошари.

С: Є багато історій про його народження, і з роками їх буде ще більше. Але це стане відомо пізніше. Точно назвати місце народження Месії - значить вказати на його батьків. Людей легко знаходять. А знаючи досить про людей, їх завжди можна розшукати.

Це, звичайно, мало сенс. Я однак намагалася дізнатися щось ще, коли висловила припущення, що батьки (родичі) з дитиною, мабуть, покинули Юдею, раз вони звернулися за притулком до ессенів. Покинути країну - це найбезпечніше. Здавалося б, безпечніше було б піти із землі його народження, але він тільки повторив моє зауваження: "Так, це було б безпечніше". Можливо, наступним, успішнішим кроком буде спроба описати батьків Месії.

С: Його мати була ще юною дівчиною. Їй було років шістнадцять, не більше. Вона була дивовижно красива і щиросердна. Батько був старшим, дуже благочестивим чоловіком. Він дуже любив свою жону - це було помітно з першого погляду. Вони були разом багато разів в їхніх попередніх життях.
Д: *Чи було щось незвичайне у дитині?*
С: (В його голосі було стільки обожнювання): Його прекрасні очі і вражаючий для дитини спокій. А в погляді - знання усіх таємниць всесвіту, захоплення і замилування.
Д: *Значить, він відрізнявся від звичайних дітей?*
С: Як я можу знати про звичайних дітей? (Природна відповідь, бо Садді не був одруженим). Всі вони плачуть, їх треба годувати, міняти пелюшки. Що тут можна сказати? Складалося враження, що він до всього уважно приглядається, про все хоче знати, все спробувати.

Я припустила, що коли б Садді його побачив, то це було б для нього таким емоційним потрясінням, що він пам'ятав би кожну деталь.

Д: *Ти сказав, що він мав гарні очі. Якого кольору вони були?*
С: Вони ніколи не були однаковими. В одному погляді вони були сірі, а наступного разу сині, можливо, зелені. Ніколи не скажеш впевненістю.
Д: *А волосся якого кольору?*
С: Легкий відтінок рудого, радше піщано-рудого.

І знову відповідь мене здивувала, вона не збігалася із звичним образом Христа в дитинстві, яким уявляли його люди. Вони завжди представляють його темноволосим, або принаймні з коричневим волоссям. Проте, цей опис узгоджується з тим, яке дав Тейлор Колдуелл у книзі Джесса Стерна, "Пошуки душі" (Search For A Soul), а також із описом Ісуса, який дав Едґар Кейсі.

Коли Месія прийшов до ессенів для захисту, він був лише маленькою дитиною, але Садді знав, що йому визначено долею зустрітися з ним знову. Це дало нам надію, що ми можемо отримати більше його розповідей про Христа.

Я змінила тактику і вирішила запитати про Івана Хрестителя. Може, Садді не буде таким потайним і я зможу отримати потрібну інформацію обхідним шляхом.

Д: *Ти розповідав мені, що здійсниться пророцтво і Ілля повертається та народиться знову за кілька місяців до появи на світ Месії. Ти сказав також, що батько Іллі був відомий вам, тому що він був одним з вас. (Садді кивнув.) Я чула, що його батько був священиком, але я не знаю, до якої релігії він належав.*
С: Є завжди римські релігії, але кажуть, що римляни вірять в те, що їм вигідно. Він був слугою Бога. Іншої релігії немає. Він не був рабином. Він прислужував у храмі.

Я дійсно не знала, що між храмом і синагогою існує різниця. В Біблії згадується і те й інше, але не йдеться про те, що вони виконують різні функції, тому я завжди думала, що йдеться про одне й те ж. Різницю між храмом і синагогою Садді пояснює в розділі 5.

Д: *Можеш сказати мені, що сталося з дитиною?*
С: Дитина і його мати з нами. Йому також загрожує небезпека, бо він вписується в категорію, яку хоче Ірод убити. Батька його вбили. На жаль, цей указ стався відразу після перепису населення, так що влада знала про усіх новонароджених. І коли прийшли до дому батька Ісуса і запитали: "Де твоя дитина?" Він сказав: "Не знаю!" Вони не повірили йому.
Д: *А немовля було в домі?*
С: Ні. Мати дуже горює, бо вона не зуміла вмовити батька тікати з ними разом. Але він говорив їй, що він уже старий і прийме смерть у своєму домі перед Богом. Це була його воля.
Д: *Він знав, куди вона пішла?*

С: Він знав, до кого, але не знав, куди.
*Д: Так чи інакше він не видав би їх.*
С: Ні, він волів прийняти смерть, ніж видати їх. Так і сталося.

Я припускала, що підтвердження або спростування розповіді Кеті допоможе Біблія, оскільки в там наводиться найповніший опис життя Христа. Але мене здивувало, як багато прогалин і недомовленостей в біблійних історіях. Зокрема, це стосується і Захарії: він згадується в Біблії як батько Івана, але нічого нема про його долю. Я знайшла ретельно записану розповідь про вбивство Захарії в "Євангелії Ісуса Христа епохи Водолія" і в одній з апокрифічних "Втрачених Книг Біблії", що називається "Протоєвангеліє", нібито написаній Яковом.

Коли у цих розповідях я прочитала, що Єлизавета взяла дитя і втекла з ним в гори, мене осінило: "Звичайно, вона пішла в гори. Яка мати стане блукати з дитиною по пустелі?", - думала я. - Їй з самого початку було відомо, куди куди слід іти. Вона йшла до ессенів на висотах, знаючи, що буде в безпеці". Я не переставала дивуватись, як історія, що проходить через Кеті в глибокому трансі, має стільки багато сенсу і заповняє так багато прогалин, які залишилися невиясненими в Біблії.

До цих пір Садді не згадував імен, крім того, що ця дитина була реінкарнацією Іллі. Я сказала, що хотіла би знати ім'я батька - такого відважного і благородного чоловіка.

С: Ще не настав час. Чи хотіла б ти, щоб його дитині загрожувала небезпека? Тому назвати батька - це назвати сина.

Відтінок страху і потаємності завжди звучав у голосі Садді, коли я наближувалася до заборонених тем. Існувало багато речей, які він вважав своїм обов'язком не розголошувати. Цей обов'язок був дуже глибоко вкоріненим, про що свідчать попередні глави. Але тепер бажання захистити Месію і Іоанна перетворилося майже в одержимість.

*Д: Але вони вже не діти?*
С: Вони ще діти. Їм ще мало років.
*Д: Ти сказав, що ця дитина (Іван) з вами. Чи він якось відрізняється від інших дітей?*

С: (Усміхаючись) Він відважний, як лев. Він дозволяє кожному точно знати, про що він думає. Вони не повинні згоджуватися з ним, але вони повинні знати його точку зору.

Д: *(Я засміялась) Чи він пустотливий, як усі діти?*

С: Ні, він чемна дитина. Дуже подібний на свого двоюрідного брата (Ісуса). Тільки, можливо, енергійніший і більше схожий на свого батька. Тоді як його двоюрідний брат спокійніший і витонченіший.

Д: *У нього такий же колір волосся?*

С: У нього воно дуже, дуже яскраве, мовби червоне, світиться як вогонь навколо голови.

Д: *Деякі люди думають, що ті, хто живе у вашій країні, темношкірі з чорним волоссям.*

С: Ті, хто це говорив, мабуть зустрічали лише мешканців півдня або інших областей. Але ті, хто живе тут, (у Назареті) здебільшого мають світлу шкіру, м'яке волосся і ясні очі. Багато хто одружується з людьми з півдня. Тому все більше ця характеристика втрачається. Все менше дітей народжується з рудим або золотистим волоссям, а все більше з коричневим або темним.

Д: *А чи відомо тобі про інші пророцтва стосовно того, що станеться з цією дитиною, Месією, у його житті?*

С: Сказано, що він нестиме у світ слово Господнє і візьме страждання світу на свої плечі. І через його страждання ми будемо спасенні.

Вираз "ми будемо спасенні" добре відомий кожному. Але що це означало за часів Садді? Спасемося від чого?

С: Від самих себе. У тому світі, яким він є зараз, так, як він збудований, треба, долаючи невдачі, іти крок за кроком вверх. Та з божественним заступництвом і благословенням, кроки вгору по сходах будуть легшими. Я не дуже добре пояснюю це. Мій батько пояснює це набагато краще.

Д: *Гаразд, врятовані, гаразд, вгору по сходах..., чи має це відношення до реінкарнації, відродження?*

С: До відродження, так. Досягнення досконалості душі. Бо сказано, що людина повинна знову народитися. Про це говориться в деяких пророцтвах.

Д: *Про досягнення досконалості?*
С: Щоб зійти на небеса.
Д: *Деякі люди кажуть, що спасіння означає, що людині будуть прощені гріхи, і тоді вона не піде в пекло. Яка твоя думка?*
С: (Перерває.) Нема ніякого пекла, крім того, що ти створюєш сам. Це те, що ви самі уявляєте і передбачаєте. Це завжди було відомо. Страждання буває здебільшого тут, на землі. Так що коли ти помреш, ти страждаєш за власним бажанням. Навіщо Богу, який сотворив усе суще досконалим, створювати пекло? Не бачу в цьому сенсу.
Д: *Кажуть, що Бог посилає до пекла, щоб покарати.*
С: Ніхто не карає людину, крім її самої! Людина сама собі суддя. Хіба не сказано: "Не судіть, і судимі не будете"? Не слід судити інших, але можна судити себе. Людина сама собі суддя. (Садді звучав дуже впевненим).
Д: *Я завжди вірила, що Бог добрий і люблячий. Він не буде робити таких речей, але не всі такої ж думки.*

Криниця Святої Марії в Назареті.

# Глава 20

# Ісус і Іван: два учні в Кумрані

Під час наступного сеансу я зустрілась із Садді, коли він займався із своїми учнями. Нічого незвичайного в цьому не було, але мене бентежив тон, яким він відповідав на мої питання: він вагався перед тим, як щось сказати. Його нерішучість говорила про щось особливе. Таке вже траплялося не раз і завжди переді мною стояло питання: як обійти цю внутрішню оборону. Він сказав лише, що зараз з ним два учні, і з того, як ретельно він підібрав слова, я стала здогадуватися, хто це може бути. Мені доведеться бути дуже обачною, задаючи питання. І я запитала що він їх навчає.

С: Я викладаю Закон. (Він зупинився і м'яко посміхнувся). Це мені здається дуже дивним - як можна виясняти Закон людині, яка знає його краще за мене? (Він тихо засміявся).
Д: *Ти говориш про своїх учнів?*
С: Так, я говорю про одного з них.

Тепер я відчула, що знаю, кого він навчає. Але як змусити його визнати це?

С: Вони обидва дуже розумні. Один з них - більш темпераментний, а другий просто сидить і дивиться на мене. Часом я почуваюсь просто глупим, тому що коли він говорить, то це все одно, що ти чуєш про це вперше. І ти вже бачиш на це в новому світлі й іншими очима.

Я сказала йому, що це справді дивно, що дитина може навчати вчителя.

С: Дитина може багато чому навчити дорослих. Як любити, як бути відкритим, як любити інших, не рахуючись з тим, чи матимеш з цього яку користь.

Я попросила його дати приклад того, що його учень відкрив йому, і Садді дав мені таку відповідь:

С: Він дуже спостережливий. Дивиться на все, так як би сам вчиться від усього. Він сказав, що коли рослина росте, вона знає, коли випускати нові гілки, і знає, коли цвісти, і коли час сіяти. Рослина знає, коли все це робити без нагадування. Так і людина - в глибині душі вона багато знає наперед. А тому що людина є більш розвиненою істотою, вона може знати набагато складніші речі і використовувати це у своїх діяннях і у своєму житті. Я не можу сказати це так, як він. Він має дар говорити.

*Д: Хіба те, про що він тобі сказав, не було тобі відомим?*

С: Було, але відчувалось якось не так. Його слова - як дихання весни, що очищає пил і павутину, щоб ви могли бачити речі виразно. Можливо, вперше.

*Д: Він має бути надзвичайною дитиною. Якого віку твої учні?*

С: Вони ще не досягли віку Барміцви. Їм по дванадцять з половиною років.

Оскільки мої знання про про єврейські звичаї були обмежені, я думала, що Барміцву святкують, коли хлопчик досяг дванадцяти років, але Садді сказав, що в тринадцять. Я хотіла трохи більше знати про те, чому він їх вчить. Під Законом він мав на увазі Тору?

С: Це частина Тори, а Закон - це ті приписи, які нам дав Мойсей. Те, чим ми повинні керуватися у повсякденному житті, щоб бути благочестивими і йти правильним шляхом. Це керівні принципи, лише частина Тори, один з її розділів.

*Д: Чи можеш ти розказати мені коротко, про найважливіші з них?*

С: Це про правила харчування. І закони ... звичайно ж, заповіді: шануй свого батька та матір, святкуй день суботній, не чини перелюбу чи іншого гріха, не кради, не пожадай... Це частина Закону. Як ви повинні ставитися до тих, хто працює з вами. Як мати справу з ... скажемо, чиєю дружиною стає вдова після смерті чоловіка. Все що стосується щоденного буття. Є закон про те, наприклад, як довго ти можеш мати раба як частину твоєї власності. І тому подібні марнотратні речі.

Д: *Чому марнотратні речі?*
С: Якщо нема рабів, то навіщо закони?

Це правда, у Кумрані не було рабів. Але Садді сказав, що згідно з традицією, треба було вчити навіть марнотратне. Звичайно, це могло б бути корисним для тих, хто живе поза стінами громади. Я попросила його пояснити закон про раба і вольного.

С: Гаразд. Після семи років рабства єврей вже не вважається рабом. За законом такого раба слід вважати вільною людиною. Але за певних обставин. У цій справі є свої винятки, але їх дуже мало.
Д: *Чи відрізняються закони ессенів від Тори?*
С: Тору не можна вважати законами ессенів. Наші закони - це закони природи. Закон проявлення себе. Це мета, до якої треба прагнути, і треба знати, як її досягти, і треба пам'ятати, що мета мусить бути здійснена. Ці закони є основними законами природи. Це те, чого у нас навчають, але є й інші, які б навчали цьому - як використовувати кожну частину себе, для здійснення життєвої мети. Ця мета така, щоб людина могла здійснитися в цьому житті.
Д: *У Торі нема таких вірувань, як у ессенів?*
С: Не те, що їх там нема - закони є для всіх. Просто вони не надають їм особливої ваги.
Д: *Так, для багатьох людей це просто слова. Вони насправді їх не розуміють.*
С: Але це слова Господа, нашого Бога. Я маю на увазі, що вони є священними, вони повинні ... Як люди, а їх багато, можуть не визнавати Бога? Мені жаль таких людей, вони закрили очі душі і бачать менше, ніж сліпці від народження.

Я спробувала знову взнати імена учнів. Садді завагався, а потім сказав: "Молодшого звуть Бен-Йосип, а іншого - Бен-Захарій". Нарешті я прорвалась! Він не зрозумів, що я перехитрила його. Він не міг назвати мені імені Месії та Підготовителя Шляху, але цього було досить. Він, напевно, думав, що я не здогадаюсь. Очевидно, "Бен" перед ім'ям означає "син такого-то", а імена Йосипа і Захарія сказали мені, що йдеться про Ісуса і Івана. Тепер у мене були імена, що дозволяють подолати бар'єр його скритності. Він тепер міг вільно говорити про своїх учнів, не вважаючи, що видає їх імена.

Він лише сказав, що це імена батьків його учнів, але не називав імен самих учнів. Садді не здогадувався, що він мені вже достатньо сказав.

Д: *Як довго ці хлопчики вчаться у тебе?*
С: Десь як їм було по вісім років. Приблизно чотири - п'ять років.

Тепер я знала, що можу задавати питання про Бен-Йосипа, і він відповідатиме, не здогадуючись, що я знаю, про кого йде мова. І це виявилося дуже ефективним.

Д: *Де жив Бен-Йосип до того, як прийшов до вас?*
С: Деякий час він вчився у Єгипті, далеко звідти.
Д: *Кажуть, що мала дитина не може думати самостійно і чогось навчитися.*
С: Це тому, що до них так ставляться, тому їм самим не потрібно доводити, що вони мають силу мислення і накопичення знань. Кажуть, що перші сім років дитини визначають, якою вона буде людиною в майбутньому. Він дуже незвичайний учень. І я б сказав, що за ці роки він багато чому навчився. Кажуть, що він зі своїм двоюрідним братом побував у багатьох місцях. Але цього я не знаю, хоч і не ставлю під сумнів. Я не думаю, що маю право випитувати.
Д: *А що ти знаєш про його двоюрідного брата?*
С: Це один з двоюрідних братів його матері. Я не впевнений, мені здається, що це його двоюрідний брат. І звуть його також Йосип.

Мене здивувало, що мати дозволила дитині їхати так далеко, але Садді сказав, що вона теж подорожувала разом з ними.

Д: *Тепер його мати живе з вами?*
С: Ні, вони живуть у своїй власній оселі. Вони колись жили у громаді, але вони мають інших дітей, про яких слід піклуватися. Крім того, повсякденне життя накладає багато інших зобов'язань. Вони знають, що Бен-Йосип отримає користь від нашого знання і нашого вчення, і приїжджають сюди досить часто провідати його. Він теж буває вдома досить часто. Вони живуть у Назареті - це в декількох днях шляху звідси. Приблизно раз на місяць вони з'являються тут, а в наступний раз він ходить до них. Його зв'язок з рідними не переривається.

Д: *Ти вчиш хлопчиків тільки Закону?*
С: Так, крім того вони навчаються тут у різних наставників, вивчають математику, зірки, пророцтва, містерії. Все, чого ми можемо навчити їх.

Д: *Ти вважаєш їх здібними учнями?*
С: Так, я б сказав, дуже здібними.

Кожен раз, коли він говорив про них, в його голосі звучала ніжність. Вони були єдиними учнями Садді і він присвячував весь свій час виключно їх навчанню. Та й старійшини в Кумрані вважали це навчання дуже важливою справою.

# Глава 21

## Ісус і Іван: завершення навчань

Наступного разу я розмовляла з Садді, коли Ісусу й Івану виповнилося по чотирнадцять років і коли він виписував їм сертифікати про завершення навчання: "Вони повинні піти від нас, і це означає, що я навчав їх, перевірив їх знання, і вважаю їх знавцями Закону. Досить добре підготовленими, щоб вони самі могли навчати".

Тут я взяла аркуш паперу і маркер і попросила його написати для мене що-небудь з того, що він вносить у сертифікат. Найбільше мені хотілося, щоб він написав імена своїх учнів. Але він сказав: "Учні самі будуть вписувати свої імена та ставити підпис". Він (Кеті) відкрив очі, взяв маркер і з цікавістю став його розглядати. Садді взяв його правою рукою, хоча Кеті лівша. Цей предмет був йому явно не знайомий, і він торкнувся пальцем кінчика маркера, намагаючись визначити, яким боком писати. Потім він написав щось на папері справа наліво - для мене це виглядало, як якісь закарлючки. Я запитала, що тут написано.

С: Для всіх, кому це було б важливо, я підтверджую, що ці учні одержали відмінні знання із Закону. Далі йдеться більше і більше, але це основна частина сертифікату.
Д: *Вони були добрими учнями?*
С: Здебільшого. Іноді були гарячі суперечки. Але взагалі вони дуже хороші діти.
Д: *Ці суперечки були між хлопчиками чи також з тобою?*
С: Більше між ними, і то досить часто.
Д: *Вони не погоджувалися із вченням?*
С: Не те, що вони не згодні з вченням. Вони по-різному їх тлумачили.
Д: *А ти коли-небудь мав з ними суперечки?*

С: Ні, наскільки я пам'ятаю. (Він посміхнувся). Бен-Йосип ніколи не сперечався. Якщо він відчував, що ти не розумієш чи не поділяєш його точки зору на певну річ, він просто подивився б на тебе таким душевними поглядом, ніби хотів сказати: "Хоча я знаю, що ти мене не розумієш, я все-таки прощаю тебе". На цьому все закінчувалося. Кому захочеться сперечатися в такій ситуації?

Протягом усіх цих років вони були єдиними учнями Садді: "Учнів завжди було мало. Тому вони легко засвоюють те, чого їх вчили. Якби учнів було більше, то кожному діставалося б куди менше уваги". Заняття з учнями були важливіші всього іншого, тому Садді не часто з'являвся в Назареті. Але тепер нових учнів не передбачалося. Він більше не збирався мати учнів після того, як вони пішли.

Д: *Я думала, що ти повинен навчати весь час.*
С: Ні, бувають часи, коли учнів нема. Тоді ми маємо час для вдосконалення своїх знань та на інші справи. Це час на … перерву. Це є мій час також ходити до людей, розмовляти з ними, щоб вони знали, що творяться великі діла, і давата їм надію і, сподіваюсь, розуміння … їхнього життя і їхнього шляху.
Д: *Як ти збираєшся це робити - ходити по оселях чи виступати в громадських місцях?*
С: І так, і так. Ми станемо для них наставниками. Якщо є тільки одна людина, то будемо навчати одного, якщо ж з'явиться більше таких, які готові вчитися, то будемо навчати усіх, хто побажає.

В більшості наука передається з уст в уста, тому що "більшість людей не в змозі читати ніяких текстів або що-небудь в такому роді". Це звучало дуже подібно до того, як навчав Ісус своїх послідовників, і можна припустити, що ця ідея швидше за все могла вийти з практики ессенів.

Д: *Чи дозволено жінкам вчитися у вас?*
С: Звичайно! Це розуміють як жінки, так і чоловіки. Чому ні?

Д: *Тому що я чула, що євреї не допускають жінок навіть у синагоги.*
С: У них дуже обмежений погляд на життя.
Д: *Чи колись жінки-ессени виходять за межі поселення, щоб навчати?*
С: Зазвичай вони навчають тільки в нашій школі, лише іноді йдуть в інші місця, якщо там до них ставляться так само, як тут. Їм небезпечніше залишати Кумран, ніж, скажімо, мені.
Д: *Чи зустрічаєте ви де-небудь опір?*
С: Так. Деякі з нас ніколи не повертаються. Римлянам не подобається те, що я маю сказати. Люди при владі не завжди люблять пророків. Вони не дуже бажані, бо дають надію масам на те, що можна позбутися контролю. І це лякає владу.
Д.: *Куди ти збираєшся іти?*
С: Це мені ще невідомо.

Я не полишала надії дізнатись більше про Ісуса, або Бен-Йосипа, як називав його Садді.

Д: *У Бен-Йосипа є брати або сестри?*
С: У нього ... дозволь мені подумати ... шість братів, і я думаю, що три сестри. Він найстарший.
Д: *Чи навчався він якомусь ремеслу, а чи лише вчився?*
С: Він тесля, як і його батько.
Д: *Які столярські роботи ведуться у вашій громаді?*
С: Різні. Хтось будує хати, хтось робить меблі, хтось допомагає зводити храми. Бен-Йосип найкраще вміє робити меблі, і у нього виходять дуже гарні речі. Тут багато лісів, до яких ми маємо доступ. Деякі матеріали доводиться доставляти. Не було б дерева для ... скажімо, будівництва храму, то використовували б цеглу або мармур.
Д: *Які характери, ти б сказав, у тих двох хлопців?*
С: Вони дуже різні. Бен-Захарія кипить енергією і надзвичайно життєрадісний. Бен-Йосип ... так само радіє життю, але спокійно. Це схоже на порівняння дикі і екзотичні тигрової лілії, з польовими конваліями, тихими і невеличкими, але такими ж красивими.

Я думаю, що Садді використав це порівняння не випадково. Ісуса часто називали Лілією Долини (конвалією). Я припускаю, що це й була та "невелика лілія", на яку посилався Садді.

Д: *Здається, Бен-Йосип має сумну вдачу?*
С: Ні, він радісна дитина. Він захоплюється усім. Це як ніби він щойно прокинувся і бачить велич в усьому.
Д: *Ти думаєш він знає про свою долю?*
С: (Зітхає). Він має знання. (Глибоко зітхає). Але це ... як це можна пояснити? Він, мабуть, знає, що повинно статися, але його ставлення до цього спокійне: "Життя покаже", а поки що треба жити сьогоднішнім днем.
Д: *Тоді це не турбує його, якщо він знає, що може статися в майбутньому?*
С: Я не заглядав до нього в душу і не можу сказати, турбує його це чи ні.

Ця тема, здавалося, розхвилювала Садді, тому я вирішила спробувати дізнатися, куди хлопці підуть, коли залишать Кумран.

С: Я не впевнений. Вони підуть своєю дорогою. Їхній шлях визначено вчителями. Старійшинам відомо, та й їм самим також.
Д: *Може, вони підуть в інші краї, або залишаться в цих районах?*
С: Дуже ймовірно, що вони підуть далі.
Д: *Як ти думаєш, їхні батьки підуть з ними?*
С: Може, мати Бен-Йосипа, але маловірогідно. Мати Бен-Захарія залишиться з нами. Але він буде подорожувати зі своїми родичами. Вони, ймовірно, знову підуть до двоюрідної сестри матері Бен-Йосипа.

Це була та сама особа, з якою подорожував Ісус в дитинстві.

Д: *Чи надовго вони підуть?*
С: Хто може сказати? На все воля Яхве.
Д: *Ти думаєте, що коли-небудь ще побачишся з тими хлопцями?*
С: (Сумно) Я ніколи їх більше не побачу. З одним, правда, побачись. А з Бен-Захарією шляхи вже не перетнуться. Я

тільки що зрозумів це, і мені дуже сумно. Але у нього своя доля, а у мене своя.

Можливо, моє питання викликало в нього якісь передчуття. Я завжди сподівалася, що ми зможемо прослідковувати життя Ісуса після того, як він залишив навчання, і не випускати його з поля зору. Тепер виявилося, що це стане можливим, оскільки Садді інстинктивно знав, що він знову побачить його.

# Глава 22

# Подорожі Ісуса. Марія

Наступного разу мені знов вдалося почути від Садді про Ісуса, коли йому було близько сімнадцяти років і він знову навчався в Кумрані. Бен-Захарія не повернувся в громаду, а був зі своїми двоюрідними родичами. Я не впевнена, що це означало, можливо, він жив з Марією і Йосипом у Назареті, бо брати і сестри Ісуса були також і його двоюрідними родичами. Я чомусь думала, що раз Ісус отримав сертифікат про завершення навчання, він більше не братиме уроків від ессенів.

С: Це правда, він не повинен. Насправді це було не стільки навчання, скільки обговорення питань і бесіди про різні речі. Протягом кількох років він виїжджав і знову повертався, щоб обговорити з нами деякі питання. Серед них ті, що стосуються деяких пророцтв та їхніх значень, вияснення деяких законів, які можна тлумачити по-різному, і якими можуть будуть наслідки цього.

Д: *Це добре, ви вчите його мислити самостійно.*

С: І ставити під сумнів очевидне. Ніколи нічого не приймати за чисту монету. Він сказав, що в своїх подорожах він помітив, що багато вчителів говорять так, що люди їх не розуміють. Це тривожить його. Він шукає спосіб наставляти так, щоб вони розуміли, про що йде мова. Порівнювати навчання з повсякденним життям людей, з тим, що вони знають і бачать, і таким чином, вони, можливо, зрозуміють його проповіді. Він спостерігає за природою і бачить сенс у найпростіших речах. Я сам цього ніколи не побачив би. (Я попросила навести приклад.) Ось рослина, яка зростає дивним чином. З кореня ростуть пагони, тягнуться вгору, міцніють, нахиляються в сторони і вниз, квітнуть, кидають насіння. Торкнувшись землі, насіння вкорінюється, а з коренів проростають нові пагони. Він назвав це хорошим прикладом життєвих циклів людини. Рослина дає життя новій рослині зі свого кореня, це подібне до того, як перероджується людина. Гілки, що схиляються вниз і дають початок новим паросткам, - це початок нової сім'ї людини, її діти в кожному із життів. У багатьох прикладах він наводить прошарки, наприклад, рослину, що складається з багатьох прошарків (як цибуля). Це як різні площини існування. У самому центрі рослини, каже він, шари дуже тонкі і тісно поєднані. Якщо кожен шар розглядати як інший рівень буття, то сам центр є найменшим і найбільш закритим, це схоже на фізичний світ. Так і людина - зростає, горизонт її розуміння щоразу розширюється і ви бачите і пізнаєте більше. Інший приклад: спостерігаючи за морськими хвилями він бачив, як хвиля підхоплювала тріску, тягнула її за собою і, відпливаючи, залишала її на піску майже на тому самому місці, але трохи ближче до моря. І таким чином тріска поступово пересувалася вниз по берегу. Він порівняв це з життєвим циклом людини. Ви проходите свій цикл життя, починаючи з одного місця, а потім, коли помираєте, це схоже на те, що його підхоплює хвиля, а потім знову наповняє життям. Ваш дух відроджений і веде вас по призначеному для вас шляху.

Д: *Це має сенс. Це також показує, як повільно це відбувається.*
С: Так, це дуже повільний процес. І треба мати багато терпіння і старанно працювати над ним.

Здавалося, що Ісус почав розвивати свою концепцію притч, щоб вони не були занадто складними і щоб пресічна людина того часу могла їх розуміти. Цього в Біблії нема, швидше за все, через посилання на реінкарнацію, що рання церква рішуче заперечувала. Однак проповіді, які включені в Біблію, згадують, що він продовжував спрощувати свої вчення і часто використовував речі в природі як приклади.

Д: *Чи він строго дотримувався букви Закону, а чи тлумачив його досить вільно?*
С: Досить вільно, бо вважав, що любов є єдиним законом, яким треба завжди керуватися. Все інше було дріб'язковим. Ми цього не вчили його. Він прийшов до такого висновку через

внутрішні ... я б сказав ... розмови з його душею і як його душа почувається при цьому. Любові не можна навчити. Це те, що має просто зростати. І от знову я не висловлююся чітко. Єдиними обмеженнями, про які він говорив, стосувалися заподіяння шкоди іншим людям і живим істотам. Ні фізично, ані розумово. Він знає, яку силу має думка. Якщо ви напружуєте свою думку досить сильно, то вібрації, що виробляються при цьому, змусять задумане здійснитися. Важливо не думати зі злом у серці.

Д: *Де він мандрував?*
С: Де він тільки не був! Він подорожував по всьому світу, який нам відомий. Говорять, що Йосип (з Аріматеї), його дядько, також ходив з ним.

Раніше, коли я запитувала Садді, хто в дитинстві супроводжував Ісуса, він сказав, хоч не дуже впевнено, що це був його двоюрідний брат Йосип. Це могла бути просто невинна помилка. Він міг знати лише те, що Йосип був родичем Марії. Надалі він згадує про нього як про дядька Ісуса.

Д: *А мати з ним ходила?*
С: Так, якийсь час, а потім їй довелося залишитися вдома доглядати його сестер і братів. Його батько мав роботу. Йосип дуже земний чоловік, хороша людина і дуже практичний.
Д: *Дивує велика різниця у віці між матір'ю та батьком.*
С: Чому? Це дає збалансований погляд на речі. Один живе в іншому вимірі, а другий тут і зараз. Це дозволяє йому (Ісусу) бачити обидві сторони.
Д: *Брати і сестри Бен-Йосипа цікавляться тими ж речами, що і він?*
С: Можливо не до тієї міри. Вони люблять свого брата таким, яким він є. Але він перевершив їх. У кожній родині діти відрізняються один від одного.

Під час попереднього сеансу Садді сказав, що мати Месії була відома ессенам ще до його народження. Яким чином?

С: Її вибрали старійшини і повідомили її, яка в неї буде доля. З її народження було відомо, ким би вона має бути. Батьки її були одними з нас.

Я прочитала у книзі Едґара Кейсі, що Марію вибрали з-поміж багатьох інших молодих дівчат. І я запитала про це у Садді.

Д: Вони обирали її з-поміж інших?
С: Як ми можемо вибрати матір Месії? Цього нам не дано. Це в руках Господа. Але він дав нам знати, щоб ми могли її навчати і, можливо, направляти її. Вона була відома старійшинам, але вони не вибирали її. Кажуть, що є й інші дівчата з відповідними гороскопами, однак вказано було саме на неї. Її гороскоп прочитали і правильно зрозуміли його значення. Боюся, що я не дуже добре все це пояснюю.
Д: О, я думаю, ти це робиш чудово. Як складається гороскоп?
С: В залежності від положення зірок під час народження і по траєкторії їх руху протягом життя людини. Але я не створюю гороскопів і тому дуже мало про них знаю. Цим займається Бенголіад (так я почула). В молодості мене теж вчили розбиратися в русі зірок, але я не досяг успіху. Це не моє.
Д: Отож її вибрали за гороскопом?

Він виглядав розчарованим. Ми явно не розуміли один одного.

С: Ти все ще не розумієш! Ми її не вибрали. Нам було дозволено лише знати, хто вона, щоб допомогти їй на цьому шляху. (Дуже повільно, ніби звертаючись до дитини). Єдине, що вимагалося від нас - це тлумачення цих карт (гороскопів). Приблизно в один і той же час народилися кілька дівчаток. Нам потрібно було зрозуміти, хто з них стане його матір'ю. Саме тоді з'ясувалося, що вона стане матір'ю Месії.

Я вирішила залишити цю тему і знову переключитися на Бен-Йосипа.

Д: Чи ти знаєш, як складеться його життя?
С: (Зі смутком в голосі) Так. Він дуже особливий.

Д: *Чи можеш поділитися нами?*
С: Мені не дозволено. Все буде відомо, коли прийде час.
Д: *Думаєш, що він знову вирушить у мандри?*
С: Я не можу знати. Зараз він живе з нами. Він сказав, що його подорожі відкрили очі на багато речей, на які він дивився сліпими очима. І це дуже, дуже допомогло йому творити добро.
Д: *Для чого він їздив до інших країн?*
С: Щоб краще пізнати людей. В дорозі вони торгували, але головне - говорили з людьми і дізнавались про їхні погляди на речі і життя.
Д: *Як ти думаєш, він міг зустрічатись з релігійними провідниками інших країв?*
С: Не знаю. Я його не питав.

Наступна згадка про Ісуса була п'ятьма роками пізніше, як я розмовляла з Садді, коли він їхав до своєї сестри в Бетесду перед її смертю (див. Розділ 12).

Д: *Чи чув ти останнім часом про Бен-Йосипа?*
С: Зовсім недавно. Кажуть, він подорожує. Я не знаю. Якщо він повертався до нас, то на короткий час.
Д: *А що чути про Бен-Захарія?*
С: Кажуть, що він пішов у світ і набирає послідовників.
Д: *Він повинен показувати або готувати шлях, вірно?*

Садді насупився. Здавалося, його турбує те, що я щось знаю. "Я тобі не говорив про це"!

Д: *Ну, хтось говорив. Ти думаєш, що ти не розповідав мені про це?*

Він швидко став в оборону і холодно відповів: "Я не пам'ятаю".

Д: *Ну, я знаю, що це має бути таємницею, але я нікому не скажу. Я вважаю, що він ще не готовий нести до людей знання.*
С: Ні. Він збирає послідовників, знання і силу, щоб бути готовим.

The Pool at Bethesda

Купальня у Бетезді.

# Розділ 23

# Початок служіння Ісуса

Я перенесла Садді вперед до іншого важливого дня в його житті. Він уже якийсь час жив у своїх родичів у Назареті і багато місяців не був у Кумрані. Його голос звучав втомлено: "Я стаю занадто старий, щоб куди-небудь ходити". Він і його двоюрідні саме були в синагозі. Я запитала, чи має він новини про Бен-Йосипа, і отримала приємний сюрприз. "Ми якраз чекаємо тут, щоб його послухати", сказав Садді. Ісус саме повернувся з шестимісячної подорожі, але Садді ще не чув, де він був. Оскільки Садді був лише членом великої громади прихожан в синагозі, він не знав, зможе поговорити з Ісусом, чи ні. Я попросила його описати, що відбувається.

С: Він просто читає Тору. І говорить про Священне писання (шукаючи правильне слово), пояснює терміни, щоб ми могли їх зрозуміти. Він читає про обітниці Бога дати нам Спасителя. Він читає також Ездру і обіцянки, які були дані, щоб Ізраїль знову став великим народом.

Д: *Раніше він вже говорив так з людьми?*

С: Так. Тору дозволяється читати в синагозі кожному від часу досягнення Барміцви. Однак сьогодні все інакше. Часто тут палко сперечаються, але не сьогодні. Сьогодні ввечері нема суперечок. Тут так тихо. Люди мовчки слухають. Він має гарний голос, який дуже легко слухати. Він також намагається пояснити складну концепцію про різні всесвіти і про те, як усе наше життя взаємопов'язане. Використовує приклад вишивання гобелена, щоб спростити те, про що говорить. Ви дивитеся на гобелен із зворотнього боку - сплетений, як тканина. Нитки на вивороті - це структура всесвіту, а візерунок на лицьовій стороні - це накладення на неї нашого буття. Одні розуміють його, а інші ні.

Мені було цікаво, чи почав уже Ісус творити чудеса. Я запитала, чи помітили люди в цій людині щось незвичайне.

С: Більшість з них просто знають його тільки як м'якого і спокійного чоловіка, якому можна розповісти про свої потреби і негаразди.

Сцену в синагозі Садді описував тихим голосом. Бен-Йосип не знав, що Садді там. Я ясно уявляла собі старіючого вчителя десь біля задньої або бічної стіни тьмяно освітленого приміщення - як він уважно слухає разом з іншими. З усіх людей, що були там, тільки він один, можливо, знав, хто ця людина, і яка доля його чекає, відколи він почав своє служіння.

За описом Садді, у Ісуса були сірі очі, світле рудувато-жовте волосся, коротка борідка. Він був трохи вище середнього зросту того часу, дуже стрункий, "у прекрасній формі". Одягнений у світло-блакитний халат з молитовною накидкою - довгою тканиною, яку євреї носять в синагозі навіть сьогодні, обгорнутої навколо голови і плечей, як шаль. "Його очі дуже пронизливі. Вони дивляться так, ніби це щось живе".

Д: *Що ти думаєте про нього?*
С: (У голосі Садді була гордість і любов): Я дуже задоволений ним. Він хороша людина. Я думаю, що він буде добрим у тій справі, яку йому призначено робити.
Д: *Як по-твоєму, він добре засвоїв твої уроки?*
С: Я нічому його не навчив. Просто відкрив йому очі.
Д: *На твою думку, він змінився з часу як ти його бачив востаннє?*
С: Він став сумирнішим. Він схожий на дуже глибоку річку, що повільно пливе, і ти не знаєш, що криється під поверхнею води.

Я подумала, що може зараз Садді скаже мені інше ім'я Бен-Йосипа. Здавалося б нема необхідності у такій секретності, раз він відкрито вийшов у світ.

С: Ієшуа - це його ім'я.

Мені довелося просити повторити це кілька разів, щоб правильно почути. Фонетично це було б Йешуа (Yes-uah), з сильним наголосом на першому складі.

*Д: Ти будеш говорити сьогодні з Йешуа перед тим, як він піде?*
С: (М'яко). Я думаю, що ні. Мені достатньо лише бачити його і чути його слова. Він змужнів, і в цьому є й моя заслуга.

Після того, як я закінчила писати цю книгу, я натрапила на мало відомий твір під назвою "Том Арчко" (The Archko Volume), авторів д-р Макінтоша і д-р Тваймана, вперше опублікований у 1887 р. Ці вчені знайшли у Бібліотеці Ватикану рукописи, доставлені в Рим за часів Христа, і переклали їх з мови оригіналу. Один з них містив опис Ісуса, який дивно збігався з усім, що казав про нього Садді. Я приведу цей опис: "Він звичайна людина, але в ньому є щось, що відрізняє його від усіх інших людей. Він дуже схожий на свою матір, однак у нього не таке округле і м'яке обличчя, і волосся більш золотаве, швидше за все, вигоріле на сонці. Він високий, із злегка похилими плечима, худорлявий і смаглявий через тривале перебування на відкритому повітрі. Його очі великі і світло-блакитні, досить сумні. Вії довгі, брови дуже широкі. Ніс у нього типовий для єврея. Він у всьому схожий на стародавнього іудея в повному сенсі цього слова. Він не є дуже балакучий, і пожвавлюється, тільки якщо мова йде про небеса і про божественне. Тоді його мова оживає, і очі його освітлюються особливим блиском. У нього є одна особливість: він ніколи не сперечається, а просто констатує факти, і вони виявляються настільки переконливі, що ніхто не наважується заперечувати їх. Володіючи майстерністю власного судження, він не гордиться тим, що може переконати своїх опонентів, але, здається, почуває жаль до своїх опонентів. Я бачив, як його атакували книжники і знавці Закону, але вони виглядали як малі діти перед вчителем".

Із синагоги Ісус пішов до своїх батьків. Оскільки Садді не планував цього вечора розмовляти з Ісусом, то я не мала надії дізнатися більше. Тому вирішила перенести Садді вперед ще на п'ять років - до важливого дня в його житті. Він був у Назареті і розмовляв з приятелем.

С: Він каже, що чув, що Ієшуа починає проповідувати і вістка про це швидко поширюється. Кажуть, що в ті кілька місяців, коли він проповідував, збиралися великі натовпи людей, щоб послухати його, і в надії, що він буде творити дива. Відомо, що дуже велика сила протікає через нього. Кажуть, він зцілив прокаженого, лише торкнувшись його одягу. Він сказав, що це віра людини зцілила його. І тільки віра робить людину повноцінною. Також кажуть, що там були люди сліпі, а він повернув їм зір. Розказують, що він творив багато чудес. Але в одному я впевнений - зцілення прокаженого, бо це сталося у мого друга на очах.

Д: *Це сталося тому, що віра в Ієшуа була такою сильною?*

С: Він мав велику віру в Бога.

Д: *Як би ти пояснив це?*

С: Я знаю, як це робиться, але пояснити - це вже щось інше. Відбувається передача і прийом енергії, яка здатна повернути здоров'я, тільки якщо людина вірить у можливість зцілення.

Д: *Це сталося тому, що прокажений був готовий прийняти енергію? Значить, сам Ієшуа тут ні при чому?*

С: Він був каналом. Я не можу пояснити це краще. Він часто йде в медитацію з людиною, яку потрібно вилікувати, і, перебуваючи в медитативному стані, він передає їй частину своєї енергії. Іноді люди, які спостерігали це явище, могли бачити передачу енергії.

Д: *Як це виглядало?*

С: Це виглядало як світло, що струмує, скажімо, з його долоні до хворої частини тіла людини. Їхні аури почнуть світитися яскравіше.

Цим можна було б пояснити ореол навколо голови Ісуса на старих картинах. У найбільш ранніх зображеннях ореолом охоплена вся його постать, а в пізніших - просто навколо голови. Це, мабуть, походить від оповідей людей, які бачили світіння аури під час обмінів енергією, коли Ісус творив чудеса.

С: Ось чому вони спочатку медитують. Людина хоче вилікуватись, і її думки потраплять у медитативний стан розуму, тоді вони сприйнятливі до енергії. Але коли щось чинить опір, то зцілення не станеться. Я не можу краще пояснити це.

Д: *Чи є в Ієшуа противники?*

С: Кажуть, є люди, яким не подобається, що він всюди ходить і проповідує любов. Фанати дуже невдоволені. Вони хочуть, щоб він сказав: "Я Месія. Слідуйте за мною, я буду вашим царем. І вони в цю ж мить взялися б за зброю. Але він ніколи цього не скаже.

Д: *Ти кажеш, що він проповідує любов? Любов один до одного чи любов до Бога?*

С: Він закликає до любові між сусідами, до любові між братами і любові до чужинців. Любити когось, поділитися цим з іншими - значить поділитися Богом з іншими. Бог є любов. Він заповнює внутрішню порожнечу в людині. Ділитися любов'ю один з одним - це найбільша річ, яку ви можете зробити, тому що вона поділяє Бога. Ти добровільно віддаєш себе іншому, не думаючи про те, що ти з цього будеш мати. Це частина його проповіді. Люди визнали, що Господь Бог має місце в повсякденному існуванні. І вони вчаться ділитися цим один з одним.

Д: *Ти сказав, що люди думають, що він повинен просто сказати: "Я Месія". Ти думаєш, що він Месія?*

С: (Твердо) Так!

Д: *Чи він сам це знає?*

С: Так. Його з дитинства вчили, хто він і ким стане. Але якби оголосили це привселюдно, то його могли б назвати божевільним або богохульником. Він же говорить, що він Син Людський.

Д: *Що це означає?*

С: Він, як і ми всі, сини людини і Бога. Я не можу дуже добре це пояснити. Він такий же син Бога, як і я, але йому долею визначено привнести більше світла в світ, ніж мені. Він ближче до своєї кінцевої мети, ніж я. Мені до неї ще далеко. Він же лише за крок від досконалості.

Д: *Якщо всі люди - сини людські і Божі, то чим він відрізняється від нас?*

С: Він засвоїв свої уроки, і пройшов цей шлях до завершення.

Д: *То ти думаєш, що це означає, що він досяг досконалості?*

С: Він стане таким. Це був його вибір прийти у цей світ знову, щоб дати світло надії людям. Йому не було необхідності повертатися.

Д: *А після цього життя він коли-небудь ще повернеться?*

С: Так було сказано, але з якою метою, я не знаю.

Д: *А про Бен-Захарія ти що-небудь чув?*

С: Кажуть, що він у Йордані і багато людей слухають його. І він, як він сам каже, є голосом волаючого в пустелі, тим, хто намагається відкрити вуха і серця людей і донести до них звістку про Спасителя. Людям одержимим він подобається, тому що в ньому стільки шаленства. Він як некерована людина. У нього свій шлях, я не бачив його багато-багато років.

Д: *Як ти думаєш, він змінився?*

С: Не думаю, він завжди був дуже запеклим.

Під час нашої розмови він довго потирав лівий лікоть, і я запитала його про його здоров'я. Садді сказав, що суглоб причиняє йому біль. "Я дуже стара людина, - зітхнув він. - Мені залишилося дуже мало часу на цій землі". І додав, що хворів на "кашельну хворобу". Тепер постійно живе зі своїми родичами в Назареті. Я підбадьорила його, сказавши, що болі минуть і він відчує себе краще.

Д: *Ти бачив багато у своєму житті. Тобі випало велике щастя - вчити Бен-Йосипа і Бен-Захарія.*

С: Так, це було велике благо.

Я запитала, хто в цей час править на їхній землі. Він сказав, що Ірод Перший помер, і тепер їхній цар Ірод Антипа, але на краще не пішло. "Він навіть гірший". Садді не мав охоти говорити ні про те, ні про інше. Йому ця тема була явно неприємна.

Першоджерела називають Архелая наступником Ірода, а Антипа не згадується. За словами Садді, у Антипи був брат, Филип, а про Архелая він не говорив нічого. Це протиріччя здалося мені цікавим. Звичайно, у Біблії має бути щось про це. І Гарріет, і я стали читати Біблію частіше, ніж будь-коли до цього, і дізнавались набагато більше в міру того, як спогади Кеті складалися у зв'язну історію. Але Антипа не згадується в Біблії, а Архелай називається наступником Ірода. Обоє царів, що правили під час народження і смерті Христа, мали однакове ім'я - Ірод. Звідки Кеті взяла ім'я Антипа? І знову подальші дослідження підтвердили її правоту.

Ірод Великий сповідував іудаїзм, але був римським громадянином арабської крові, і, може бути, саме тому народ був незадоволений його правлінням. Як сказав Садді, "він не може вирішити, хоче він бути греком чи євреєм, і той і другий з нього не дуже добрий". До того ж Ірод Великий був надзвичайно жорстокий. Він став царем у 36 р. до н.е. у віці 37 років, і помер у 4 до н.е. Він убив багатьох членів своєї сім'ї, а троє з живих синів мали продовжити його правління. Це були Архелай, Антипа і Филип. Римський уряд вирішив, що країною керуватимуть усі троє. Вони стали так званими тетрархами.

Іноді провінції Римської Імперії ділилися на частини, а тетрарх, або "малий цар", правив однією з них. Архелай, будучи старшим, отримав найбільшу частину Юдеї і став тетнархом або губернатором. Антипа і Филип стали тетрархами над рештою царства. Але Архелай розчарував Рим, і в 6 році н.е. його вигнали з країни. Юдея тоді стала римською провінцією третього класу, яка безпосередньо підпорядковувалася римським прокураторам (чиновникам, які займалися фінансовими питаннями і загальним управлінням). Найвідомішим з них, звичайно, був Понтій Пилат. Филип у цей час керував Північною Палестиною. Оскільки з ним не було клопоту, його не чіпали. Після того, як Архелая вигнали з країни, його місце зайняв Антипа і став тетрархом над найбільшою частиною Юдеї. Він прийняв ім'я Ірод, і він був при владі під час обезголовлення Івана і смерті Христа. Я не перестаю дивуватися, звідки Кеті могла б знати ці незвичні імена й події, пов'язані з історією того часу, якщо вона не була там?

В останній частині цього сеансу Садді говорив сумним, старечим і втомленим голосом. Я сподівалася, що він буде жити протягом усього життя Ісуса. Я хотіла отримати якомога більше інформації, бо ж чи часто трапляється така нагода почути розповідь про Христа з вуст його сучасника? Але тепер, здавалося, що Садді може коли Ісус щойно почав своє служіння. Мені хотілося почути розповідь про розп'яття. Але як? Садді був у Назареті і справді погано себе почував для подорожі в Єрусалим, де розп'яли Ісуса. Я надіялась, що може знайдеться якийсь шлях почути деталі про ту трагічну подію. Але якщо ні, вирішила я, то ми просто повинні бути вдячні Садді за все, що ми від нього отримали.

Я перенесла Садді вперед, в той час, коли йому було близько 50 років. Він сидів на пагорбі над Назаретом, мабуть, недалеко від дому своїх двоюрідних братів. Його голос звучав знесилено.

С: (Зітхає) Я дуже старий. Мені п'ятдесят один ... чи п'ятдесят два роки? Я дуже втомлений. Я дуже стара людина.

Мені було важко визнати цей вік старим, але, мабуть, в ті часи так воно було. Я сказала йому, що не вважаю його старим.

С: Але це так! Багато хто помирає ще раніше. Я старий чоловік (Зітхає).
Д: *Що ти робиш там, на висотах?*
С: Це не далеко. Я вже не можу ходити далеко. Я спілкуюся. Намагаюсь наблизитися до всесвіту і роздумувати про моє життя. Незабаром я помру, можливо, за рік. Я це знаю. Мені важко дихати, мучить кашель і біль у грудях.
Д: *Ти шкодуєш, що твоє життя добігає кінця?*
С: Ні. Це немудро і не має сенсу. Розумніше змиритися і перенести набутий досвід в наступне життя.

Він звучав настільки пригніченим, що я хотіла вже змінити тему, але я вибрала ту, яка також пригнічувала його.

Д: *Ти чув якісь новини про Бен-Захарія?*
С: Він помер. Він був ув'язнений Іродом ... і йому відрізали голову. (Йому не хотілося говорити про це.)
Д: *Чому його ув'язнили?*
С: За проповідування непокори. Проповіді Бен-Захарії визнали шкідливими і такими, що суперечать словам пророків. Його діяння порівняли з державною зрадою, але називали це зрадою Бога.

Кеті почала сильно кашляти. Я заспокоїла її, казала, що вона не відчує ніякого реального фізичного дискомфорту.

*Д: Я не думаю, що Ірод був набожною людиною. Інакше чому б його мали турбувати проповіді Бен-Захарії?*
С: Ірод сам не знає, у що він вірить. І це його дратує.
*Д: І тому Ірод ув'язнив його?*
С: Це, і той факт, що він боявся його, боявся того, що він може накоїти. У Бен-Захарії було багато послідовників.
*Д: Що саме він проповідував?*
С: Бен-Захарія говорив про прихід Месії, про те, що треба визнати свої гріхи і покаятись. Ірод хотів взяти його в полон, щоб говорити з ним. Кажуть, що Ірод велів відрізати Бен-Захарії голову за намовою своєї блудниці.
*Д: Навіщо жінці втручатися в настільки важливі справи?*
С: Бен-Захарія проповідував істину, і це потроху осягали інші. Ірод теж починав вірити йому. Але тому що Бен-Захарія говорив багато проти неї - її ницість і аморальний спосіб життя, вона стала боятися, що втратить свій вплив на Ірода, і що Ірод, визнавши правоту слів Бен-Захарії, покається, і відсторонить її від себе, і тоді вона втратить вплив на чоловіка.

Кеті замовкла. Схоже, Садді погано себе почував. "Дуже важко ... дихати. Бракує повітря". Я вирішила перенести Кеті трохи вперед, щоб вона не відчувала симптомів, які мучили Садді.

Між іншим, в моїй практиці ніколи не було випадку, щоб фізичні симптоми впливали на самого суб'єкта. Він завжди виходить з трансу дуже легко, почувається добре і нічого не пам'ятає про пережиття в іншому житті. Все, що з минулого, і лишається в минулому.

# Розділ 24

# Підготовка до розп'яття

Я пересмістила Садді вперед, щоб звільнити Кеті від проявів фізичних симптомів. Коли ми перейшли в інший період, вона посміхалася, і, коли вона заговорила, голос Садді не звучав так втомлено.

С: Я серед друзів. Зі мною моя сестра.
*Д: Хіба вона не померла?*
С: Ти говориш про смерть. Смерті нема. Є тільки перехід до іншої форми існування.
*Д: Де ти знаходишся?*
С: Я дивлюся, як готують моє тіло...

Коли я тільки починала займатися реґресіями і вперше виявила, що можу спілкуватися з людьми після їх смерті, це по-справжньому шокувало мене. Але з тих пір я розмовляла з душами померлих так багато разів, що це стало для мене звичним, якщо щось таке незвичне можна назвати звичним. Під час сеансів я спостерігала, що загіпнотизовану людину не тривожить, коли виявить себе мертвою в попередньому житті. Спостерігачів, присутніх під час моїх сеансів, це справді турбувало. Вони очікують бурхливої реакції, протесту проти смерті або принаймні відрази, коли людина бачить своє мертве тіло. Але спокійна природна смерть взагалі не виказує у суб'єктів травматичної реакції. Виявлено, що душа на деякий час затримується в уже мертвому тілі і споглядає, що діється. Вважається, що тільки після його поховання душа відходить, куди їй належить.

Також несподіваним для спостерігачів є те, що після смерті особа продовжує існування - лише з невеликими змінами. Тепер для мене це вже звична справа говорити з мертвими після того, як вони перейшли в інший світ, але іншим людям у кімнаті це важко зрозуміти. Я знаю, що можна отримати багато інформації від духу, але якість цієї інформації залежить від того, наскільки обізнаною чи навіть розвиненою була людина на час смерті. Вона може сказати лише те, що знала.

Садді було п'ятдесят три чи п'ятдесят чотири роки, коли він помер в Назареті, де він жив зі своїми родичами. Я дивувалася, чому він вирішив залишитися з ними, а не повернувся у свій улюблений Кумран.

С: Від своїх обов'язків я звільнений, і перебувати там особливої причини вже не було. І сім'ї в Кумрані у мене немає.

Я його неправильно зрозуміла. Я думала, що він мав на увазі, що в Кумрані нема кому піклуватися про нього. Було б природньо, щоб такі гуманні ессени подбали б про нього в його останні дні.

С: Ні, коли я говорю, що не маю сім'ї, я маю на увазі, що в Кумрані не маю родини і мене майже ніщо більше не пов'язувало з громадою.

Це було правдою, його єдина сестра померла, а сам він витратив стільки сил на навчання Ісуса й Івана, що, може, він не мав бажання повертатися і вчити інших.

С: Якийсь час я мандрував. Розмовляв з людьми і слухав, що вони говорили про пророцтва. Я говорив, що прийшов час, до якого вони готувалися все життя. І, сподіваюся, я просвітив кілька людей. Я залишив кілька зернин істини в надії, вони проростуть.
Д: *Так, іноді тільки на це можна сподіватися.*

Раніше, коли я запитувала Садді про його хворобу, він казав, що у нього "кашель". Тепер, після смерті, він уже знав, у чому справа.

С: Розрослася ракова пухлина, яка поширилась на всі легені.

Через це, очевидно, він кашляв і мав біль при диханні, тому він і визначив це, з точки зору свого часу, як "кашляючу хворобу".

Д: *Як ти думаєш, що спричинило хворобу?*
С: Хто знає? Пил? Це було ... було визначено раніше, від чого я помру. Це допомогло у моєму розвитку.
Д: *Померти певним чином має важливе значення?*
С: Так. Навчитися звикати до цього, і як з цим жити, а також, як і померти від цього.

Садді перед смертю дуже страждав від болей, але він тримав себе в руках, уміючи "контролювати і розумно витрачати енергію".

Д: *Це добре, ти не повинен був страждати, тому що ти знав, як з цим жити. Багато людей не знають, як використовувати ці розумові процеси.*
С: Більшість людей знають, це заховано глибоко в душі. Вони просто закрили двері до цих знань, і це трагедія. Це можна відновити практикою медитації. Відкрити себе до знання, яке є там. Якщо розслабитися, то все почне прояснятися.
Д: *Іншими словами, вони повинні самі цього хотіти?*
С: Так, кожне зцілення повинно виходити зсередини. Настав час передати ці знання. Якщо люди готові до них, то вони принесуть їм користь. Все залежить від них самих.

Він дивився, як готують його тіло. Я запитала, що з ним зроблять.

С: Його спалять, як я і заповідав, поза стінами Назарету, а мій попіл віднесуть у Кумран і розвіють за чотирма вітрами.

Що й казати, я була дуже розчарована, що Садді помер перед стратою Ісуса. Невже це означало, що наша історія закінчилася? Я щиро хотіла дізнатися про решту життя Христа. Це була унікальна нагода, яка трапляється раз у житті. Але я не бачила способу, як отримати більше інформації. Принаймні я можу запитати у Садді, що він чув про Ісуса безпосередньо перед своєю смертю.

*Д: Ти мав які-небудь новини про Ієшуа перед своєю смертю?*
С: Він проповідував, намагаючись відкрити народу очі на світло істини. Багато прислухалися до нього. Він служив людям, говорив про любов і сподівався на розуміння.
*Д: Як люди сприймали це?*
С: Завжди є ті, хто вірить у що завгодно, незалежно від того, про що говорили, тільки тому, що це було сказано. І є ті, хто вірить з розумом. А ще є ті, хто сумнівається в тому, хто він є. І вони кажуть: "Як це може бути, щоб ця людина мала всю цю мудрість світу?" Вони говорять, що він не цар, а насправді він просто бідна людина, яка не має ніякої власності. Вони кажуть: "Де його дорогий одяг?" Їм невтямки, що не багатство красить людину, а справи її. Чоловік може нічого не мати, але якщо він має добро у серці, розум у голові і співчуття до інших, він багатший за царя.
*Д: Вони не знали, яку високу освіту він має?*
С: Ні. Нікому не відомо про те, як його навчали і де. Зрештою не навчали, а направляли на правильний шлях і вселяли віру.
*Д: Чому це трималося в таємниці?*
С: (Зітхає). Ми так хочемо, бо у нас є розбіжності з іншими релігіями. Те, що його вчили, не було так важливо. Важливо було те, що він знав. Він має ці знання - ось що важливо.
*Д: Він народився з цим знанням, чи придбав їх за життя як Ієшуа?*
С: Він народився мудрим, але він не народився з усім знанням, що збагнув протягом життя. У нього було багато вчителів, включаючи нас, ессенів. Було багато земель, куди він ходив, і багато вчителів, з якими він сидів поруч, слухав і вчився. Йому було показано багато різних шляхів і доріг. А в свою чергу він показував іншим правильні напрями на їхніх шляхах.

Раніше Садді сказав, що Ісус подорожував із своїм дядьком у пошуках знань по усіх куточках відомого в той час світу. Я хотіла дізнатися конкретно, в яких країнах вони побували.

С: На півночі вони відвідали торгові застави фінікійців. По Шовковому шляху дісталися до Північного Китаю. В Індії Месія розмовляв з мудрецями. Були вони в Єгипті та інших сусідніх країнах. Довелось їм плавати і до берегів Англії. Подробиць я не знаю, але Ієшуа побував майже скрізь. Там були торгові застави фінікійців, до яких вони пішли на Північ Єгипту, до різних країн цього району. Він також навчався в країні, яку ми знаємо як Британія. Я не знаю, де він ще бував. Він їздив до більшості країн, які на той час були відомі людям.

Дядько Ісуса, Йосип Ариматейський, був торговцем переважно оловом та іншими металами. Торговельна група подорожувала під цим приводом, але всі знали, що Ісус ходив з ними з іншою метою. "Щоб розуміти інших, а також поділитися з ними своїми знаннями". Його іноді супроводжувала мати.

Садді сказав, що в ті часи її називали іменем, чимось схожим на "Марія". Його батько, Йосип, був набагато старший за неї, і помер, коли Ієшуї було двадцять з чимось років. "Він бачив, як його син дозрів, і це було його завданням".

Друзі попросили мене дізнатися про смерть Йосипа. Чи не це послужило відстрочкою служіння Ісуса? Може він повинен був узяти на себе відповідальність, допомагаючи Марії підняти велику сім'ю?

С: Хіба там не було його молодших братів і сестер? Вони були не набагато молодші. У той час їм допомагав Йосип (дядько) та інші. У батька було кілька помічників, теслів, які продовжували сімейний бізнес, так що без засобів до існування родина не залишалася. І час від часу Ієшуа повертався і допомагав.

Д: *Ти не знаєш, його молодші брати і сестри були коли-небудь невдоволеними, що він не був з ними постійно?*

С: Вони знали, що йому призначено здійснити великі справи і що на це відпущено небагато часу. Так їх виховували з дитинства їхні батьки. То ж ніякого непорозуміння не могло бути. Вони прийняли це і ставились до нього з великою любов'ю. Знаючи Ієшуа, не можна було не любити його.

Д: *Ієшуа їздив до багатьох країн, а повернувся додому, щоб розпочати там своє служіння. Чому?*

С: Тому що в той час це було на півдорозі між Сходом і Заходом. Тому з цієї центральної точки можна було поширювати знання на велику масу людей. І він про це знав.

Д: *Чи мав він послідовників в інших країнах?*

С: Кажуть, що скрізь було багато людей, які слухали його мудрість.

Д: *Хіба він не знав, що коли повернеться, то наразиться на небезпеку?*

С: Знав. З юних років він знав, як помре. З цим було найтяжче жити. І все-таки, знаючи це, він любив людей так сильно, що готовий був пожертвувати власним життям для їх спасіння.

Д: *Так, але він не мав контролю над цим, і був готовий до такої смерті. Це було дуже важко. Кажуть, що Ієшуа творив чудеса. Це правда?*

С: Чудеса - це термін, який ти вживаєш. Є речі, які можна назвати чудесами, але в них немає нічого надприроднього. Кожна людина має цю здатність від народження, її можна розвивати, якщо маєш дисципліну і час. Ієшуа перебував у гармонії з самим собою і з духовними планами на життя, а також мав великі здібності. Це поєднання допомогло йому творити так звані "чудеса". Він використовував закони природи і всесвіту. Знаючи про ці закони, він міг робити те, що інші вважали надприродними, але, я кажу, що ці здатності має кожна людина. Треба навчитись відкрити себе, стати каналом передачі енергії. Просто треба мати знання і волю. Він знав, як це робити.

Д: *Він вчився, як робити ці речі, чи не так?*

С: Так, це було частиною режиму навчання, коли він підростав. А оскільки він мав стати прикладом для інших, то він зміг розвинути ці здібності до витонченого рівня. Його вчителі могли робити такі речі, як піднімати предмети в повітря, або перетворювати свинець на золото. Але він міг робити краще і багато більше, як, наприклад вдихнути життя у мертвого, змінити воду на вино або ще щось. І він міг зцілювати хворих, міг врівноважувати свою енергію там, де потрібно, щоб людина одужала.

Д: *Цікаво, як йому вдавалося перетворити воду на вино?*

С: Важко пояснити. Це як комбінація декількох здібностей, що працюють разом. Все, що він робив, ґрунтувалося на природних законах всесвіту. Справа в тому, що деякі з них застосовувались на земній площині, яка зазвичай відноситься до духовного рівня. Можна звертатися до земного рівня законів, але треба мати канал, людську істоту, щоб поєднувати і направляти енергію.

Д: *Що ти знаєш про деякі з цих так званих чудес, які він виконував?*

С: Він так багато творив чудодійних справ щодня, що я не зможу перерахувати їх усіх. Він зціляв глухих, кульгавих, сліпих тощо. Ви мав знання і волю допомагати людям. Він був дуже чітким сполучним каналом на різних рівнях буття. Повертав тих, хто був уже на тому світі, просто назвавши по імені. З вірою усе можливе.

Д: *Але хіба тіло не починає розкладатися, коли його покидає душа?*

С: Після певного часу. Не можна повернути до життя того, хто був півроку ... мертвим. Він воскрешав тих, хто пішов у світ інший не в свій час, помилково. Можливо, тіло перестало функціонувати, коли цього не передбачалося. Ієшуа не порушував чийогось циклу життя. Але він воскрешав у випадках, коли життя людини було перерване через якісь обставини, не давши йому виконати своє призначення на землі. Він міг вдихнути життя у мертвого, щоб той міг повернутися і, як кажуть, "сплатити свої борги". Хіба ти не чула про людей, які померли, а потім воскресли з могил, бо то не був їхній час? Ієшуа якраз і допомагає їм повернутися.

Це дуже схоже на повернення до життя після клінічної смерті (near-death experience). Зараз таких випадків реєструється все більше і більше. Людей офіційно (після ретельного медичного огляду) оголошують померлими, а потім вони чудесним чином оживають. Сьогодні ми це нерідко завдячуємо успіхам сучасної медицини.

Д: *Я думала, що це незмінний порядок речей у природі: людина помирає - і все. Помилки тут ніколи не буває.*

С: Завжди є імовірність похибки, хоч це трапляється не дуже часто. Іноді це також урок, який потрібно вивчити. Тоді вони переносяться в інший світ, щоб там осягнути щось важливе для них.

Садді сказав, що Ієшуа кілька разів повертав до життя померлих, і я попросила його розповісти про це докладніше.

*Д: Це були люди, яких він знав, чи чужі?*
С: Як коли. Дочки сотника (центуріона) він не знав. Вона була дуже хворою. Римський полководець чув, що є пророк, який може їй допомогти, і послав слугу до Ієшуа. На дорогу пішло два дні. І слуга каже: "Будь ласка, ходи зі мною, дочка мого господаря дуже хвора. Поспішаймо". А той йому: "Почекай трохи. Спочатку я повинен закінчити свої справи тут". Коли вони прийшли до дому римського воєначальника, вже було надто пізно - дівчина померла. І побачив Ієшуа, що її життя ще не закінчилося, і вона має завершити те, що призначено їй в цьому житті. Ієшуа вдихнув життя в її тіло і сказав римському полководцеві: "Не хвилюйся, вона тільки заснула". Через якийсь час вона прокинулася і була цілком здоровою. Потім був випадок з його двоюрідним братом, Лазарем, єдиним сином овдовілої матері. Його час помирати також ще не прийшов, і Ієшуа його воскресив, бо знав, що Лазареві багато чого, призначеного йому долею, слід завершити.

*Д: Я думала, що як тільки його поклали в гробницю, він не міг ...*
С: (Перебиває): Його гріб ще не був запечатаний. Все, що робиться для підготовки до погребіння в цій країні - помазання тіла олією. Деякого спалюють на похоронних вогнищах. Але здебільшого це просто помазують тіло олією, загортають у льняне полотно і кладуть в склепи.

*Д: Через якийсь час душа ще може повернутися в тіло?*
С: Через пару днів, не більше двох. Після цього часу повернути померлого до життя набагато складніше.

*Д: Одне з чудес, про які ми чули, це коли Ієшуа нагодував багато людей. Тобі про це що-небудь відомо?*

С: Про те, де він нагодував їх лише кількома рибами і кількома хлібами? Так, це робиться через дар, даний природою. Якщо у вас є потреба і вірите, що вам буде дано, то вам буде дано.

Це не звучало мені логічно - розділити так мало серед багатьох людей. Садді був терплячий зі мною і постарався роз'яснити.

С: Ви повинні вірити, що це станеться. Він вірив, і люди вірили в нього. Я не знаю, чи там справді була риба, але якщо вони вірили в це, то наситилися.

Виникає цікава концепція. Якщо люди вірили досить сильно в те, що Ісус робив, то не має значення, чи їжа була конкретним тривимірним фізичним продуктом. Це могло бути ілюзією. Головне, вони вважали, що їх годують, і тоді голод вгамовувався. В цьому й полягала ідея, і досягти її можна було засобом психологічного впливу.

У людей завжди було багато питань про життя Ісуса, і я мала можливість дізнатися відповіді на деякі з них. Я спитала Садді: "Кажуть, що Месія з'явився на світ дуже незвичайним способом. Тобі що-небудь про це відомо?"

С: Просто, що він народився в печері, а над узголів'ям з'явилася зірка. Це було єдиним, що можна вважати не звичайним народженням.

Біблійна версія згадує лише, що Христос після його народження був поміщений в ясла для худоби. Навіть сьогодні печери навколо Вифлеєму використовуються як стайні для домашніх тварин. Але Садді не сказав, де знаходяться ясла, і взагалі не згадав про цей важливий аспект народження Ісуса. Я сподівалася, що він розповість про це без навідних запитань. Але Садді промовчав. Тому я вирішила запитати його прямо.

*Д: Кажуть, що мати Месії була незайманою. Ти знаєш, що це означає?*

С: Це звучить дуже знайомо, але це неправда. Його мати і батько були як всі інші люди.

Д: *Біблійна історія, яку ми знаємо, говорить, що мати була дівою, а батько не був людиною, батько був Богом.*
С: Ми всі діти Божі. Просто Бог був прихильним до цієї дитини більше, ніж до інших. До того ж прийшов час просвітити людей.
Д: *Якби це не було правдою, то чому ж тоді, на твою думку, люди розповідають таку історію?*
С: Люди говорять будь-що, часто щоб просто привернути більше уваги до певних аспектів.

Я хотіла дізнатися щось про учнів Ісуса.

Д: *Чи є у нього постійні послідовники, які знаходяться з ним?*
С: Їх число змінюється. Спочатку з ним було близько тридцяти в основній групі, і ще було багато просто прихильників. Він вчить їх. Він є їхнім вчителем в надії, що вони чогось навчаться від нього. Але деякі з них мають багато сумнівів - вони лише люди. Його учні також можуть творити чудеса, навчившись цьому від Ісуса. Частина вивчення - це засвоєння декількох вправ з медитації, щоб допомогти людині стати сприйнятливим до цих речей і розвинути в собі ці здібності. Вони проводять багато часу на самоті на висотах. Серед послідовників є як чоловіки, так і жінки, хоча іноді жінок трохи більше, ніж чоловіків, тому що жінка краще засвоює такого роду речі.

Не обов'язково мати багату уяву, щоб зрозуміти, чому в історії церкви немає згадок, що серед учнів Ісуса були жінки. Рання церква була строго орієнтованою на чоловіків, які займали в ній панівне становище.

Д: *Чи ці послідовники супроводжують його всюди?*
С: Хіба він не послав їх навчати інших тому, чого він навчив їх? І вони повинні йти цим шляхом.
Д: *А як щодо жінок-учениць?*
С: Вони дуже активні. Ієшуа розділив своїх учнів по парах. І жінок так само. Вони розійшлися по всьому відомому світу, щоб поширювати його вчення, заводити своїх учнів та ширити знання, які вони здобули.

Д: *Хіба це не було небезпечно для жінок мандрувати з такими повноваженнями?*
С: Він розділяв їх, як правило, так, щоб чоловіки і жінки ходили удвох.
Д: *Зрозуміло. У всьому панували чоловіки. Вони не стали б вислуховувати повчання жінок.*
С: Так, він знав про це і хотів захистити жінок. Тому учні розсилалися парами. Зазвичай пари вибиралися відповідно до гороскопів. Він же сам мав дванадцять послідовників, які в більшості слідували за ним. Але він хоче, щоб ці учні відірвалися від нього, розвивали свої здібності самостійно і міцніли у своїй місії.
Д: *Ти знаєш їхні імена?*
С: Я знайомий з кількома ... це Симеон, якого називають Петром. О, ... Бен-Зеведей зі своїми двома синами, Варфоломій, Матвій і Юда. Є ще інші, я не можу ... Я не знаю їх так добре. Ми спостерігаємо звідси за тим, що вони будуть робити.

В Біблії згадується Бен-Зеведей як Зеведей, батько Якова і Івана. Але Біблія говорить, що Яків та Іван залишили свого батька в рибальському човні і стали учнями Ісуса. Після цього про Зеведея ніде не згадується. Цікаво що Садді згадував ім'я батька, а не його більш відомих синів. Варфоломій є одним з менш відомих учнів. І Матвій не згадується в Біблії аж до смерті Христа. Петро добре відомий, але Садді вимовляв його ім'я по-іншому: Симеон замість Симон. Мені видається дуже важливим, що Ісус згадував про цих менш відомих учнів, це надає достовірності розповідям Садді.

Д: *Ти думаєш, що всі його послідовники будуть робити так, як він їх навчав?*
С: (Сумно). Ні. Декілька з них підуть в народ проповідувати. (Зітхає). Але будуть і ті, хто вважатиме, що вони вже праведні тільки через те, що знають Христа, і житимуть далі своїм життям, вважаючи, що знайшли вірний шлях. Це дуже сумно, бо це не те, чого він їх навчав ... А ще ... Іскаріот ... Він якийсь похмурий і не користується популярністю серед учнів.

Тут знову цікаво, що він сказав Іскаріот замість Юда. Він вже згадував Юду як одного з учнів, але там було два Юди. Він відрізняв цього, називаючи його Іскаріотом. В інших випадках вимова звучала як Іскарот.

С: Він відомий як зрадник. Бо його призначення - бути інструментом в руках інших.
*Д: Кого він зрадить?*

Мені доводилося постійно робити вигляд, ніби я нічого не знаю про цю історію. У такий спосіб, я вважала, Садді розповість історію по-своєму, незалежно від моїх питань. Кеті також була відома історія життя Христа (як і більшості з нас), але вона багато в чому відрізняється від того, що розповідав Садді. Ці розбіжності не можна зробити свідомо.

С: Іскаріот зрадить Ієшуа. Він сподівається, що змусить його сказати своїм послідовникам, хто він. Хоча вони (послідовники) вважають, що він вибраний, що він Месія, він ніколи сам не говорив про це. Іскаріот же хоче, щоб він, Ієшуа, оголосив привселюдно, що він обранець Божий, але він цього не робитиме. Він хоче залишити це на суд інших - чи був він праведною людиною, чи він вибраний Богом провадити інших на шляху, щоб вони теж з'єдналися з Богом. Іскаріот щиро вірить, що Ієшуа воістину є богом. А будучи богом, він би проголосив: "Велю цим простим смертним зупинитися", і вони покоряться.

Цілком можливо, що Іскаріот був одним з фанатів, про яких говорив Садді. Це, безумовно, відповідає їхньому мисленню.

*Д: Чи вважаєш ти, що Іскаріот спробує форсувати ситуацію?*
С: Такий вже в нього характер. Він вважає, що Ієшуа повинен заявити про себе, але він знає, що цього не станеться.
*Д: Чи стане ця зрада ганьбою для Іскаріота?*
С: Це те, що має статися. Те, що має бути. Але найгірше в цій ситуації те, на що він надіється, не станеться. І зрозумівши це, Іскаріот накладе на себе руки. Це дуже сумно, бо це велика помилка.

Ясно, що самогубство було набагато гіршим ділом, ніж зрада Христа.

*Д: Чому ти думаєш, що він покінчить життя самогубством?*
С: Іскаріот зрозуміє, що став співучасником вбивства безгрішної людини, і не зможе цього перенести. Але ми не судимо його. Він сам буде собі суддею.
*Д: Ти знаєш, як він збирається його зрадити?*
С: Ні, не знаю. Але незабаром настає той день. Ієшуа скоро буде тут з нами (у потойбічному світі). Ми знаємо про це, але нічого змінити ми не можемо. (Зітхає). Хоча це передбачено, однак дуже важко безсило спостерігати, як це відбувається ... Дуже сумно знати, що це станеться в ім'я спасіння. Щоб показати людям, що є шлях і що шлях цей можливий. Я думаю про те, що має статися, і зважую своє життя, як на терезах. Я збираю свої сили, щоб ... бути там (говорить сумно і з трудом). Мені, як і всім нам, теж необхідно винести урок з того, що гряде. Це буде дуже тяжко, але я надіюсь, що мені вистачить сил.

Я з полегшенням зітхнула і мовчки вдячно помолилась. Я думала, що якщо Садді помер перед розп'яттям Христа, то ми не зможемо отримати від нього розповіді про те, як все закінчилося. Але тепер, коли Садді із загробного царства має намір стежити за тим, що відбувається, це здавалося можливим. Це було несподіваним і бажаним розвитком.

*Д: Чи будуть у вашому духовному світі інші люди, які спостерігатимуть?*
С: Я думаю, що буде надзвичайно багато людей. Це буде неперевершеним прикладом самопожертви. Він свідомо йде на смерть. Ми це знаємо. Слідувати йому - значить присвятити себе шляху істини.
*Д: Я подумала, що коли б ти так уважно стежив за ним у своєму земному житті, то захотів би бути там під час суду над ним.*
С: Це суд не над ним, це суд над нами!
*Д: Ти говориш так, ніби знаєш, що станеться.*

С: Він помре на хресті.

*Д: Хіба не злочинців та лиходіїв засуджують на смерть на хресті?*

С: Його вважають злочинцем, бо він посмів поставити під сумнів самих суддів. Для тих, хто його судить, це великий злочин. Бо скільки людей може заглянути у свої душі і побачити, хто вони є? Крім того, є багато таких, хто, вважає, що він є той, про кого кажуть, хто він є. Що він є Христос і Месія. Вони вірять у це, але разом з тим і сумніваються, бо він вчить любові. Він вчить, що ми не повинні ненавидіти, що ненависть - це не той шлях, яким завойовуються царства. Але вони цього не розуміють. Вони сподіваються, що коли на нього сильно натиснути, то він вийде і скаже: "Я Син Божий, і тому ви не смієте цього зробити". Вони не бачать того, що це було сказано в пророцтвах багато разів. Вони просто не можуть бачити цього.

Це була дуже емоційна промова, з великим наголосом на кожному слові. Я думала над тим, якою ж жахливою має бути смерть на хресті для такої ніжної людини, як Ієшуа.

С: Багато людей вмирають страшною смертю, але залишаються непоміченими. Тому що їхні життя не були особливими, їх мало хто знає. Але смерть чоловіка безгрішного, який нікому не заздрив, ні до кого не мав ненависті, а лише сповнений любові до всіх, повинна б відкрити людям очі на багатьох, які страждають подібно до нього.

*Д: Чи міг він відступити? Чи є у нього вибір?*

С: Він завжди знав, що це його доля. Тепер не був час щось робити, це було можливим раніше (перш ніж перейти в плоть). Він сам вибрав собі таку долю. Після того, як рішення було прийнято, не було шляху назад. Він може попросити допомоги в тому, щоб йому було дано силу витримати, пройти через це ... через усе, і йому буде буде дано.

*Д: Що це означає, коли люди називають його "Христос"?*

С: Це означає Спаситель, втілення живого Бога на землі.

*Д: Але чи не всі ми є втіленням живого Бога?*

С: А чи багато хто усвідомлює це? Скільки людей, перебуваючи в тілесній оболонці, не втрачають зв'язку зі своєю душею, своїм істинним "Я"? Чи багато хто з нас, маючи необмежені можливості, здатні чинити опір спокусам повсякденного життя? Ієшуа міг сказати: "Зупиніться, я відмовляюся пройти через це!" Але він цього не зробив. Тому він відрізняється від нас. У мене не вистачило б мужності. Він є тим, ким ми всі можемо бути. До чого ми всі повинні прагнути. Це можливо. Він сказав, що покаже шлях. Треба тільки відкрити очі і серця, і ми зможемо побачити. (Пауза, потім глибоке зітхання). Але буде важко дивитися, і знати, що той, хто без гріхів, без вад, віддає своє життя заради інших, щоб вказати шлях, який потрібно прийняти. Важко буде дивитися і знати, що хтось, хто ніколи вас не знав і з ким ви ніколи не бачились, жертвує собою тільки тому, що любить вас, любить все людство. А ти в глибині душі знаєш, що ти цього не гідний. Це легко прийняти? Людство вічно робить одні й ті ж помилки. Час тече, але нічого не міняється. А Ієшуа хоче показати нам можливість і необхідність розвиватися і вчитися, як зростати духовно за допомогою любові до ближнього.

Д: Я боюся, що завжди знайдуться люди, які ніколи не зрозуміють змісту його пожертви.

С: Вони не розуміють цілісності суті Ієшуа. Його суть занадто велика, щоб її осягнути, тому вони намагаються втиснути її в рамки. Але люди зрозуміють, можливо, не в земному житті, не в тілесній формі. А тут ми знаємо все, і ми осягаємо знання.

Схоже, що ми зможемо отримати від Садді розповідь про розп'яття, за яким він буде спостерігати з потустороннього світу. Для нас ця тема надзвичайно важлива, і мені не хотілося братися за неї поспіхом. Я мала намір присвятити їй цілий наступний сеанс. Я також не хотіла ризикувати, що щось може піти не так: вичерпається час або закінчиться стрічка в магнітофоні. Я відчувала, що це великий прорив в історію, рідкісний шанс отримати з вуст очевидця опис найбільш пам'ятної і спірної події в історії людства. Чи буде його версія відповідати версії, що була передана нам? Ми вже бачили в попередніх розділах, що оповіді Садді часто відрізнялися від прийнятих в наш час версій.

# Розділ 25

# Розп'яття і воскресіння

Наступного тижня, коли ми почали сеанс, мною опанували змішані почуття. З одного боку я з хвилюванням сподівалася, що зможемо отримати історію розп'яття - це стало б гідним завершенням мого неймовірного експерименту. Це також дуже важливо для багатьох людей. Але я побоювалася, що у мене нічого не вийде. Підсвідомість має дуже ефективний захисний бар'єр. Це не дозволить суб'єктові відчути щось таке, що буде для нього шкідливим. Загальновідомим фактом у гіпнозі є те, що коли загіпнотизований бачить або пригадує те, з чим він не може змиритися, він негайно прокидається, навіть перебуваючи у глибокому трансі. Я вже бачила таке. Я не мала найменшого уявлення, як підсвідомість буде реагувати на таку травматичну подію, коли спостерігатиме, як дорогий друг вмирає такою жахливою смертю. Я знала, що не можу обійти цю захисну систему, і навіть не хочу намагатися. Я мала би покладатися на наше довге знайомство і поступове нарощування довіри, щоб переконати підсвідомість, що все, що відбувається, знаходиться в безпеці. Для мене завжди надзвичайно важливим є благополуччя тих, з ким я працюю. Захистити Кеті від травми в даний момент було найважливішим, і я постаралася переконати її підсвідомість, що вона нічого не відчуватиме. Навпаки, вона сама з нетерпінням чекала розвитку подій. Отож, я сказала ключове слово і стала спостерігати, як вона легко впала у транс, що вже стало звичним відколи ми почали працювати разом.

Я перенесла її в минуле, у той період життя Садді, коли він перейшов у духовну площину відразу після смерті. Ми почали від моменту, на якому закінчили минулого сеансу тиждень раніше.

Д: Я порахую до трьох, і ми рухатимемося вперед до того часу, коли все це станеться. Якщо ти зможеш, я б хотіла, щоб ти розказав мені, що відбувається. Щоб ти дивився на все. Я хочу, щоб ти поділився побаченим з нами, бо з цього можна навчитися багато чого. Якщо у тебе досить сил бачити все на свої очі ...

Д: Я порахую до трьох і ми потрапимо в те місце, де все це відбувається. Один два три. Ми на місці. Ти можеш сказати, що там діється?

Я не була впевнена, що Садді зможе спостерігати за подіями. Він сказав, що постарається зібратися з силами, хоча знає, як буде тяжко. Чи зможе він пройти через це, чи відступить? Коли я закінчила рахувати, у Садді не було ніякої нерішучості, він, здавалося, був саме там, де потрібно.

С: У римлян була традиція, щоб на кожному святі давати свободу одному в'язневі. А Понтій Пилат не вірить, що Ієшуа злочинець, як про нього кажуть. В душі він знає, що це неправильно, що це велика помилка. Тому він запропонував, хай натовп зробить вибір: Ієшуа чи Варавва. Він знав, скільки Варавва погубив людей, і вірив, що народ захоче звільнити Ієшуа.

Я відчула, що мушу тримати Садді на постійному зв'язку, інакше його нерви не витримають і він не зможе розповісти про все.

Д: Варавва був убивцею?
С: Так.
Д: Ти говориш, що Ієшуа ув'язнили.
С: Так. Вояки Санедріону схопили його (прозвучало як "Сан-хад-Рін"). Його допитали первосвященики і визнали винним в богохульстві, а тоді вирішили, хай його долю вирішує Рим. Бо вони не могли вбити того, про кого інші казали, що він Месія. Інакше гнів людський упав би на їхні голови. Вони взагалі вирішили віддати його римлянам, мовляв, він підбурював людей до бунту проти римлян.

Така була політика в той час. Ісус не був загрозою, поки він не почав збирати послідовників. Тоді його можна було б звільнити як радикала або божевільного.

Д: *Хто саме це зробив?*
С: Синедрін. (Було важко зрозуміти, тому що він промовляв це слово так дивно.) Законодавці в Ізраїлі. (Слово "Ізраїль" теж звучало якось незвично).
Д: *Вони мали право судити?*
С: Так. Це було одне з того, що римський закон все ще дозволяв їм.
Д: *Раніше ти говорив, що Іскаріот зрадить його. Як це сталося?*
С: Він пішов до священиків і сказав їм, де Ієшуа. І ... продав його.
Д: *Він щось заробив на цьому?*
С: Кажуть, що мішечок срібла. Я не знаю.
Д: *В даний момент вони збираються запропонувати людям вибрати Ієшуа або Варавву?*
С: (Він почав дуже хвилюватися). Так. Але у Синедріону в натовпі багато людей, яким платять за те, щоб викрикувати ім'я Варавви.
Д: *Ясно. Первосвященики намагаються стримати людей від вибору Ієшуа?*
С: Вибору нема. Вони не можуть, бо це - його доля.
Д: *Ці люди, Синедріон, бояться його?*
С: Вони бояться, що він може справді бути тим, про кого інші кажуть, хто він є.
Д: *Вони не можуть дозволити собі відпустити його просто так? Це ти маєш на увазі?*
С: Так, не можуть.
Д: *Чи не тому вони платили людям в натовпі, щоб підбурити інших?*
С: Щоб викрикувати ім'я. Кажуть, що чиє ім'я звучатиме найгучніше, того відпустять.

Було очевидно, що Садді глибоко переживав. Иого голос тремтів і зривався. Я боялась, що він не зможе продовжувати.

Д: Давай перейдемо трохи вперед і дізнаємось, що відбувається. Мені б дуже хотілося, щоб ти нам розповів про все. Для багатьох людей це дуже важливо. Якщо тобі важко, спробуй уявити себе в ролі стороннього спостерігача.

Я можу сказати з впевненістю, що йому дуже важко спостерігати, що відбувається з тим, кого він так сильно любить. Я боялася, що для нього буде ще болючіше спостерігати за самим розп'яттям. Я могла тільки сподіватися, що його бажання поділитися цією історією з іншими перебore його біль. Час від часу мені доводилося робити навіювання, щоб заспокоювати Кеті.

*Д: Я порахую до трьох і ми знову перенесемося вперед. Один два три, що відбувається зараз?*
С: Вирішено ... що Ієшуа і ще двоє будуть прибиті ... до хреста, щоб померти в розп'ятті. Традиційний римський стиль страти розбійників, убивць і злодіїв. (Для нього було важко говорити, але він продовжував).
*Д: Але ж Ієшуа не відноситься до їх числа?*
С: (Тихо): Ні. Він ніколи нікому не зробив зла. Але сказано, що Месія проллє кров за весь світ.
*Д: Чи є ще хтось з тобою, що дивиться на це?*
С: Так, багато хто.

В Біблії говориться, що в цей час розкрились могили і багато людей бачили духи мертвих. Чи могли вони побачити духів, що були із Садді на іншому боці буття? Подія такого емоційного напруження могла б загострити психічне сприйняття людей.

С: На земному рівні сотні людей теж з жахом спостерігають за цим. Бо вони люблять Ієшуа і не можуть повірити в те, що його стратять, що Господь допустить це.

Голос Садді зривався, переповнений почуттями. Його душили сльози, незважаючи на мої вказівки залишатися стороннім спостерігачем, якщо зможе. А мені потрібно було залишатися неупередженою, щоб не пропустити жодної деталі. Але якби я бачила якусь ознаку, що це занадто багато для Кеті, я б негайно вивела її з трансу. Жодна історія, якою б цінною вона не була, не варта того, щоб ризикувати здоров'ям суб'єкта.

Зазвичай, я настільки поглинена тим, що діється під моїм контролем, що це не впливає на мене емоційно, аж поки пізніше не прослухаю магнітофонну стрічку. Тоді я теж відчуваю сповна те, що було сказано.

Д: *Як Ієшуа почувається в цей час?*
С: Він дуже спокійний. Він відгородився від сильних болей. Це дає мені полегшення, що ... він не страждає.
Д: *Добре, що він має таку здатність. Чи є у нього якісь почуття до людей, які таке йому роблять?*
С: Вони не відають, що роблять. Він відчуває велику любов до них, знаючи, що розуміння прийде до багатьох.

Здавалося, що Садді ледве вгамовує сльози. Не було жодних сумнівів, що він був свідком цієї трагедії.

Д: *Чи можеш ти перенестися трохи вперед і розказати нам, що відбувається? (Я говорила дуже ніжним голосом, знаючи, як йому тяжко). Ти можеш пропустити ті частини, де тобі буде важко говорити. Як я вже сказала, це дуже важлива подія, і весь світ повинен знати про це. Хіба не так? (Він відповів дуже схвильовано: "Так"). Я вважаю, що люди всіх часів повинні знати про ці події.*
С: Він несе хрест вулицями. Хрест дуже важкий, і він падає. (Садді говорив повільно, наче сам крок за кроком слідував за Ісусом). Деякі люди збоку допомагають йому піднятися. Воїн каже одному з них, щоб допоміг йому нести цю його ношу.
Д: *Одному із солдатів чи комусь з натовпу?*
С: З натовпу.
Д: *Як ця людина поставилась до цього?*
С: Він би зробив усе, щоб полегшити муки. Він радий хоч чимось допомогти.
Д: *А як же натовп?*
С: Люди плачуть. Та дехто іронізує: "Чому ж він не врятує себе?" Але хто б що не казав, усі бачать його невимовну красу, без людських недоліків. (Садді глибоко зітхнув). Він піднявся над повсякденними проблемами, які нас поглинають ... Хрест

кладуть на землю, на нього поклали Ієшуа, зв'язали йому руки. І його ноги. І шипи ... забивають у плоть. (Кілька переривчастих вдихів). Здається, що весь світ розривається на частини. Померкли небеса. Стало темно, і темрява згущається. (Глибоко дихає). Хрест піднімають разом з двома іншими розіп'ятими. Ієшуа в центрі між ними. З цього місця більша частина міста може бачити це. Це на пагорбі поза містом, так що всі можуть побачити ...

Д: *Чому хмари покрили небеса і стало так темно? Чи це зроблено з вашого боку?*

С: Це ніби світ кричить у розпачі. Цього не повинно бути! (Глибоке судорожне дихання). Він просить, щоб ... наш Отець простив його.

Д: *Чому? Він нічого не зробив.*

С: (Довга пауза, потім шепіт.) Я не знаю нічого. Тепер Ієшуа просить Авву простити інших. Бо не відають вони, що творять. (Довга пауза, тяжке дихання).

Д: *Ті двоє, що на інших хрестах, чи вони справжні злочинці?*

С: Так. Один з них паплюжив Ієшуа. Я не знаю точно, що він говорив, але другий докоряв йому: невже він не бачить, що перед ним справді праведна людина? Ієшуа глянув на нього і сказав, що він нині ж буде з ним ... в царстві його.

Д. *Що це означає?*

С: Що він буде тут. Я маю на увазі, що це не завжди так, але він - я вважаю, що це має відношення до ... навіть в останні хвилини свого життя, він дав зрозуміти, хто він є насправді.

Д: *Чи бачиш ти щось на хресті?*

Я пригадала мальовані і фігурні зображеннях розп'яття, які бачила.

С: Є грубий напис: "Це цар євреїв". На двох інших хрестах теж вказані імена страчених і їхні злочини.

Д: *Тобі видно, що там написано?*

С: (Пауза, він, здавалося, читав.) Я не впевнений, у того, що праворуч говориться ... що він винний у крадіжці чужого майна. Я не знаю, що він вкрав. Думаю, щось із домашніх речей. А інший винен у вбивстві.

Д: *Про котрого з них Ієшуа сказав, що буде з ним?*

С: Про злодія.

Д: *Опиши, будь ласка, Ієшуа?*

С: Перед тим, як його прибили до хреста, на плечах був плащ ... і терновий вінець на голові. Але коли його поклали на хрест, вінок зняли.

Д: *Отже, коли Ієшуа був на хресті, тернового вінка на його голові вже не було? (На зображеннях розп'яття вінок завжди є).*

С: Ні ... І солдати знаходяться біля підніжжя хреста. Вони кидають жереб - хто що візьме. Такий звичай - ділити особисті речі злочинців, одяг або що завгодно. Це… Небо зовсім почорніло, хоч іще день. Але, сам він ... сила його душі сяє. Це єдина іскра світла в темряві. Один з солдатів, знаючи, що наближається субота (Саббат), ... кидає списа в одного із злочинців, щоб прискорити його кончину.

Д: *Що ти маєш на увазі, згадуючи суботу?*

С: Тіла страчених завжди знімають з хреста перед суботою, незалежно від того, коли вони були виставлені. Бути розп'ятим означає померти на хресті, а смерть зазвичай настає за кілька днів. Перед тим, як їх зняти, треба переконатися, що вони мертві.

Д: *Тоді їх вбивають?*

С: Тому що небо темніє, а коли стає темно - починається субота.

Насправді субота ще не наступила, але в той день небо потемніло раніше звичайного.

Д: *Розумію. Вони повинні їх вбити. Тіла не можуть залишатися розп'ятими в суботу? Так?*

С: Так. (Раптово): Він відійшов! Він покинув тіло!

Д: *Що? Чи хтось його вбив?*

С: Ні. У ту мить, коли голова його впала на груди, він відійшов. Воїни не можуть повірити, що можна так скоро померти. Тому вони кинули також спис і в нього. Кров повільно стікає ...

Д: *Вони хочуть упевнитися, що він справді мертвий?*

С: Так.

Д: *Чи перебуває його дух близько до фізичного тіла?*

С: Він стоїть поруч матері, коли вона іде звідти. Вона знає, що він коло неї.

Д: *Чи відчуває вона його присутність, чи вона може бачити його?*

С: Я не знаю, але відчуває його присутність.

Д: *Дух Ієшуа залишиться на вашому рівні?*

С: На деякий час, не надовго. Є речі, з якими треба займатися тут, і тоді він повинен іти далі.

Д: *Що станеться з тілом Ієшуа?*

С: Воно все ще на хресті ... Кажуть, що земля тремтить, хоча я не знаю. Я бачу, що люди розбігаються в страху. Вони розуміють: сталося щось страшне. Кажуть, що здригається земля, але я не відчуваю цього.

Д: *Ти не можеш цього відчути тому що знаходишся поза межами землі? (Він кивнув головою). Гаразд, давай перенесемося трохи вперед і розкажи, будь ласка, що відбувається з тілом.*

С: Йосип попросив Ірода, щоб йому дозволили забрати тіло. Ірод послав його до Пилата, і той дав дозвіл.

Д: *Чому Ірод не дав дозволу?*

С: Він сказав Йосипові, що не може, він був убитий римлянами, і тіло належить їм.

Д: *Йосип - дядько Ієшуа?*

С: Так. Пилат дає йому дозвіл зняти тіло. Тіло Ієшуа знімають і кладуть у склеп.

Д: *Чий це склеп?*

С: Йосипів. Він приготував його.

Д: *Для себе?*

С: Ні, для Ієшуа.

Д: *Він знав, що це станеться? Як ти думаєш, Ієшуа коли-небудь говорив з ним про це?*

С: Не було необхідності говорити, бо всі знали.

Д: *Що тепер роблять з тілом?*

С: Його помазали оліями, запалили кадило, загорнули в льняне полотно і поклали в склеп. А тепер вхід у склеп завалюють каменем.

Д: *Склеп запечатали?*

С: Так.

Тільки зараз величезна емоційна напруженість ослабла. Найважче для Садді було дивитись, як його улюбленого друга принижують, мучать і страчують. Тепер його голос знову звучав рівно.

Д: Що ще має статися?
С: Протягом наступних трьох днів тіла не стане. Воно більше не потрібне. Його не стане.
Д: Ти маєш на увазі - тіла не стане?
С: Так ... Я знаю, що це якось робиться, але я не знайомий з цим методом.
Д: Я думала, що тіло мертве.
С: Тіло мертве, воно більше не потрібне, але воно є. І є способи зробити це так, ніби його не було. Я не знаю методу. Я не можу краще пояснити.
Д: Це те, чого ти сам не розумієш?
С: Це відомо тільки майстрам.
Д: Іншими словами, ти хочеш сказати, що тіло зникає?
С: Так, це робиться так, ніби ... Тіло - це пил, воно було і ось його не стало.
Д: Це роблять майстри на твоїй стороні, чи майстри на землі?
С: Майстри на моїй стороні.
Д: Навіщо? Чому тіло повинно зникнути?
С: В пророцтвах передбачено, що він воскресне на третій день. Щоб засвідчити це, треба показати, що місце, де його поклали, порожнє. Тіла не можна винести звичайними засобами. Вони ... (його друзі) не можуть дістатися до нього. Тому це треба робити з цієї сторони.
Д: Коли тіла більше нема, де Ієшуа?
С: Він там з ними, з нашими духовними майстрами, допомагає їм.
Д: Його духовні сили поєдналися з силами інших майстрів?
С: Так.
Д: Це має бути дуже складно. Мабуть, рівень ваших знань дуже високий, якщо вам доступні такі речі.
С: Це робиться також за допомогою інших сил. Я не знаю цього методу. Я не досяг такого рівня.
Д: І вони змусять тіло просто зникнути? (Я все ще намагалася зрозуміти).

С: Так, ніби його й не було.

Д: *Ніби його й не було ... Ну, а Пилат чи хтось інший роблять щось, щоб переконатися ...*

С: (Перебиває): Так, виставили охоронців, тому що вони знали про це пророцтво. І знали, що інші вважають його Месією, тому коло склепу й виставили варту.

Це те, що, мабуть, було неправильно витлумачено протягом століть. Я думаю, що духовні майстри хотіли довести, що навіть фізичне тіло може вийти за межі часу і простору, і він, Ієшуа, був одним із них.

Гробниця була запечатана, а вартові розміщені так, щоб не було ніякого шансу викрасти тіло. Треба було показати, що тільки надприродні сили могли це зробити. Порожня гробниця повинна бути частиною свідчення того, що вищі сили існують і що Ієшуа причетний до них.

Д: *Ти згадував, що пророцтво каже, що він воскресне. Чи це станеться?*

С: Так! Аякже! Він такий, як і раніше. Хіба це не повернення? Він повстав з тіла, з праху і глини, і став таким, яким був.

Д: *Мені здається, люди думають, що саме тіло воскресне. Як Лазар, коли ти говорив про нього.*

С: Але тоді Лазар знову був людською сутністю і жив у людському тілі. А Месія, як він по-справжньому називається, повинен показати, що життя продовжується після смерті.

Д: *Деякі люди думають, що пророцтво означає, що фізичне тіло воскресне.*

С: Саме тому воно повинно зникнути! Люди повинні дізнатися, що можна воскреснути інакше!

Д: *І люди дізнаються, що тіло пропало?*

С: Через кілька днів після смерті тіло повинне бути помазане знов - такий звичай. Зробити це прийшли його мати і її двоюрідний брат. Для цього гробницю знову відкрили, і охоронці були при цьому. І виявилось, що гробниця порожня.

Д: *Його мати прийшла з іншою жінкою, так?*

Біблія не говорить про те, що мати Ісуса була однією з жінок, які прийшли до гробу. Говориться про Марію Магдалину, Марію, матір Якова і про "іншу" Марію, залежно, яку версію і в яких розділах ви читаєте.

Д: *Було тяжко бачити тіло після того, як воно пролежало там кілька днів. Це мав бути акт щирої любові, чи не так?*
С: А хто міг любити його більше, ніж мати?
Д: *Але хто відкрив печатку на склепі?*
С: Солдати.
Д: *Що вони говорили, коли побачили, що тіла нема?*
С: Звичайно, говорили, що хтось прослизнув повз них і вкрав тіло. Але що можна сказати? Окривавлене полотно було ще там, і все було так, як залишили.
Д: *І печатка не була зламана?*
С: Ні.
Д: *Що відчувала мати, коли побачила, що тіло зникло?*
С: Вона знала, що так буде, що він пішов і готується йти далі.
Д: *А як дух Ієшуа, теж відвійшов чи залишався там?*
С. Якийсь час він залишався на земному рівні. Йому потрібно було з'явитися тим, хто вірить в нього, і сказати їм: "Не лякайтеся! Все сталося так, як я проповідував". Він повинен показати своїм учням, що віщав істину, а для цього йому потрібно довести їм, що він для них … існує.
Д: *Ти звучиш так, наче він сам розмовляв з ними. Чи могли вони його побачити і почути?*
С: Так, бо вони мають таку здатність. Усі, хто відкриває себе для Бога, мають таку здатність. Його бачили багато.
Д: *Ти думаєш, вони бачили його як фізичну особу?*
С: Так, але … іншим, більше зі світла, ніж із плоті. Його не можна було торкнутися рукою, вона проходила наскрізь.
Д: *Але вони змогли його побачити?*
С: Так, і переконатися, що його проповіді були правдивими.
Д: *Чи були якісь знаки на його духовному тілі? (Я подумала про сліди від цвяхів, якими його прибивали до хреста.)*
С: Так. Якийсь час вони будуть нагадувати про те, через що він пройшов і розвіювати сумніви та підтверджувати, що він справді був тим, ким себе назвав.
Д: *Були деякі сумніви?*
С: Як може людина не сумніватися? Це її природа.

Д: *Тому на його духовному тілі все ще видно сліди від цвяхів - в підтвердження?*
С: Так.
Д: *А інші також бачили його? Ми чули багато історій. Деякі з них кажуть, що він втілився у своє фізичне тіло і ходив по землі.*
С: Він тільки здавався людиною, а в дійсності тіла у нього не було.
Д: *Так що його фізичне тіло повністю зникло?*
С: Так, перетворилося у прах і тлін.
Д: *Це має більше сенсу - перетворилося в прах ...*

Схоже, що історію про ангела, що відсунув камінь від входу у склеп, пізніше вигадали стражники, щоб врятувати свою шкуру. Історії, що циркулювали протягом багатьох років, здається, намагалися завуалювати справжнє диво воскресіння. На мій погляд - це розпад фізичного тіла і поява духовного тіла. Оскільки його бачили так багато людей, Ієшуа сподівався довести, що життя після смерті існує, хоча його фізичного тіла більше не було. Ця головна ідея, схоже, була затуманена і заплутана в релігійних до*г*мах, яка виросла навколо цього питання протягом багатьох років. Садді мав рацію - сотні людей повернулися до своїх фізичних тіл після того, як їх визнали мертвими. Це явище не настільки унікальне, як це зображає церква. Майстри, мабуть, також намагалися показати малозначимість фізичного тіла.

Д: *Ти згадував істот світла. Що це означає? Це природа людини, коли вони виходить із фізичного тіла?*
С: Це дехто з тих, які не мають потреби повертатися знову. Наступним кроком для яких є возз'єднання з Богом. Вони є тими, хто приходить до нас і допомагає нам вибрати шлях праведний.
Д: *Яка подальша доля Ієшуа?*
С: Він, мабуть, повернувся, щоб бути з іншими - з духовними майстрами і нашим Богом, як ми його знаємо.
Д: *Хто-небудь спостерігав за цим?*
С: Кажуть, що поруч була його мати. І побачили вони, що світло розсіялося, і все зникло.

Д: *Він перейшов у інший рівень, якщо можна так сказати.*
С: Так.
Д: *Де зараз Ієшуа? Він на тому рівні, що й ти?*
С: Він не тут, він з майстрами. Мені до того рівня далеко.
Д: *Ти знаєш, який це рівень?*
С: Дев'ятий, принаймні. Дуже близько до десятого.
Д: *Скільки всього рівнів?*
С: Десять. Останній - рівень досконалості.
Д: *Якщо Ієшуа знаходиться на такому рівні, ти не маєш можливості побачити його зараз, так?*
С: Так. Хіба тільки якщо він спуститься на наш рівень.
Д: *Зрозуміло ... Ми чули перекази про те, що люди бачили його.*
С: Я не сумніваюся.
Д: *Я маю на увазі багато років після того, як він покинув землю.*
С: Але для нас рік - це мить, то ж нічого неможливого тут нема.
Д: *Він дає можливість тим, хто на землі, побачити себе?*
С: Якщо захоче. Якщо людина хоче щось зробити, але сумнівається, хіба він не відкриється їм, щоб дати знати, що є істина і що треба вірити.
Д: *Відповідно до їхнього рівня знань?*
С: (Він став виявляти розчарування, намагаючись допомогти нам зрозуміти). Припустимо, людині випало здійснити прекрасний вчинок, наприклад розповісти іншим про існування Ієшуа. То хіба він не з'явиться йому, щоб переконати в істинності того, у що він вірить?
Д: *Я думала, що він зайнятий на іншому рівні його буття, і ніколи не зійде на землю заради чогось подібного.*
С: Якщо б він не дбав про людину, то взагалі не відродився б Месією.
Д: *Можеш пояснити нам причини його смерті через розп'яття? У наш час говорять, що він помер за наші гріхи. Але є різні міркування з цього приводу. Хіба ми самі не відповідаємо за наші власні дії?*
С: (Зітхає). Це дуже складне питання.
Д: *І воно має багато відповідей, я так вважаю.*
С: І на ці відповіді багато що впливає. Він повинен був пройти через розп'яття, щоб бути висміяним іншими. Своїми муками він показав, що може пінятися над ницістю. І що нам теж це дано. До того ж йому потрібно було пройти через таке, щоб

засвоїти належний урок. Показати, що він не був таким досконалим, як інші, можливо, думали. І що він був готовий понести покарання і тим самим показати, що і ми не повинні боятися цього. І, заплативши борги наші, ми можемо піднятися вище. Люди повинні були побачити, що таке під силу і їм.

Д: *Тоді, якщо говорять, що він помер за людські гріхи, у цьому є сенс?*

С: Як він може померти за чужі гріхи? Кожен повинен сам платити за скоєне. Якщо не в нинішньому житті, то в наступному або ще іншому. Але в кінцевому рахунку, ви повинні терпіти те, що ви змусили інших терпіти через вас.

Д: *Тоді його життя і смерть не спокутує гріхів інших?*

С: Існує закон милосердя, який існуватиме завжди. Але не тому, що він заплатив за ваші гріхи, а тому, що ви прийняли його як достойного і, може, як посланця Бога. І закон милосердя базується на Божій любові до вас, а не тому, що він помер за ваші гріхи.

Д: *Тоді люди невірно тлумачать сенс розп'яття Ієшуа?*

С: Дуже можливо. Людина неправильно інтерпретує багато речей.

Д: *Ми повинні намагатися бути схожими на нього. Але це не обов'язково означає, що ми повинні поклонятися йому. Він показав нам шлях, який нам треба наслідувати. Правильно?*

С: Так. Він є тим, хто майже достойний поклоніння, тому що він міг це зробити. І дав нам приклад. Його слід вшановувати, але не поклонятися йому. Не кидайте виклик, тому що ми всі є частиною Бога.

Д: *Як на твою думку, чи він хоче, щоб йому поклонялися?*

С: Він хоче, щоб його пам'ятали, але, можливо, не так, як багато хто пам'ятатиме про нього. В основному, він мав на увазі концепцію, подібну до духовного пастиря, щоб вести людей до більшого просвітлення, до досягнення більшої сили духа. В основному він бачив себе помічником, прикладом, хорошим другом, до якого завжди можна звернутися за порадою.

Д: *Є багато людей, які, у їхньому власному сенсі, вважатимуть його Богом. Важко вважати його, як звичайну земну людину.*

С: Ми всі є частиною Бога. Деякі з нас більш усвідомлюють це, ніж інші. Я б сказав, що він один з таких людей. Але вважати його Богом і обожнювати його - неправильно.

Д: *Це те, чого я боюся, що люди робитимуть у майбутньому: обожнювати його, а також його матір, тому що вона народила його.*

С: Якщо це призведе до того, що люди будуть любити їх і намагатися слідувати їхньому життю, то нічого хибного в цьому немає. Але якщо люди зроблять Ієшуа і його матір божествами і будуть казати: "Вони святі і все нам пробачать", а потім стануть робити, як їм заманеться, то це буде великою помилкою. Він просто знав, і мати його також багато в чому розумілась, що це під силу кожному з нас, і що досягнення цього вимагає великих зусиль.

Д: *Чи стане він заохочувати людей думати самим за себе, а чи сліпо слідувати йому?*

С: Ніколи не треба слідувати сліпо! Завжди питати і шукати відповіді. Коли думати самим за себе, значить прийняти якнайкраще рішення. Тому що це було обдумано тобою з усіх боків, а не просто запозичено. А коли хтось зробив для тебе те, у що ти віриш, і якщо побачиш, що це добре, тоді варто вірити.

Д: *Дехто каже, що кожен раз, коли ви сумніваєтесь, то це робота диявола ..., якщо диявол присутній у твоєму оточенні.*

С: (Зітхає). Диявола немає! (М'яко, але переконливо, ніби звертається до впертої дитини): Усередині себе є дві частини. Одна - це частина запитань, яка може призвести до помилок. Але це також дуже добра частина, бо змушує думати про речі і про людей. Не всі люди хороші. Хіба можна назвати хорошою людиною, яка тобі мило посміхається, а за спиною тримає ножа? Ви повинні сумніватися, але й мати віру. Це звучить як парадокс, але ... в дійсності нічого суперечливого тут немає.

Садді почав дратуватися. Він так старався давати виразні пояснення, щоб ми все зрозуміли.

Д: *Ти робиш прекрасну роботу ... Але, коли ми стикаємось з новими знаннями, як ми можемо знати, що вони правдиві?*

С: (Зітхає). Правда ... істина може виявитися гіркою. Але десь в глибині душі ви знаєте, що це правда. Потрібно всього лише відкритися самому собі - і ти дізнаєшся те, що хочеш знати.

Д: *Іноді нові знання в очах інших людей вважаються поганими.*

С. Чи це ранить когось? Чи це шкідливо? Це не повинно вносити сум'яття. Але якщо це комусь шкодить, то воно не може бути добрим. Якщо ж це не завдає шкоди нікому, задумайся, вивчи і знайди правду. Докопайся до істини.

Д: *Хіба не правда, що під час твого життя, дехто в синагогах і в храмах різних релігій сказав: "Не сумнівайся, просто прийми на віру"?*

С: Так, більшість з них таке казали. Священослужителі закликали до цього.

Д: *А ваші люди були іншими, чи не так? Ессени любили ставити речі під сумнів і докопуватися до правди.*

С: Так.

Д: *Можеш сказати, чи Христос повернеться на землю в майбутньому?*

С: Так, він повернеться.

Д: *Чи знатимуть люди про його прихід зарання, а чи він з'явиться несподівано?*

С: Будуть ті, хто знатиме.

Цей сеанс виявився дуже важким для Кеті. Під час спостереження за розп'яттям вона була дуже напружена і схвильована, і болісно переживала те, що пригадувала її пам'ять. І, як завжди, коли вона була виведена із трансу і прокинулась, вона не пам'ятала нічого, і почувала себе добре. Я усвідомлюю, що цей сеанс викличе багато контроверсій. Але я вважаю, що слід розглядати і досліджувати речі такими, як вони є, і мати альтернативне уявлення про деякі найважливіші події в нашій історії і культурі.

В оповідях Садді мене вражали не стільки розбіжності із загальновідомими фактами, скільки схожість. Справді дивовижно, що через дві тисячі років Біблія, яку ми тепер маємо, дійшла до нас незмінною. Цій книзі вдалося пройти через темне середньовіччя, коли така величезна кількість незамінних знань була втрачена, - і зберегти свій зміст, незважаючи на різні переписування, переклади і свідомі виключення і включення! Жодна розсудлива людина не стане вірити, що життєпис Ісуса є дослівною правдою, коли навіть у книгах із сучасної історії так багато протиріч. Навіть сьогоднішні події змінюються відповідно до точки зору того, хто їх подає. Нам не слід концентруватися на розбіжностях, а бути вдячними, що у нас є ця історія. Той факт, що Біблія збереглась взагалі, є воістину даром Божим.

# Глава 26

# Сенс розп'яття і воскресіння

Я знаю, що на цю тему були написані томи, і ще багато чого буде написано в майбутньому. Я ж хотіла побачити, яку інтерпретацію про життя Ісуса я можу отримати в реґресіях. Для того, щоб провести цей експеримент, я мала б проіґнорувати церковні доґмати, які з дитинства були невід'ємною частиною нашого релігійного виховання. Мені треба було подивитися на історію Христа свіжими очима, ніби я вперше почула про неї. Це було б дуже важко. "Промивання мозку" починається в дуже ранньому віці і глибоко вкорінюється. Я ж хотіла зробити спробу і з'ясувати, що Ісус хотів сказати людству.

Що означає його розп'яття? Як розуміти його воскресіння? Це глибокі і складні питання, а я не філософ. І все-таки мені хочеться поділитися з вами зробленими мною висновками і розповісти про уроки, які я винесла із бесід із Садді. Хтось може побачити в цьому більше, ніж я, а хтось зовсім по-іншому тлумачити все це, адже кожен має право на свою точку зору і у кожного вона буде забарвлена його особистим сприйняттям і життєвим досвідом. Люди ніколи не прийдуть до єдності щодо таких глибоких і особистих речей, як релігійні вірування. Але, можливо, моя інтерпретація зможе допомогти тим, хто навпомацки бреде в темряві і плутанині.

Ми всі створені в один і той же момент і всі ми діти Божі в цьому сенсі. Коли ми прийшли на землю, щоб відчути життя, ми опинилися ув'язненими у матеріальному світі. Ми забули звідки прийшли. Принаймні забули на свідомому рівні. Але глибоко всередині жевріла іскра пам'яті і таїлося пристрасне бажання повернутися додому, до люблячого Отця, який створив нас. До того, хто терпляче чекав, тому що такого поняття, як час, у нього нема; чекає, коли його діти знову відкриють свій справжній потенціал і свою долю. Але людство насолоджувалося життям, поглиналося дорогами цього світу, роблячи помилку за помилкою, все більше обтяжуючи себе законом карми. Чи був вихід? Чим більше життів переходила людина, тим більшу карму вона створювала для себе. Ми не могли повернутися до Бога, поки ми знову не стали б досконалими, спокутувавши все зло, яке заподіяли своїм ближнім.

Це здається безнадійним. За кожну помилку, яку ми відшкодували, ми зробили ще дві. Ми знаходимося на колесі, що кружляє і кружляє, і не зупиняється, і ми не розуміємо, що ми повинні зробити, щоб зійти. Як людство може піднятися вгору, якщо воно постійно кружляє по одному й тому ж колу? Тому Ісус прийшов, щоб "врятувати" людство. Людство потребувало прикладу, когось, хто б показав йому "Шлях". Людство потрапило в безлад через своє вільнодумство. Бог не покарав нас за це, він дуже любить своїх дітей. Він дозволив їм робити власні помилки, сподіваючись, що врешті решт вони винесуть з них урок і побачать "світло" і знайдуть шлях "додому". Бог не втручається (лише допомагає і спрямовує), він вирішив послати на землю того, хто міг бути прикладом.

Я вірю, що Ісус або Ієшуа був майстром десятого рівня. Це означає, що після безлічі життів, наповнених людськими недоліками, він, нарешті досяг досконалості і повернувся до Бога, звідки він і прийшов. Тільки така досконала особистість може встояти і не дозволити затягнути себе в муть і болото людського існування. Навіть для такого величного майстра це було небезпечно, бо спокуса тіла дуже сильна, і він міг забути, з якою метою з'явився на землю.

Важливо було те, щоб він прийшов у людському тілі, як і всі ми. Він не був захищений від випробувань, з якими повинен зіткнутись кожен чоловік. Він повинен був показати, що може піднятися над ними. Якщо він міг це зробити, то й людству це під силу. Він повинен був засвоїти все знання світу, щоб зрозуміти час, в якому живе. Він повинен був навчитися сповна використовувати свій розум, щоб проявити свої надзвичайні здібності. Щоб показати, що людина не просто жива істота, а вище духовне творіння.

Він ніколи не претендував на чудотворця, але казав людям, що вони також можуть робити ці речі, і навіть речі ще більш дивовижні. Він повинен був вчитися медитації, щоб залишатися близько до джерела, з якого прийшов. Таким чином, він міг дотримуватись своєї мети, а не відхилятися від неї. Його метою було показати людству через власний приклад, як треба жити. Найбільший урок, який треба було дати людству, це розуміння важливості любові до своїх ближніх на землі. Якщо буде любов, то негативна карма більше не витворюватиметься. Якби в світі запанувала любов, то не було б більше воєн і страждань. Людство могло б вирватися з колеса карми і знову почати підніматися до вершин вдосконалення. Ісус був досконалим прикладом того, що кожна людина мала в собі, і що вона здатна досягти. Але все одно вони нічого не зрозуміли. Його досконалість лякала і бентежила їх. Вони боялися його, тому що він був інший, і їхній непросвітлений розум не міг прийняти іншого рішення, як вбити його.

На мою думку, що метою розп'яття було показати яскравим контрастом те, чим стало людство, як низько воно впало. Бог пропонує людям вибір: залишатися на нинішньому рівні і уподібнюватися до тих підступних і знедолених істот, які не мають сумління, які думають лише про своє мирське, корисливе існування, або намагатися жити за його прекрасним прикладом, що допомогло б піднятися над хаосом у світі і досягти досконалості.

Ісус навчився управляти силою волі і таким чином уникнув неймовірних страждань на хресті. Він зміг залишити тіло по своїй волі і прискорити свою кончину. Тривалість його страждання не була головною, важливим було показати приклад і контраст. Він справді помер заради всього людства. Якби він не прийшов, людина все і далі блукала б у темряві, не маючи прикладу для доброчесного життя, даного нам Месією.

Я вважаю, що мета воскресіння також була втрачена і заплутана впродовж довгих століть домислами людей. Бог хотів показати, що фізичний світ - це не все, що людині треба. Є ще вічна душа, дух, який не можна вбити. Що дух має продовження і може існувати після того, як тіло перестає функціонувати. Повернення Ісуса в тілесній формі не дозволило б явити світові те, чого домагалися духовні майстри. Це лише показало б, що можна продовжувати життя у фізичному тілі. Тому земне тіло Ісуса повинно було повністю зникнути.

Тіло опечатали в склепі. Ззовні виставили охорону з римських та єврейських стражників. Вони не довіряли один одному і пильнували, щоб ніхто не проникнув повз них і викрав тіло. Але ні печатка, ні охорона не могли перешкодити духовним майстрам пройти до тіла, і вони з допомогою Ісуса розщепили тіло на атоми і перетворили його в прах. Це був натуральний процес розкладання, але настільки прискорений, що це сталося миттєво. Плащаниця, в яку було загорнуте тіло, залишилася на місці. Коли стражники самі відкрили гробницю і побачили, що тіло відсутнє, вони впевнилися, що не було ніякої можливості винести його. Це могло бути здійснене лише тими, хто перебуває у світі духів.

Пізніше, коли явився образ Христа і це бачили багато людей, вони переконалися, що то був образ того чоловіка, що переніс муки і був убитий, і поборов смерть, і увійшов у вічність. Що дух є справжньою природою людини і щось вище, ніж просто земне існування, за яке людина так несамовито чіпляється. І люди повинні були цьому вірити, бо ж тіло Ісуса було знищено. Але протягом століть якимось чином все це було перекручено і спотворено. Стражникам наказали під загрозою смерті охороняти гріб. Нічого не повинно було статися з цим тілом. Синедріон і римляни знали про передбачення, які передвіщали воскресіння. Коли охоронці відкрили гробницю і виявили, що тіло відсутнє, вони злякалися за своє життя. Це неважко собі уявити, що для того, щоб врятувати власні голови, вони придумали історію про ангела, який відкотив камінь і Христос вийшов зі склепу.

Відомо, що пізніше Синедріон заплатив єврейським охоронцям, щоб вони казали, що хтось проскочив повз них вночі і викрав тіло. Ці дві історії було прийнято за правду і вони збереглися протягом століть, бо їх було легше зрозуміти. Реальна мета воскресіння була, мабуть, занадто складною і незрозумілою для розуму пересічної особи. Можливо, були й інші причини для заперечення правдивої історії. Страх робить з людьми дивні речі.

В Біблії не раз згадується про появу Ісуса серед людей після його смерті, після чого він раптово зникає. Це говорить радше за появу духу, аніж людського тіла.

Історія життя Ісуса сама по собі прекрасна, як приклад безумовної любові, який він залишив з нами, і я не бачу сенсу в тому, щоб прикрашати його життя надприродними вигадками. Для чого розповідь про те, що він народився від діви? Мартин Ларсон своїй книзі "Спадщина ессенів" (The Essene Heritage) говорить, що ця легенда походить від древніх єгипетських вірувань, де бог завжди повинен мати неприродний початок. Багато вчених-богословів не вірять у концепцію непорочного зачаття. Для чого вона була потрібна? Христа перетворили в бога люди, що не розуміли причин його приходу на землю. Він не хотів бути богом, він ніколи не мав наміру, щоб йому поклонялися. Це була справа людей. Але хіба можна засвідчити свою повагу до Ісуса краще, ніж прагненням жити так, як він?

Це лише моє власне трактування питання та особиста думка. Але було б дуже шкода, якби справжнє значення життя і смерті Христа пішло в забуття.

Жодного пояснення не буде достатньо для того, щоб зрозуміти, як звичайна молода дівчина, що живе у XX столітті, здатна дати стільки інформації про втрачену цивілізацію, щоб заповнити всю цю книгу. Одне ясно: це було зроблено за допомогою паранормальних явищ. Знаю, буде безліч суперечок щодо цього явища - чи це реінкарнація, чи володіння духом, чи щось інше. Я особисто віддаю перевагу теорії реінкарнації. Але для мене це вже не має значення. Протягом трьох місяців, що я працювала з Садді Бензам (Suddi Benzahm) переді мною постала дуже реальна людина. Ніхто не може переконати мене, що він не жив.

Само по собі життя Садді нічим по-справжньому не вражає. Він був спокійною, миролюбною людиною, сповнений вродженої доброти і розуму, який присвятив своє життя збереженню і передачі знань. Під час рідкісних подорожей у зовнішній світ він здавався розчарованим життям людей. Унікальність його життя сформувалась обставинами, в яких він жив, і тим, що він міг так близько познайомитися з мабуть найбільшим представником роду людського, що коли-небудь жив. Це сповнило його життя радістю - жити в часи здійснення пророцтв і допомагати в навчанні (або відкритті можливостей) Месії.

Їх шляхи перетнулися в Кумрані і це дало початок для опису невідомого періоду в житті Ісуса. Це дозволило нам побачити дуже людську сторону надзвичайної людини, життя якої безпідставно і недоречно прикрашали, довели до обожнювання і певною мірою навіть спотворили його справжній образ. Христос для нас вже не тільки зображення на іконі або холодна фігура, розп'ята на хресті. Він живе, любить і дбає про все людство. Я ніколи не сподівалася, що спілкування з Садді зможе так мене просвітлити.

Історія Садді також багата цінними знаннями, які він передав нам через дві тисячі років, і за це ми будемо вічно йому вдячні. Він дав нам картину стародавнього мислення і способу життя, про що ми ніколи не дізналися б.

Для Садді я можу лише сказати: "Я рада, що ти жив. Рада, що ти погодився говорити з нами. Дякую тобі від глибини моєї душі за те, що поділився з нами цією інформацією. Я ніколи тебе не забуду".

# Доповнення. Додано в 2001 році

Після того, як у 1992 році в Англії було надруковано "Ісус і ессени", я почала подорожувати і читати лекції про книгу. Зокрема, я кілька років виступала у Літній школі мережі Ессенів у місті Дорсет. Під час однієї лекції чоловік з аудиторії задав питання, яке змусило мене подумати. Я якраз говорила про подорожі Ісуса зі своїм дядьком Йосипом (Джозефом) Аріматейським, який був багатим торговцем оловом і тканинами. Чоловік запитав: "Звідки Йосип мав олово?" Я відповіла, що не знаю, мовляв, не думала про це. Потім слухачі підказали, що в цій частині Англії є багато старих легенд про олов'яні шахти, і що Йосип бував там. Я чула про його зв'язок з ₵ластонбері та Челіс-Велл, але я не чула про олов'яні шахти. Вони сказали, що місцеві жителі до цих пір співають пісню "Йосип був олов'яним чоловіком" ("Joseph was a tin man"). Мені це видалося надзвичайно цікавим, тому що це підтверджувало ще одну частину описаної мною історії. Я сказала слухачам, що хотіла б дізнатися більше про ці легенди. Тож в наступні кілька років я отримала кілька книг і брошур від моїх читачів з Англії. Дослідження, проведені авторами тих публікацій, базуються на солідних записах та історії. Якщо б цю книгу коли-небудь друкували в США, я додала б доповнення, що містило б матеріали цих досліджень. Дивно, як історія продовжує тримати все під контролем, і частини її не перестають доповнюватися.

\* \* \*

Книгу "Драма загублених апостолів" авторства Джорджа Ф. Жоветта (The Drama of The Lost Disciples, by George F. Jowett, 1993, Covenant Publishing Co Ltd., London) я вважаю найповнішою історією з цього питання. Хоча інші книги натякали, що вся історія Йосипа в Англії може бути вигадкою або легендою, у книзі ж Джорджа Ф. Жоветта містяться цитати з давніх історичних записів, що належали до римських часів і навіть раніше. Джерела не підлягають запереченню. Це забута історія про заснування християнської релігії, яка повинна бути переказана і донесена до нашого часу, навіть якщо вона й засмутить багатьох, хто загруз у церковних догмах. Це привілей і нам дане Богом право думати про власне духовне збагачення і постійно шукати знання. Це єдиний спосіб знайти відповіді, без огляду на те, що вони можуть потривожити чиїсь вірування. Ми повинні постійно прагнути до відновлення "втраченої" історії і зберегти її для нащадків. Цій меті і присвячена моя праця.

* * *

Про Йосипа Аріматейського в Біблії є лише згадка. Його називають багатим чоловіком, який забрав тіло Христа і віддав свою гробницю для його поховання після розп'яття. Згідно як з єврейським, так і з римським правом, якщо тіло страченого злочинця не було негайно забране найближчими родичами, то його, тіло, кидали у спільну яму з іншими страченими, і всі дані повністю знищувались. Йосип, сімейний опікун, особисто пішов до Пилата за дозволом забрати тіло, зняв його з хреста і підготував його до поховання у своєму приватному склепі у своєму маєтку. Проте в цій історії, яка була забута і "загублена" у часі, є багато, багато чого значнішого. Історія ця знаменна, і її треба повернути людям нашого покоління.

По-перше, ця історія стосується інформації, виявленої через гіпнотичну реdресію, про яку йдеться у цій книзі. Йосип з Аріматеї був дійсно дядьком Ісуса, він був молодшим братом батька Марії, одним з найбагатших людей у світі, а не тільки в Єрусалимі. Він був металевим маdнатом, який контролював олов'яну та свинцеву промисловість. Олово в ті часи було настільки ж цінним, як і золото, то був головний метал, який використовувався у виробництві бронзи і користувалася особливо великим попитом у войовничих римлян. Отже в олові була крайня необхідність у всіх країнах світу. Світовий контроль Йосипа над оловом і свинцем був зумовлений його величезними запасами в стародавніх олов'яних шахтах Британії. Йосип придбав і розвинув цю торгівлю багато років до того, як Ісус почав своє служіння. Велика частина олова у світі видобувалася в окрузі Корнволл, виплавлялася в злитки і експортувалася по всьому цивілізованому світі, головним чином на кораблях

Йосипа. Він володів одним з найбільших приватних торговельних флотів на плаву, що торгував у всіх портах відомого світу.

Йосип був також впливовим членом Синедріону і законодавчим членом провінційного римського сенату. Він володів розкішним домом у святому місті та чудовій заміській резиденції біля Єрусалиму. За кілька кілометрів на північ він мав ще один просторий маєток в Ариматеї, розташований при густо населеному караванному шляху між Назаретом і Єрусалимом. Він був чоловіком важливим і впливовим як в єврейській, так і в римській ієрархіях.

Після того, як Йосип, батько Ісуса, помер, коли Ісус був зовсім молодим, Йосип Ариматейський, як найближчий родич, був призначений законним опікуном сім'ї. Це пояснює зв'язок Ісуса зі своїм дядьком з самого раннього віку та можливість подорожувати з ним.

Є багато легенд в Англії, які кажуть, що коли Йосип прибував на острови за оловом, він часто привозив з собою свого племінника Ісуса. Інколи Марія, мати Ісуса, супроводжувала їх, особливо коли Ісус був молодшим. Це здавалося б лише цікава грань історії, за винятком того, що ми знаємо з розповіді в цій книзі, що Ісус їздив з Йосипом у всі країни відомого світу нібито як простий подорожуючий з торговими місіями. Але насправді його брали в подорожі, щоб він навчався у різних мудрих вчителів і освоював таємниці древніх вчень. Це дуже добре вписується в історію Ісуса і Йосипа, які відвідують Англію, щоб перевезти цінне олово. Протягом багатьох століть Британія була єдиною країною в світі, де олово видобувалося і очищалося, і та місцевість називалася "Олов'яний острів". Таким чином можна сміливо сказати, що бронзовий вік мав свій початок у Великобританії. Торгівля оловом існувала ще в 1500 році до нашої ери і була джерелом постачання світових запасів. Фінікійці були корінними жителями Британії, вони ж і працювали у шахтах по видобутку свинцю і олова. Багато письменників древніх часів говорять, що фінікійці вперше приїхали до Корнвола за оловом за 4000 років до народження Христа. Вони мали монополію на торгівлю оловом і ревно охороняли таємницю місцезнаходження олов'яних шахт. Пізніше, коли римляни намагалися слідувати за їхніми кораблями, щоб знайти те місце, фінікійці навмисне пошкодили їхнє судно.

Фінікійці були загадковою расою. Це були високі чоловіки з рудим волоссям і блакитними очима - явно не середземноморські люди. Вчені мали великі труднощі, щоб простежити їхнє походження, тому що "фінікійці" означає "червоноголові чоловіки", не так, як вони самі себе називали. В різних частинах світу вони були відомі під різними іменами. У ранніх біблійних записах їх називають народом Таршиш. Є такі, хто вважає їх людьми втраченого континенту Атлантиди! Однак, під яким б ім'ям вони не йшли, фінікійці були пов'язані з торгівлею оловом з Британії. Інша таємниця: за чотири тисячі років до народження Христа вони знали, що в Корнволі є олово. Як вони могли плавати невідомими морями, знаходити землю, про яку вони нічого не знали, а потім копати метал, про який вони так само нічого не знали? А тоді як вони виявили, що змішування цього нового металу з міддю зробить бронзу? Багато вчених вважають, і є багато доказів, які підтверджують цю теорію, що до великого потопу в Британії жила дуже розвинена цивілізація, з великим практичним знанням науки, і яка знала більше про металургію, ніж ми сьогодні. Таким чином, твердження, що вони не припливли до Британії з Європи, а спочатку населяли Атлантиду, може й відповідає істині, що в цій частині Британії збереглися залишки того втраченого континенту. Ці факти не є вирішальними для нашої історії про Ісуса та Йосипа Аріматейського, але вони є загадкою і цікавою лінією.

Округ Ґластонбері, який має цікаву історію, був також культурним центром друїдів. Друїдизм у країні зародився десь 1800 року до нашої ери. Пізніше римляни намагалися переконати людей, що на британських островах живуть тільки варвари, і почали розпускати ганебні чутки, що друїди робили людські жертви під час релігійних церемоній. І те, й друге виявилося помилковим. У римлян була тенденція вважати будь-кого, хто не був римлянином, варварами. Їх не цікавила правда, що в Англії існували великі міста, культурні центри, бібліотеки і сорок університетів, в яких навчались понад 60 тисяч студентів, які за рівнем знань і освіти б могли конкурувати з усім, що ми маємо сьогодні. Більше того, Лондон був заснований 270 років до заснування Риму - в 1020 р. до н.е.

Друїди сповідували віру, яка була надзвичайно подібною до іудейської, і, як вважається, навіть мала спільний корінь. Вони шукали Спасителя, Месію, і навіть називали його Єсу (Yesu), згідно єдиної записаної згадки про це ім'я. Це можна пояснити тим, що друїди, як вважається, були відгалуженнями євреїв, які оселилися на Британських островах в давні часи. Природно, вони могли мати ті самі або подібні вірування. У них була школа таємниць, заглиблена в Кабалу (серед інших предметів, таких як філософія природи, астрономія, арифметика, геометрія, юриспруденція, медицина, поезія і ораторство). Для завершення всіх наук потрібно було б двадцять років, але ми знаємо, що Ісус не був звичайним учнем. Він мав здатність поглинати інформацію неймовірно швидко. Це стало очевидним за короткий проміжок часу, який він провів у навчанні з ессенами. До того часу, коли він повернувся до Єрусалиму, щоб почати своє проповідування, його вже навчали мудрі наставники у всіх школах таємниць у світі. У багатьох країнах світу існує багато історій і переказів, які підтверджують це. Отже, це був відсутній фрагмент головоломки, чому він провів стільки часу в Англії.

Є багато чого в чудовій історії Йосипа Аріматейського і що він зробив після смерті Христа. Але це, як говорить Павло Гарвей (Paul Harvey), є "іншою сторінкою історії". Після розп'яття учні та послідовники Ісуса боялися за своє життя. А римляни зі свого боку побоювалися, що, навіть якщо вони позбулися головного підбурювача (Ісуса), його послідовники могли б поширювати підбурювання через їхні вкрай контроверсійні вчення. Багатьох послідовників виловлювали і вбивали. Йосип був захисником невеликої групи учнів під час небезпечних років після розп'яття, головою християнського підпілля в Юдеї, і опікуном матері Христа, Марії. Він був занадто багатим і могутнім, щоб його могли просто вбити, тому було розроблено винятковий спосіб ліквідації його та його спільників. Їх посадили у відкритий корабель без вітрил, весел і керма, і відправили в Середземне море. Вірний вирок смерті, за нормальних обставин, але ніщо в історії Ісуса ніколи не вважалося нормальним.

Різні існуючі записи погоджуються з тим, що серед людей на тому кораблі були: Йосип Аріматейський, його сім'я і слуги. У списку були: три Марії (Марія, мати Ісуса, Марія Магдалина і інша Марія, дружина Клеопа), Марта, двоє слуг: Марсела і чорношкіра Сара, та дванадцять апостолів, послідовників Ісуса (включаючи тих, що були з ним раніше). Також тій групі були Лазар, двоюрідний брат Ісуса, якого він воскресив з мертвих, і Максимін, чоловік, якому Ісус повернув зір. Серед інших числилися такі імена: Саломея, дружина Зеведея, мати Якова та Івана. Євтропій, Трофим, Маршал, Клін, Сидоній (Restitutus) і Сатурнін. Марсела, ймовірно, пішла разом зі своєю давньою служницею до сестер Віфанії, і не числилися серед місіонерів. Йосип Аріматейський був опікуном Марії до її смерті. Оскільки вона перебувала під його захистом, він не залишив її в Єрусалимі, де б їй загрожувала крайня небезпека. Вона, безумовно, супроводжувала його, незважаючи на те, що морське плавання було розраховане на те, щоб ліквідувати їх усіх.

Римляни вважали, що це був вірний спосіб позбутися тих, хто вносив неспокій у їхні порядки, тому що не було можливості вижити у відкритому морі в човні, яким не можна було маневрувати. Але того не сталося, що сподівалося - течія підхопила корабель і благополучно доставила усіх до берегів Франції. Тепер те місце, де вони висадилися, називається Церква Святої Марії (Saintes Maries de la Mer або Saint Marys of the Sea). Тут Лазар та ще дехто з групи оселилися і зрештою заснували першу французьку церкву (яку тоді називали "Галлія", "Gaul"). Решта групи продовжували (у набагато кращому морехідному кораблі) шлях до Британії. Там були їхні друзі, друїди, а Йосип мав зв'язки з правлячими родинами Британії (його дочка Анна була одружена з наймолодшим братом короля). Вони повернулися до ₵ластонбері, де вони бували багато разів раніше, і отримали землю від короля Британії. Тут Йосип заснував першу в світі Християнську Церкву - протягом трьох років після смерті Христа. Вона не називалася "християнською" аж до сотні років по тому, в 250 році н.е. У ті перші дні релігія була відома як "Шлях", і вони були відомі як "Послідовники Шляху", бо ж Ісус сказав: "Я є Шлях". Вони посилалися на Христа і його духовну філософію як "Шлях". Йосип посилав апостолів поширювати вчення Ісуса, і через Лазаря та інших послідовників, які поселилися на континенті, вдалося розповсюдити християнство у Великобританії, Франції та Іспанії. Їх завжди було дванадцять, і щоразу, коли один помирав, інший займав його місце, таким чином число дванадцять трималося постійно. Йосип жив ще 50 років після Розп'яття, а його внесок у вчення Ісуса називався "Золотий вік християнства". Марія жила в Ґластонбері до самої смерті, і була похована там, де стояла стара церква. Коли Йосип помер, його також там поховали, а згодом і всіх послідовників учення Христа. На епітафії на могилі Йосипа написано: "Я прийшов до британців після того, як я поховав Христа. Я вчив. Я спочив". Ця свята земля називається "найсвятішим місцем на Землі". Іван був останнім апостолом, який помер, і був похований там же. Він жив 101 рік.

Їхні нащадки навіть заснували першу церкву в Римі за сотні років до існування Ватикану. Інший чудовий факт: всі лінії британських королів і королев, аж до нинішньої королеви Єлизавети ІІ, походять прямо від Йосипа з Ариматеї. Таким чином, весь королівський рід має своє неперервне походження від Ісуса.

До цієї історії можна було б додати набагато більше, але тоді цей додаток вийшов би занадто довгим. У той історичний період Британія була єдиною вільною країною у світі. Римляни ніколи не підкорювали Англію. У 120 році н.е. Британія була інкорпорована (за договором, не завоюванням). Було багато кривавих воєн, коли Рим безуспішно намагався присвоїти собі батьківщину християнства, поширювалося багато фальшивих казок, аж поки через триста років Рим нарешті не був навернений у християнство. Вони намагалися усіма способами заперечити, що Британія стала першою країною, яка прийняла вчення Христа.

Багато років по тому, в 1400-х роках, велася велика дискусія з Ватиканом про те, котра церква була найдавнішою або першою церквою. Чи було це в Англії, Франції чи Іспанії? Всі вони були засновані в той же період часу протягом трьох років після розп'яття Христа. Було остаточно узгоджено і стало частиною запису Ватикану, що церква в Ґластонбері була першою церквою. Вони намагалися знівелювати всю чудову роботу, яку зробили Йосип з Ариматеї та апостоли, щоб поширити вчення, як того хотів Ісус, відразу після його смерті.

Розповідь про досягнення Йосипа була такою важливою, що його історія була надрукована одразу після винайдення друкарства, коли книги були такими рідкісними. (1516 і 1520 рр).

Йосипа слід пам'ятати і вшановувати, як особу, який брав за приклад Ісуса, коли будував першу у світі християнську церкву.

Лише через сотні років після того, як Йосип і його група з 12 учнів встановили початок християнства, решта світу наздогнала цей приклад. Сьогодні мало хто знає цю надзвичайну історію, а радше приймає католицьку версію про походження християнства. Для глибшого розуміння моєї оповіді, заснованої на твердих історичних документах, я пропоную прочитати книгу "Драма втрачених апостолів" Джорджа Ф. Жоветта. Це відкриє очі на багато речей до "завершення історії".

# Бібліографія
# Bibliography

Allegro, John, The Treasure of the Copper Scroll, Doubleday Pub., New York, 1960. Revised edition, Anchor Books, Garden City, N.J., 1982.

Allegro, John, Dead Sea Scrolls, Penguin Books, Middlesex, 1956.
Allegro, John, Dead Sea Scrolls: A Reappraisal, Penguin Books, Middlesex, 1964.

Allegro, John, Dead Sea Scrolls: The Mystery of the Dead Sea Scrolls Revealed, Gramercy Pub., New York, 1981.

Allegro, John, Dead Sea Scrolls and the Christian Myth, Prometheus Books, Buffalo, N.Y., 1984.

Dupont-Sommer, A., The Jewish Sect of Qumran and the Essenes. Macmillan Co., New York, 1956.

Fritsch, Charles T., The Qumran Community. Its History and Scrolls, Macmillan Co., New York, 1956.

Ginsburg, Christian D., The Essenes: Their History and Doctrines, Routledge & Kegan Paul Ltd, London, 19Z.

Heline, Theodore, The Dead Sea Scrolls, New Age Bible and Philosophy Center, Santa Barbara, 1957. (An interesting Theosophical approach)

Howlett, Duncan, The Essenes and Christianity, Harper & Brothers, New York, 1957.

Larson, Martin A., The Essene Heritage, Philosophical Library. New York, 1967.

McIntosh and Twyman, Drs., The Archko Volume, originally printed 1887. Reprinted Keats Publishing Inc., New Canaan, Connecticut, 1975.

Szekely, Edmond Bordeaux, The Gospel of Peace of Jesus Christ, C.W. Daniel, Saffron Walden, 1937.

Szekely, Edmond Bordeaux, Guide to the Essene Way of Biogeni Living, International Biogenic Society, Box 205, Matsqui, B.C . VOX 205, Canada, 1977.

Szekely, Edmond Bordeaux, The Gospel of the Essenes, C .W. Daniel. Saffron Walden, 1978.

Szekely, Edmond Bordeaux, The Teachings of the Essenes from Enoch to the Dead Sea Scrolls, C.W. Daniel, Saffron Walden, 1978.

Tushingham, A. Douglas, "The Men Who Hid the Dead Sea Scrolls," National Geographic, pp. 785-808, December 1958.

Є багато інших джерел, до яких я зверталась під час своїх досліджень, але часто в них повторювалися одні і ті ж факти і не пропонувалось нічого нового. Також було багато посилань в журналах і енциклопедіях. Я дуже рекомендую праці Джона Аледро, хоча б тому, що комітет заборонив йому публікувати свої твори, мовляв, за занадто рано і занадто багато інформації. Ще одним свіжим підходом є історична спадщина Мартіна Ларсона "Спадщина ессенів" (The Essene Heritage). У своїх оповідях він не був пов'язаний з жодною релігійною організацією. Я не користувалася книгами Секелі (Szekely). Його джерела досить суперечливі. Я включила його твори головним чином тому, що вони популярні в Англії. Є багато інших авторів, які суворо дотримувалися релігійних догм і боялися відхилятися у своєму мисленні. Однак вони пропонують цікаві погляди на історію.

# Про автора

Долорес Кеннон (Dolores Cannon), реґресивний гіпнотерапевт, екстрасенс і дослідник людської психіки, яка виявляє і записує "загублені знання", народилася в 1931 році в місті Сент-Луїс, штат Міссурі, США. Там вона отримала освіту і жила до її шлюбу в 1951 році з офіцером військово-морського флоту. Наступні 20 років, як типова дружина військовослужбовця, вона подорожувала по всьому світу та виховувала сім'ю.

У 1968 році чоловік Долорес, гіпнотизер-аматор, намагаючись допомогти пацієнтці, що хотіла схуднути, випадково натрапив на її минуле життя. Відтоді Долорес вперше зацікавилась реґресивним гіпнозом і реінкарнацією. У той час тема "подорожі в минулі життя" була неортодоксальною, і дуже мало людей експериментували у цій ділянці. У Долорес відразу виникло велике зацікавлення, але його довелося відкласти, оскільки вимоги сімейного життя виступали на перший план.

У 1970 році її чоловіка демобілізували як інваліда-ветерана, і вони поселилися в штаті Арканзас. Осіле життя в сільській місцевості на мальовничих пагорбах Арканзасу сприяло розвитку її письменницького хисту. Вона почала писати статті до різних журналів і газет. Коли її діти стали жити самостійно, у Долорес відродився інтерес до редресивного гіпнозу та реінкарнації. Вона вивчала різні методи гіпнозу, практикувала сама, і таким чином розробила власну унікальну техніку, яка дозволила їй найбільш ефективно отримувати інформацію від людей, з якими проводила гіпнотичні сеанси. Від 1979 року вона редресувала і каталодізувала інформацію, отриману від сотень добровольців.

У 1986 році Долорес розширила свої дослідження у сфері НЛО, вона побувала на місцях, де, як вважалося, приземлялися НЛО. Не залишилися поза її увагою і загадкові кільця (Crop Circles) на сільськогосподарських полях в Англії. Більшість її робіт у цій сфері полягала в накопиченні з допомогою гіпнозу свідчень від тих, хто вважав, що їх було викрадено позаземними сутностями.

Деякі книги Долорес Кеннон доступні на різних мовах.
Видавництво:
Ozark Mountain Publishing, Inc.
www.ozarkmt.com

**Книги Долорес Кеннон**
**Опубліковано компанією Ozark Mountain Publishing, Inc.**

Conversations with Nostradamus, Volume I, II, III
Розмови з Нострадамусом, том I, II, III

Between Death & Life
Між смертю і життям

The Custodians
Хранителі

The Convoluted Universe, Book One, Two, Three, Four, Five
Багатомірний Всесвіт, книга перша, друга, третя, четверта, п'ята

Five Lives Remembered
Пам'ять п'яти життів

Jesus and the Essenes
Ісус і ессени

Keepers of the Garden
Опікуни саду

Legacy from the Stars
Спадщина від зірок

The Legend of Starcrash
Легенда про зіткнення зірок

The Search for Hidden Sacred Knowledge
Пошук прихованих священних знань

A Soul Remembers Hiroshima
Душа пам'ятає Хіросіму

They Walked with Jesus
Вони ходили з Ісусом

The Three Waves of Volunteers and the New Earth
Три хвилі волонтерів і Нова Земля

Для отримання додаткової інформації про будь-яку з наведених вище назв книг та інші видання пишіть, телефонуйте або відвідайте наш вебсайт:

Ozark Mountain Publishing, Inc.
PO Box 754,
Huntsville, AR 72740
479-738-2348 / 800-935-0045
www.ozarkmt.com

www.ingramcontent.com/pod-product-compliance
Lightning Source LLC
Chambersburg PA
CBHW071620170426
43195CB00038B/1498